JN437631

아프리카 사회언어학

아프리카 사회언어학

권명식

서문

국내의 아프리카 연구의 역사는 일천하나 나름대로의 연구가 진행되고 있다. 이는 지역학과 어문학으로 대별된다. 80년대 초에 시작되었으니 이제 30여년의 역사를 지닌다. 하지만 아프리카 연구의 방법과 성과에 대한 논의나 컨센서스는 아직 부재하다. 이 책은 아프리카 연구의 한 접근 사례라 할 수 있다. 그것은 사회언어학(Sociolinguistics)이라는 분과에서 개척한 새로운 연구 전통이다. 용어에서 볼 수 있듯이 이는 언어학과 사회학의 인접부분을 하나의 학문분과로 정립한 영역이다. 그러므로 사회학과 언어학 중 어느 부분에 더 초점을 맞추느냐에 따라 '사회언어학' 혹은 '언어사회학'이라는 명칭이 가능하다. 지난 세월을 돌이켜 보면 후자 보다는 전자의 전통에서 더 많은 연구가 이루어져 왔고 대부분의 연구 성과도 사회언어학이라는 접근법에서 더 많이 이루어졌다. 이 책도 사회언어학적 연구 결과에 더 의존하긴 하지만 Fishman(1968)이나 Heine(1979)같은 책은 사회학이라는 측면에 보다 많은 관심을 할애한 것 같다. 나는 지난 27년간 강의에서 '아프리카 언어사회학'이라는 명칭을 사용했다. 아프리카 언어 보다는 아프리카 사회가 학생들에게 더 친근한 느낌을 줄 수도 있다는 생각에서 이기도 하지만 그보다는 아프리카를 연구함에 있어 언어구조 보다는 사회구조와 현상에 대한 연구가 더 시대적으로 요구되고 있다고 보여 졌기 때문이다. 문제는 사회학적 연구가 현상만을 기술하거나 취급함으로서 아프리카 고유의 사회적 특징이나 본질을 규명해 내는데 언어학적 접근에 미치지 못한다는 점이 분명했다. 이런 관점은 소위 지역학 연구에도 그대로 적용된다. 아프리카의 정치와 경제 현상에 대한 연구는 글로벌한 시각, 서구적 시각, 아니면 적어도 우리의 경제와 국제 정치 외교상의 이해라는 앵글이 항상 개입되므로 실제적 이해와 관심사라는 측면을 고려하면 보다 유용한 측면이 있으나, 아프리카 본질을 이해하고자 하는 순수한 연구 목적을 생각한다면 상당한 한계와 제약이 있다는 점은 결코 부정할 수 없기 때문이다.

결국 이 책은 아프리카 사회언어학 개론이라는 이름으로 결정했다. 언어학은 일차적으로 언어자료와 구조, 발화와 소통 현상을 다루는 것이지만 사회 현상과 분리하여 이해할 수 없다는 점에서 사회연구와 자연히 연결될 뿐만 아니라, 언어학이 언어과학(linguistic science)라고 불릴 만큼 검증과 자료를 중시함으로서 연구 방법론에서의 철저함과 정교함, 원리 원칙에 대한 보편성을 유도해 낸다는 점에서 그 어느 다른 분과에 비교할 수 없는 혁혁한 성과를 내고 있다고 평가받기 때문이다. 언어학 연구의 발전에 힘입어 단순히 언어구조를 기술한다는 차원을 넘어 언어와 관련된 역사, 비교, 문화, 문학 텍스트 분석 등의 분야가 하나의 과학 분야로서의 그 영역들(역사비교 언어학, 인류언어학, 텍스트 언어학)을 공고히 할 수 있게 되었다.

사회언어학의 논의 주제는 거시적인 것과 미시적인 것으로 나뉠 수 있다. 이 책에서 아프리카 사회의 언어문제, 언어정책, 교통어의 출현, 사회영역과 언어기능, 아프리카 국가별 언어상황, 국어/공식어의 선포 등의 주제(제 1장에서 5장 까지)는 거시적 접근에서 나타나는 주제들로 아프리카 사회집단을 염두에 두고 다루어야 할 사항들이다. 후반부의 언어 사용과 선택, 구조변화, 담화-화용적 설명, 언어변화 유형(제 6장에서 8장까지) 등은 언어사용의 주체인 개인을 출발점으로 하고 있다. 더 나아가 이들이 쓰는 언어자체의 구조, 코드의 특성 등은 언어자료에 대한 분석으로 언어학 분야의 핵심영역으로 이어지는 부분이다. 이는 미시적 분석 분야로 이해될 수 있다. 거시와 미시 영역은 겉모습과는 달리 실제적으로는 상호 밀접하게 관련되어 있다. 마지막 9장에서 다시 언어교체와 사멸, 변동 상황으로 되돌아갔는데 이는 개인과 사회가 서로 긴밀하게 함께 작용하는 부분이라 할 수 있다.

이 책은 하나의 개론서로서 저자가 오리지널하게 기술했다기 보다는 오히려 기존의 연구결과들을 소개하고 설명하며 나아가서는 수정 보완하고 있다는 점에서 편저적 성격이 강하다는 점을 부인할 수는 없을 것 같다. 다만 이들을 나의 시각으로 배열하고 정리하여 아프리카 연구를 사회언어학적 시각에서 접근해 나갈 수 있다는 사실을 강조하고 있다는 점이 이 책의 장점이라면 장점이라 할 수 있을 것 같다. 쾰른 대학교 유학시절 내 배움의 기초가 되었던 하이네 교수의 초기 저술이 큰 영향을 주고 있음을 독자들은 읽어가면서 알게 될 것이다. 이 외에도 허드슨, 피시맨, 화이틀리, 스코튼, 브렌찡거, 볼프 등의 저술이 이 책을 써 내려가는 데 있어 핵심적 영향을 내게 끼쳤다. 본문의 해당부분에 일일이 그 출처를 밝혀 원하는 독자들의 보다 세심한 내용을 공부할 수 있게 하였다.

아프리카 지역 연구에는 본질적으로 여러 가지 문제점들이 내재해 있다. 서구의 경우에도 연구 전통에 따라 그 주안점을 달리하고 있다. 아프리카를 직접 식민 지배했던 영국과 프랑스, 아프리카 커넥션을 여전히 갖고 있는 독일 등 유럽지역은 아프리카 연구가 정치와 경제 등 사회과학이 한 분야를 이루고, 다른 한편으로는 언어와 문화를 중심으로 한 또 다른 분야가 있다. 아프리카 대륙의 특성상 지리, 환경, 지질, 해양 등 자연과학부분에서는 나름의 관심주제에 따라 이 지역을 연구하기도 했다. 결국 아프리카 연구는 이론상 모든 학제분야에서 가능한 것이다. 인문학 분야에서 오랜 식민지배 역사라는 현실 때문에 아프리카의 본질이 흐려지거나, 혼합되거나 혹은 왜곡되어 진정한 모습을 읽어내기 어려운 문제들이 있다. 대륙 대부분의 국가들에서 서구언어들이 공식어 지위를 향유하고 있고, 현대적, 근대적 영역에서 이 언어들의 역할이 주도적이다. 아프리카는 극심한 변화의 압력 아래서 변해가고 있는 것이다. 이런 현실을 부인할 수는 없다 해도 본래의 그들 모습이 무엇이었고 지금 새로 등장한 외부 문화의 실체가 무엇인지 알아야 할 것이다.

2090여개 아프리카 전통 언어들은 이들이 가지고 있는 가장 소중한 문화자산으로 간주되고 있다. 어휘와 문법은 이들의 문화이며 동시에 아프리카인들의 정신구조를 반영하고 있는 것이다. 그런 이유로 아프리카의 본질을 이해하기 위한 최선의 방법은 이들 아프리카 언어들을 연구하는 것이라 생각된다(Heine & Nurse 2000, 2008) . 고도의 언어학적 전문 지식과 훈련이 전제되지 않으면 안 되지만, 이를 바탕으로 언어외적 요인인 역사와 사회를 이해해 나갈 수 있는 것이다. 1980년대 초 스와힐리어 사전 편찬 작업 이후 스와힐리어 문법(권명식 2011)을 국내에 소개했고 역사 비교언어학적 방법을 토대로 아프리카 언어들을 계통분류하면서 아프리카인들의 기원과 이주, 그리고 현 시점의 정착 과정을 기술한 『아프리카어 연구입문, 계통분류 및 구조비교 분석(권명식 2004)』은 이런 정신 선상에서 출간된 것이었다고 말할 수 있을 것 같다. 분기(divergence)와 계통연구에 이어 나와야할 언어집단간의 수렴(convergence)과 접촉의 문제(Aikhenvald & Dixon 2001, 2006)는 바로 이 책에서 다루고 있는 아프리카 사회언어학의 핵심주제이다. 대륙 내부뿐만 아니라, 대륙 외부로 부터 들어오는 다양한 요소들과의 접촉은 언어공존을 통한 다언어 상용, 언어선택, 코드-전환, 언어교체 등의 문제를 야기 시키고 있다(Dimmendaal 2001, 2007, 2010).[1] 아프리카 국가들이 해결해야 할 언어정책, 언어적 소통의 문제 등은 국가 권력의 문제로 이어진다. 오늘날 지구촌 사회에서 아프리카는 주도적 힘을 상실하고 경쟁에서 탈락하여 그로인한 결과로서 수많은 전통 언어집단들이 사멸과 소멸의 과정을 겪어가고 있다는 연구보고

1) 이에 관련된 주제를 다룬 다른 논의로 Tosco(2000), Heine & Kuteva(2001, 2005), Meyers-Scotton (1993, 2002), Dixon (1997), Heine(2007), Möhlig, Seidel & Seifert(2009), Thomson & Kaufman (1988)이 있음.

들이 있다(Dorian 1981, Brenzinger 1992, 1998). 또 다른 많은 소수 언어집단들이 아프리카 링구아 프랑카와 글로벌 언어인 영어, 프랑스에 내밀려 주변화와 혼종화의 과정을 겪고 있다. 피진 크리올어는 아프리카인들의 주도적, 주체적, 그리고 창조적 반응으로 평가될 수도 있으나 그 뒷전에 있는 사회, 역사적 맥락은 강한 식민화 의지가 작용하고 있는 외부 권력의 존재를 부인하기는 어려울 것이다. 이런 맥락에서도 아프리카 연구가 아프리카 인들의 목소리(구전 전통의 기술과 해석)에 귀 기울이고, 아프리카인들 스스로 직접 자신의 언어로 기록한 문헌 텍스트를 번역하고, 해석하는 작업(문학 자료에 대한 텍스트 언어학적 접근)이 중요하다고 하지 않을 수 없다.

이 책이 나오기 까지 많은 사람들이 도움이 없지 않았다. 아프리카 사회언어학 강의를 주의 깊게 듣고 토론한 아프리카어과 학생들, 아프리카 제 문제에 대한 학술적 논의를 가능케 하고 있는 한국 아프리카 학회, 외대 아프리카 연구소, 학과 동료 선배 교수들과 후배 강사 여러분들, 그리고 마지막으로 나의 연구를 안정적으로 지속할 수 있도록 평생 뒤에서 물심양면 보살펴준 나의 정신적 친구이자 생의 반려자인 아내 송미루에게 이 책을 내면서 더없는 감사와 말 할 수 없는 기쁨의 마음을 함께 나누고 싶다. 끝으로, 이 책을 품위 있고 아름답게 출간해준 한국외대 출판부 직원 관계자 선생님들께도 다시 한 번 심심한 사의를 표하는 바이다.

2011년 10월 20일 쉰여덟 번 째 생일날
왕산 연구실에서 저자 권명식

서문: 아프리카 언어사회학적 연구의 의의와 현황 ■ i

표 목차

제 1 장

아프리카 사회의 언어문제

0. 서 론

이 장에서는 아프리카 연구에 있어 사회언어학적 접근이 갖는 의의와 현황을 설명하는 하나의 방식으로 아프리카의 소통 문제, 요컨대 언어문제를 부각시키고자 한다. 그런 다음 언어가 하나의 사회제도로서 기능하고 있으며 그런 시각하에 언어의 계통분류 상황과 의의를 먼저 요약하고자 한다. 2절에서는 언어사회학이란 학제가 어떤 성격을 띠며 인근 학문과 어떻게 차별화될 수 있는지를 살펴볼 것이다. 3절에 가서는 언어와 사회의 관련성을 보여주는 구체적인 아프리카 사례들을 바탕으로 언어의 어휘, 음성, 문법 분야별 특징들을 살펴보고자 한다.

0.1 의사소통과 정체성의 문제

아프리카를 포함한 개도국의 언어문제[2]는 일반적으로 다음과 같은 상황, 혹은 풀어야할 과제로 표현된다. 아프리카 사회 집단은 보통 두 개 이상의 언어를 사용하는 다언어 사회, 요컨대 '다중 언어 상용사회(Multilingual Society/ Multilingualism, cf. Edwards 1994)'라는 사실로 특징지어진다. 한 집단 내에 다수의 언어들이 공존함으

---

2) Fishman et al. 1968.

로서 의사소통이라는 본질적인 과제에서 뿐만 아니라 개인의 심리적 차원, 그리고 사회적 차원에서도 아주 많은 문제점들이 야기되고 있다. 다언어 상용사회라는 사회상황으로부터 야기되는 실질적인 문제들은 언어 정책이라는 문제로 이어진다. 어떤 언어를 선택하고, 어떤 언어를 가르칠 것인가 하는 구체적인 문제가 뒤따른다. 이는 정치적인 문제이며 동시에 사회적인 문제이기도 하다. 한편, 보다 문화적이고 추상적인 문제이지만 화자들에게는 아주 본질적인 문제로서 '집단의 정체성(Group Identity)'에 관련된 문제들도 나타난다. 개인 혹은 집단의 정체성을 대변하는 상징 언어는 무엇이고, 개개 화자는 자신을 사회 안에서 어디에 위치시킬 것인가 하는 등의 정체성 문제들이 나타난다.

0.2 언어의 우열과 발전

아프리카의 언어들은 '뒤떨어진 언어이거나, 부적당하여 순화되어야 할 언어, 혹은 재구성을 할 필요가 있는 언어, 요컨대 현대화해야 할' 언어들로 묘사되곤 했다. 이런 생각이나 주장들이 과연 타당한 것인지, 아니면 어떤 문제점이 있는지 보다 진지하게 검토되어야 할 것이다. 언어구조면에서도 사람들은 특정 언어의 구조가 다른 언어들보다 더 발전되어 있다거나, 혹은 '전문화, 복잡화, 그리고 정교화 되어 있다'는 주장을 하곤 한다. 혹은 비슷한 주장으로 '배우기가 쉽고', '덜 중의적(ambiguous)이어서 간단 명료하고', 따라서 '인지과정상 보다 효율적(efficient)인 언어이며', '발음 면에서도 보다 용이하여, 힘이 덜 든다'고 말한다. 문장 구성이 다른 언어보다 논리적(logical)이고, '표현 가능성도 더 많고, 그리고 인상적' 이라고 규정하기도 한다(Fishman 1968). 사회발전과 변화와 더불어 언어의 발전에 관한 다양한 의견들과 인상들이 있다. 그러나 순수 언어학적 차원, 다시 말해서 언어 구조적으로만 본다면 원칙적으로 '야만 언어'는 없다. 동물과 달리 모든 인간은 질적으로 같은 수준의 보편적 구조와 기능을 가진 언어매체를 사용하고 있다. 개개인의 소통필요와 언어집단의 복잡성과 전문성의 정도에 따라 그들이 사용하고 있는 언어의 양상들이 다양하게 실현되고 있을 뿐이다. 그러므로 언어의 우열은 내부 구조자체의 문제라기보다는 언어외적 요인, 요컨대 사회적 요인들에 관련된 문제라 할 수 있다. 특정 언어를 사용하는 집단의 상황과 필요에 따라 융통성 있게, 그리고 창의적으로 특정 언어는 확장되기도 하고 축소되어 소멸되기도 하는 것이다. 각각의 언어는 그 자체로서 특정 언어집단의 주어진 욕구를 적절히 충족시켜주고 있다.

0.3 언어의 다면성: 기호체계, 인지표상 그리고 소통매체

언어는 이를 바라보는 여러 가지 측면들에 따라 아주 다르게 정의될 수 있고 이에 따라 언어연구의 주-관심사가 달라진다. 즉 언어를 내적 측면으로 보면 언어 그 자체는 하나의 구조로서, 기호체계(sign system)이다. 언어는 다른 기호들과 같이 기표(signifier/signifiant)와 기의(signified/ signifié, 개념)로 구분된다. 사물(의미)을 나타내는 언어(형태)는 본질적으로 자의적이며, 그 구조는 이원적, 수직적 특성을 지닌다. 언어를 사회적 측면으로 바라보면 이는 인간들 사이에 의사소통을 가능케 하는 하나의 도구이다. 언어의 기능적 특면을 강조한 것으로 언어는 소통을 위한 매체로 이해된다. 인간의 창의성, 전위성, 문화적 전달이라는 동물과 구분되는 특성들이 여기에 기인된다(Hockett 1958). 개인적 측면으로 볼 때 언어는 인지적 표상(cognitive representation)으로 이해된다. 인간의 지식, 정보, 개념, 범주화, 인지, 정신(mind)이라는 개념들이 세상을 이해하는 과정으로서의 언어작용과 밀접하게 관련된다. 사회언어학에서는 언어가 소통매체, 정체성 구성도구라는 측면과 긴밀하게 연관된 특성으로서 언어를 하나의 사회제도(social institution)라고 규정하는 전통적 입장에서 시작한다.

1. 사회 제도로서의 언어

위에서 살펴본 바와 같이 언어는 일차적으로 '개인 상호간의 의사전달이나 상호영향을 주기 위한 하나의 소통매체'이다. 언어 내적으로 언어는 하나의 기호(sign)로서 고도의 체계를 이루고 있다(Saussure 1916). 인지언어학에서는 언어를 인간정신, 혹은 세계에 대한 이해와 인지(cognition)를 가능케 하는 도구이자 결과로 본다. 더 나아가 지식이나 정보의 처리과정을 나타낸 것이 언어로 이해되기도 한다(Langacker 1987, 1991). 그러나 언어가 이 같은 단순한 '의미내용의 전달자', 기호체계, 혹은 인지표상으로서만 끝나지는 않는다. 화행(speech act)과정에서 언어는 그 자체가 직접적 내용일 수 있다. 이는 특정 언어가 사회적 소통 매체로 사용되는 경우를 일컫는다. 요컨대 사용되고 있는 언어(variety, code)는 상대방에 대한 화자의 충성도나 우호감을 나타내기도 하고, 때에 따라서는 그 반대로 적대감이나 거리(distance)감 같은 심리적 요인이나 태도를 나타내기도 한다. 요컨대 언어는 한 사회 내에서 특정 개인이 지니고 있는 사회적 지위나 개인들 사이의 관계 등 언어외적 정보를 직접 나타내고 있다. 다시 말해서 언어는 주어진 상황(시간과 공간 그리고 대화 참여자)이나 화제(이야기되어지고 있는 주제), 혹은 사교의 목표(대화 참여자들의 대화의도) 등을 동시에 나타내기도 한다. 그리하여 언어는 모든 언어집단들을 특징짓는 인간 상호작용에 있어 '가치체계의 표시자'라 할 수 있다[3].

결국 언어는 하나의 사회적 제도(social institution)로서 작용하고 있다. 사회 제도라 함은 그것이 하나의 관례로 굳어져 그에 따른 다양한 사회적 암시나 의미를 지니게 되고, 화자는 그것을 선택함으로서 그에 따른 사회적 소통에 무의식중에 참여하게 됨을 의미한다.

1.1 언어의 사회적 측면

언어가 사회적 측면을 띠고 있다는 사실은 언어가 집단(group)과 화행(speech act), 그리고 맥락(context) 등과 밀접한 관계를 맺고 있다는 사실들을 바탕으로 이해될 수 있다.

1.1.1 화자와 사회집단

일반적으로 특정 언어는 그 말을 사용하고 있는 화자 그룹으로 정의된다.[4] 언어와 사회집단 구성원들 간에는 불가분의 관계가 있다. 예컨대 소말리어는 소말리어를 쓰는 소말리 사회집단을 전제로 정의된다. 스와힐리인, 키쿠유인, 마사이인, 하우사인들이 구성하고 있는 사회집단을 전제로 이들의 언어가 정의되거나 이해될 수 있다.

---

3) "language is not merely a means of interpersonal communication and influence /.../ it is not merely a carrier of content, whether latent or manifest. Language itself is content, a referent for loyalties and animosities, an indicator of social statuses and personal relationships, a marker of situations and topics as well as of the societal goals and the large-scale value-laden arenas of interaction that typify every speech community." Fishman et al. 1968: x.

4) "The notion 'language x' can be defined in terms of a group of people who speak x." ibid.

1.1.2 정체성과 사회적 관계

언어행위, 요컨대 화행(speech act) 혹은 발화(utterance)는 소통매체 및 그룹정체로서의 사회적 기능을 발휘한다. 그리하여 사회생활을 영위하는 개인은 자신이 구사하는 언어, 좀 더 구체적으로 말하면 변이형(variety)을 바탕으로 자신의 정체성(identity)을 나타낸다. 요컨대 집단 외적으로는 정체성을 확보하고, 집단 내부로는 사회적 관계를 형성한다.[5)]

1.1.3 맥락(Context), 상황(Situation)의 중요성

언어소통은 맥락에 크게 의존하고 있다[6)]. 이는 언어소통이 그 자체로서 독립적으로, 그리고 외부의 영향 없이 절대적으로 이루어지는 것이 아니라 주어진 사회적 상황과 같은 맥락에 크게 좌우되고 있음을 말한다. 맥락은 사회적인 것, 그리고 심리적 맥락뿐만 아니라, 텍스트 상의 맥락 등 여러 가지 차원으로 각각 다양하게 이해될 수 있다.

1.2 아프리카 사회의 언어 문제

피시맨과 그의 동료들이 일찍이 지적한 바와 같이 언어는 사회와 문화 발전 그리고 국가발전의 강력한 지렛대일 뿐만 아니라, 그 같은 발전을 가능케 하는 항구적 질료이다[7)]. 인간의 문화 창조 기저에는 언어 소통이 전제된다. 그러므로 언어 소통에 장애가 있게 되면 주어진 문제에 대한 적절한 해결을 기대할 수 없게 되고, 주어진 집단은 인간이 필요로 하는 발전과 향상을 기대할 수 없게 된다. 오늘날 아프리카 사회는 다른 기존의 사회에서 볼 수 없는 특이한 언어 소통의 문제들이 산적해 있다. 그러나 이 같은 문제들이 다른 사항들에 가리어져 중요히 다루어지지 않고 있다[8)].

---

5) "Speech has a social function, both as a means of communication and also as a way of identifying social group. c.f. intra group identification & inter group relation." ibid.

6) "In fact, the context, both linguistic and pragmatic, is fundamental in our understanding of language. Thus, language is not a self-contained system of communication, but, rather, requires reference to other faculties of human cognition and behavior."(Svorou 1993:4).

7) "Language is not only a powerful lever in social, cultural and national development, but it is a constant ingredient of such development and, in its realization a powerful indicator of interaction networks /../ role-relationships ..." (Fishman, Ferguson, Gupta 1968: x).

8) 한발, 에이즈와 같은 질병, 내란, 난민문제, 환경파괴, 인구증가 등과 같은 것들은 잘 알려진 흑-아프리카 대륙의 외적인 문제들로서 세계인들의 관심을 끌어 모으고 있다. 그러나 언어문제, 소통의 문제는

발화를 통한 의사소통행위는 그 자체가 인간 상호 관계 망을 이루는 초석이며, 주어진 사회상황을 이해하는 근간이다. 집단 구성원들의 역할관계, 사회구성원들의 총체적 행위의 영역, 개개인들이 지니고 있는 주요 가치체계 그리고 더 나아가 이들이 소속되어 있는 새로운 사회단위인 특정 국가의 국가적 상징 등을 나타내는 강력한 표지판이 바로 언어이다(Fishman et al. 1968). 그러므로 다른 개도국들과 마찬가지로 아프리카의 언어문제는 정치사회 문제인 동시에 문화문제이기도 한 것이다. 개도국의 언어문제 연구를 통하여 사회변화, 국가통합화 과정, 언어발전 그 자체를 엿 볼 수 있다.

1.3 아프리카 언어의 계통분류

아프리카 대륙에 존재하고 있는 2,090여 언어들에 대한 상황을 올바로 이해하기 위해서는 이들이 역사적으로 어떤 경로를 거쳐 어떻게 확산되어 오늘날에 이르게 되었는지, 그리고 이 언어들 사이의 계통관계는 서로 어떠한 지에 대한 지식이 우선 필요하다. 소위 역사 비교 언어학적 방법으로 아프리카 대륙에 산재해 있는 이들 언어들을 파악한 후 이들을 계통분류(genetic classification)하여야 한다. 이로서 언어와 언어집단 사이의 관계, 부족민들의 대체적인 기원과 이주과정을 이해할 수 있다. 이 같은 연구는 부족단위로서 아프리카인들의 정체성(identity)을 밝히는데 중요하며, 이후 이 언어와 언어집단의 분기(divergence)과정 즉 역사적 변천과정을 이해하고, 더 나아가 그 과정상 혹은 그 이후에 나타난 다양한 언어접촉(contact), 언어집단간의 교류 그리고 부족들 간의 소통현황을 파악해 나가는데 필요한 전제가 된다.[9)]

2. 사회언어학이란 어떤 학문인가?

1950년대 새롭게 등장한 학문 분과로서 기존의 사회학이나 이론 언어학에서 다루지 못했던 중요한 주제들, 요컨대 사회현상이 결부된 주요 언어현상들을 다루는 분야,

---

밖으로 드러나지 않음으로서 사람들이 쉽사리 눈치 채지 못하고 있다. 소수 전문가들에 의해서만 문제 제기 되고 있을 뿐이다.

9) 아프리카어의 계통분류 및 역사비교언어학적 연구에 대하여서는 권명식(2004) 참조.

혹은 그 반대로 언어현상들을 바탕으로 한 사회 현상들을 다루는 분야가 사회언어학(sociolinguistics), 혹은 언어사회학(sociology of language)이다. 거시적 측면으로 사회현상을 다루기도 하고, 미시적으로 들어가 언어적 변이와 변화 등을 분석하기도 한다(Fishman 1970. Hudson 1980, Fasold 1984, 1990, Romaine 2000, Holm 2008, Chambers 2009, Wardhaugh 2009).

2.1 아프리카 사회언어학

아프리카 언어들의 계통분류 작업과 달리, 사회-언어학에서는 공시적 차원에서 구조적으로 접근한다. 언어를 사회제도(social institution)로 간주하는 한편, 언어가 기호체계라는 특성을 바탕으로, 사회 접촉에 따라 이들 언어에 어떤 결과가 야기되는지를 연구한다.[10)]아프리카는 언어적으로 아주 다양한 대륙으로 무려 2,090 여개의 부족어(tribal language) 및 언어들 혹은 방언들이 있다. 1960년까지는 주로 언어의 계통관계를 밝히는 언어분류가 아프리카어 연구의 주종을 이루었다. 그리고 특정 사회 내에서 언어의 기능(language function)과 같은 사회언어학적 주제가 1960년대에 처음 대두되었다. 인위적인 국경선의 확정에 따라 전통적 언어공동체와의 불일치에서 오는 언어 소통문제 그리고 이의 해결을 위한 언어 정책(language policy)문제가 대두되어 아프리카 언어사회학의 관심사가 되었다. 독립이후 오늘날에 이르기까지 50여 년에 걸친 아프리카 사회의 발전과 이에 따른 언어현상에 대한 다양한 연구 결과가 보고되고 있다.

2.2 일반언어학

전통 언어연구에서 사회와 관련된 부분은 주로 방언(dialect)연구, 그리고 단어의미(word meaning)와 문화(culture) 사이의 관계로만 국한됐다. 일반 이론 언어학에서는 사회적 상황을 완전히 배제하고, 언어의 구조만을 독자적이고도 완벽한 체제로서(a self-contained system) 다루고자 했다. 반면에 사회 언어학에서는 실제 사회현장에서 그 언어규칙들이 사회와의 접촉 시 어떻게 달라지는가를 연구한다. 그러나 언어행위

10) 아프리카에 있어 사회언어학적 연구의 태동과 연구현황에 관해서는 Reh, M. (1981:514ff), Wolff (2000) 참조.

는 사회행위이기 때문에 위와 같은 구분은 사실상 무의미하다. 즉 특정 언어는 그것을 말하는 집단(group)으로 정의되기 때문이다. 언어행위는 전달수단 그리고 사회집단을 밝히는 수단으로서 사회적 기능을 갖는다. 결국 언어구조에 대한 사회적 설명 가능성을 포함하게 된다(Hudson 1980:4). 순수 언어학의 입장은 언어가 습득되어지고, 사용되어지고 있는 사회의 맥락과 상황은 전혀 고려하지 않은 채, 단지 언어의 구조(structure)만을 그 주 관심 대상으로 했다[11]. 하지만 사회적 요인을 고려해야 설명될 수 있는 문법 구조들이 많이 있을 뿐만 아니라, 실제적으로 나타나는 다양한 발화들은 사회적 요인들과 직결되어 있다.

2.2.1 순수 이론 언어학 연구의 몇 가지 전제들

구조주의 언어학과 뒤이어 등장한 촘스키(N. Chomsky 1965, 1968)의 생성문법이론과 같은 전통 일반언어학 연구에서는 다음과 같은 사항들을 전제로 하여 언어 연구에 임하였다;

1) 분명한 언어경계, 순수한 언어집단: 언어 간에 경계가 자연적으로 존재하며, 완전히 분리될 수 있는 순수한 언어 집단을 상정
2) 언어구조의 자율성: 환경이나 맥락이 화자의 발화내용과 형태에 영향을 주지 않는 것으로 봄. 인지작용과 같은 언어외적 사항은 언어구조 분석에서 고려하지 않음
3) 특정문화와 의미 사이에 관계를 무시하고 언어 자체의 의미 분석에만 몰두함
4) 이상화된 언어규범을 전제로 함

그러나 아프리카와 같은 언어현장을 직접 접한 많은 학자들은 이 같은 전제들이 현실상황과 상당히 동떨어진 것이라는 것을 알게 되었다. 결국 언어연구는 보다 폭넓은 방향으로 수정되어야 한다고 생각했다. 위와 같은 전제들이 어떤 문제점들을 안고 있는지 아프리카 언어 상황을 바탕으로 검토해 보면 다음과 같다.

1) 언어들 간의 경계가 자연적으로 명확하게 존재하지 않는 경우가 허다하다. 그

11) cf. "to account only of the structure of language, to the exclusion of the social contexts in which it is learned and used, to work out the rules of language x".(Hudson p.3). 최근의 인지언어학, 적법성 이론(relevance theory)과 문법화 이론도 언어구조의 자율성(autonomy)을 거부하고 인지나 맥락과 같은 언어외적 요인들과의 관련성에 관심을 표명하고 있다(Kuteva 2001).

리하여 '언어' 대신 '방언 연속체(dialect continuum)'라는 새로운 개념이 등장했다(cf. 베르베르어나 반투어).

2) 논의, 논박, 청탁, 요구에 따른 화자의 특정한 언어형태(cf. register, variety), 연령이나 사회적 지위에 따른 하대(반말)와 존대 말(공대법), 주어진 사회 상황에 따른 공식/비공식(사적인) 어법의 차이가 엄연히 존재한다. 이 같은 차이는 음성적, 어휘적, 문법적 차원에서 다양하게 실현되고 있다. 이는 언어가 사용되고 있는 사회적 관습이나 문화를 고려하지 않고는 설명될 수 없다.
3) 문화에 대한 부분적인 기술이나 이해 없이는 의미를 적절히 진술할 수가 없다. cf. kanzu~ buibui(스와힐리 사회에서 남성들이 입는 흰 통 옷이나 여인들이 입는 검은 옷)
4) 실제적으로 다양한 변이들(variations)이 화자와 상황에 따라 존재하고 있다.

이 같은 현실을 설명하기 위한 새로운 사회언어학적 연구는 언어외적 요인들을 함께 고려함으로서 그 정당성을 얻게 되었다.

2.3 언어사회학과 사회언어학

사회언어학(Sociolinguistics)이란 단적으로 사회에 관련하여 언어를 연구하는 것이다. 하지만 시각을 바꾸어 언어에 관련된 사회 연구라 할 수도 있다[12]. 이럴 경우 특별히 구분하여 언어사회학(Sociology of Language)이란 용어가 별도로 쓰이기도 한다. 주요 국제 학술지로는 LIS(Language in Society)와 IJSL(International Journal of the Sociology of Language) 그리고 AL(Anthropological Linguistics)가 있다. 인류언어학에서는 '사회'대신 '문화'라는 포괄적인 용어가 쓰인다. 언어학과 사회학의 부산물로서 사회언어학은 인간들에 의한 언어행위 자체를 설명하거나, 그것을 규제하는 사회규범이나 규칙을 연구한다. 동시에 특정 사회집단에서 언어에 대한 화자의 태도를 연구한다.[13] 즉 세 가지 요소가 언어사회학의 주요 주제로 나타난다. 화행에 나타나는 기능적 분화, 즉 변이형으로서의 언어자체가 그 첫 번째 것으로 이는 참여자가 쓰고 있는 코드(code)에 관련된 사항이다. 두 번째는 화행에 참여하는 화자의 태도(attitude), 혹은 의도(intention)에 대한 연구이다. 참여자는 상대방이나, 소통매체인

12) "the study of language in relation to society" Hudson (1980:1).
13) "Sociolinguistics seeks to discover *the societal rules of norms* that explain and constrain language behavior and the behavior toward language in speech community." Fishman (1971:1).

코드, 혹은 주어진 사회적 상황에 대한 자신의 태도나 의도를 나타내게 되는데 이것이 주 연구 대상이 된다. 마지막으로 주어진 화행을 규정하는 언어집단의 사회규범(social norm)이 연구대상이 된다. 이들 세 가지 요소들이 서로 어떻게 작용하는지 총체적인 것도 사회언어학 연구에 포함된다.

2.3.1 언어와 화자, 그리고 사회

1) 언어와 인간: 통사론과 화용론

화자(speaker, addresser)에게 작용하는 언어 변이형(variety)의 '상징적 가치'를 규명하는 것[14]은 언어의 외적 연구이다. 특히 화자가 자신의 의도를 나타내기 위해 언어를 어떻게 사용하는지를 연구하는 언어학 분야를 특히 화용론(Pragmatics)라 한다. 구체적으로 말하면 의사 전달 내용은 일반적으로 코드로 표현되지만, 이것과 무관하게 이를 어떻게 사용하느냐에 따라 화자의 의도가 함께 전달되는데 청자는 그의 사용 양상을 바탕으로 그의 전달 내용이나 의도를 추론하게 된다. 반면에 순수 언어학에서는 언어의 내적 연구를 우선한다. 예컨대 언어구조 자체 연구의 한 분야인 통사론(Syntax)에서는 '기호들 사이의 관계'만을 다룰 뿐 이 구조가 언어를 사용하는 인간들과 어떤 관계에 있는지에 대하여서는 원칙적으로 관심을 기울이지 않는다. 코드에 의해 전달되는 의미 내용은 의미론(semantics)에서 다룬다.

2) 언어와 사회: 언어의 기능적 분화

언어의 기능적 분화에 따른 불가피한 사회적 결과를 규명한다. 참여자들 사이의 친밀도, 평등성 정도, 혹은 교육정도나 수준, 더 나아가 그가 속한 민족이나 부족 정체성[15] 등이 사용되는 언어를 통해 나타나고 있음으로서 이에 관련된 정보가 상호 교환된다.

3) 코드, 언어 변이형(language varieties)

언어 자체를 코드라 하고, 코드는 실제적으로 아주 다양한 형태로 실현된다. 이를

---

14) "to determine the symbolic value of language varieties for their speakers." ibid.

15) "as an inevitable consequence of their functional differentiation, like intimacy, equality, educated status, national identities etc". ibid.

변이형이라 한다. 사회적 제반 요인들에 따른 언어변이와, 변화에 따른 구조적 분석을 할 수 있는데, 이는 일차적으로 언어 연구 분야에 속한다. 이 변이형의 기능들에 대한 설명은 사회 연구 분야이다.

4) 화자의 태도[16)]

화자의 태도(attitude)에 대한 연구는 심리적 접근이다. 위 세 가지 요소들, 요컨대 변이형과 사회적 기능, 그리고 화자의 태도가 언어집단 내에서 서로 어떻게 상호 작용하고, 변화하는 가를 연구하는 학문분야가 사회언어학이라 할 수 있다.

2.3.2 화자와 사회관계(Speaker & Community)[17)]

사회는 다차원적 공간으로 구조화되어 있다. 예컨대, 연령(age), 출신지역이나 부족(tribe), 사회계급(social class), 직업 및 지위(status), 성별(gender), 교육정도 등이 이들 공간을 가르는 주요 변수들이다. 개개인은 공동체 안에서 자신이 처해 있는 위치를 감안하여 언어를 사용하게 되는데, 이 발화행위는 다차원적 공간 안에서의 자기 정체성들 과시하는 행위로 간주 될 수 있다(Le Page 1977). ‘내가 누구인가?’, ‘남과 다르다’는 것을 특별히 드러내는 것, 요컨대 자신의 정체성을 드러내는 것을 허드슨은 개별성(individualism)이라 칭했다(Hudson 1980:14). 이에 반하여 효율적인 의사소통을 위하여 개인이 사회규범에 적응하고, 준수하여, 순응하는 것이 준거성(準據性), 혹은 준수(conformity)라 했다. 이리하여 이들 두 양극단들 사이에 개인적 변이와 ‘유사성(similarity), 혹은 일치(agreement)’의 범위가 형성되게 된다는 것이다. 유사성의 정도는 효율적인 의사소통을 위해 꼭 필요하다. 개별성과 준거성 이라는 두 개의 서로 상충되는 힘들의 상대적 강도에 따라 한 언어 집단내의 변이정도가 결정된다고 허드슨은 설명하고 있다.

한편 르 파지(Le Page 1978)는 개인의 언어사용에 있어 변이의 범위를 규정하는 개별성과 준거성 이라는 용어대신 ‘집중(focussing)과 확산(diffusion)’이라는 개념을 사용한 바 있다. 이는 그룹 구성원들의 사회적 분포를 바탕으로 한 개념이다. 화자들 간에 접촉의 빈도가 높은 곳으로 밀접하게 응집된 집단을 집중, 혹은 집중지역[18)]이라

16) 언어에 대한 화자의 태도에 대한 일반 이론서로는 Adegbija(1994) 참조.

17) Hudson (1980) 1.3.1 참조.

18) 집중지역(convergence area)은 언어 구조의 유사성으로 특징지어진다. 이는, 관련된 사회집단의 지속적인 접촉에 기인된 것으로 언어지역(linguistic area)으로 표현되기도 한다(권명식 2006).

했다. 산스크리트어, 불어 지역처럼 표준화된 문어가 있는 사회이다. 이 반대가 확산인데 이 두 개념은 양분 대립되는 개념이 아니라, 정도에 따라 구별 될 수 있는 것으로 중간의 다양한 변이들의 바깥 양 극점을 나타내는 명칭이라 할 수 있다. 아프리카 사회 연구에서도 언어 유사성을 바탕으로 언어집중 지역 개념이 새롭게 등장하고 있다.

[표 1] 언어, 사회, 인간 사이의 관계

언어(코드, 변이형)
방언, 사회방언, 피진-크리올, 레지스터, 언어변화

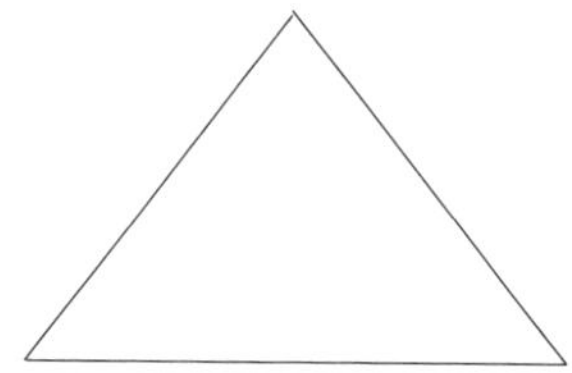

인간(태도, 의도, 충성도, 정체성,
코드 선택, 대체, 정체성 과시)

사회(규범, 제약, 다중언어상용사회
언어문제, 언어정책, 언어상황,
표준화, 언어계획

개인은 언어지식을 바탕으로 언어를 사용하고, 언어공동체에 대하여서는 적응을 하거나 교섭한다. 사회는 개인에게 나름의 규범과 제약을 가한다. 개개인의 의도와 감정 그리고 사회의 구성 성격과 변화 등의 양상에 따라 다양한 언어 변이형들이 나타난다.

3. 언어와 사회 관련성: 식민사회 이전 아프리카 소통 사례[19)]

언어와 사회가 밀접한 관련이 있다는 점은 언어구조를 통해 나타나기도 하고, 문법이나 발음을 통해 나타나기도 한다. 혹은 언어사용법이나 표현, 스타일에서도 나타난다. 전통 아프리카 사회에서 다양한 화행 양상들이 보도되고 있다.

---

19) 이 장의 내용은 Reh(1981: 515-517)에 의존하였다. 그 안에 있는 출처도 이 책에서 재인용한 것임.

3.1 다언어 상용: 말리 제국과 만딩고어

20세기 중반에 이르기까지 한 민족이나 부족은 오로지 하나의 고정적 언어 단위를 형성하는 것으로 이해되어 왔다. 그러나 한 사회집단 안에 여러 개의 언어가 공존하는 소위 '다언어 상용(multi-lingualism)' 현상은 오늘날 아프리카 사회는 물론, 과거에도 존재했다. 예컨대 말린케(Malinke), 밤바라(Bambara), 듈라(Dyula)를 주요 방언으로 하고 있는 만딩고(Mandingo)어는 말리 제국의 공식어로서 13세기 이래로 서 아프리카에 널리 퍼져 있었다. 만딩고는 오늘날 감비아, 기니, 말리, 부르키나파소, 상아해안 등 5개국에서 최소한 국민의 20%에 의해 사용되고 있다. 총화자수는 1천만으로 추정된다. 말리(Mali)제국은 다중언어 상용사회로서 다양한 사회영역과 다양한 기능에 따라 특정 언어가 선택되어 사용되었다. 정치적 지배계층은 만딩고를 사용했고, 종교영역과 기술, 기록, 문헌에서는 아랍어(Arabic)가 쓰였지만, 피-정복민들은 그들 부족 내에서 부족어를 그대로 사용했는데, 지배자와의 대화할 때만 만딩고어를 썼다. 15세기 말리 제국의 붕괴이후 그 방언의 하나인 듈라는 소금과 콜라무역의 교역어로 전파되었다(Alexandre 1972:656).[20)]

3.1.1 풀라니제국과 하우사어

19세기 초 우스만 단 포디오(Usman dan Fodio)는 풀라니(Ful, Fulani)제국을 오늘날의 나이지리아, 니제르 지역으로부터 카메룬에 걸친 지역에 건설한 후 다양한 소통의 예를 제공했다. 지배자들은 자신의 언어인 풀풀데어가 아닌 하우사(Hausa)어를 행정어로 사용했다. 예컨대 서부 나이지리아 일로린(Ilorin)이라는 요루바 도시에서는 왕(Emir)이 사는 궁정에서는 대서양어인 풀어가, 행정상의 공식어는 차드어인 하우사어가 쓰였는데, 정작 도시 시민들은 꾸아어인 요루바어를 썼다. 도시 밖의 일반 농민들은 각기 다른 자기네들의 부족어들을 썼고, 종교와 법률분야에서는 아랍어가 별도로 쓰였다(Aalexandre 1971:656).

---

20) 만딩고는 '만딩'으로 불리고 있는데, 오늘날 이 지역에서 쓰이는 나이저-콩고어족의 하위 분파는 만데어이고, 이중 만딩(Manding)어는 가장 많이 쓰이는 언어로 서부 분파의 하나이다. 이는 다시 말리의 밤바라(Bambara), 감비아의 만딩카(Mandinka), 기니의 마닌가(Maninka), 부르키나-파소와 상아해안의 디올라(Dioula)로 크게 나뉜다. 이들은 무두 서-아프리카 지역의 주요 교통어(Lingua Franca)이다.

3.1.2 사회계급에 따른 호칭의 차별화(모시)

서-아프리카에서 100여 년 간 제국을 이끈 모시(Mossi)인들(현, 부르키나파소)은 사회계급, 계층(階層)에 따라 화법에 차이를 두었다. {nyamba}는 2인칭, 복수로 '당신들'이라는 뜻으로 존대(尊待), 혹은 공대 의미를 지닌 호칭이다. 낯선 자나, 손님, 그리고 귀족들에게 '당신'의 의미로 쓰인다. 한편 {fo}는 2인칭 단수, '너'로 하대표현이다. 동료 간이나, 귀족이 아래 사람에게 말할 때 쓰였다(Froger 1910:95f.). 권력(power)과 연대의식(solidarity)이 구분의 주요한 변수로 작용한다.[21)]

3.2 문법과 어휘의 차별화: 수단의 실룩인들

사회적 계층에 따라 어휘가 달리 쓰이는 예로 수단 남부에 거주하는 나일족의 실룩(Shilluk)인들에게서 나타난다. 왕이나 국가 권력자와 대화 할 때에는 '왕의 언어'가 사용되는데, 일상어의 명사가 평가 절하된 형태로 대체된다. 일례로 '머리'를 '자갈'이나 '돌'로, '당나귀'를 '개'로 부른다. 동사(動詞)는 주로 '수동형'이 쓰인다. 즉 신(神)이나 운명이 주체로 나타난다. 왕은 반말로, 일반인은 겸양어, 혹은 존대어(공대어)를 쓴다(Pumphrey 1937).

3.2.1 잔제로의 경우

에티오피아의 오모어 분파에 속하는 잔제로(Janjero)인들은 세 가지 유형의 화법을 구사한다. 예컨대 일상적 대상물의 명칭, 신체부분 명칭, 기본 동작에서 세 가지 유형의 어휘가 존재하여 대화 상대의 사회적 지위에 따라 적절히 선택된다(Cerulli 1938).[22)]

---

21) 한국어의 호칭(呼稱 address form)도 화자가 상대방을 사회적으로 어떻게 평가하고 판단하는지를 극명하게 드러낸다. 호칭은 참여자들의 사회적 관계뿐 만 아니라 화자의 심리적 태도, 판단을 직접 나타낸다. 예컨대 '선생, 선생님, 어르신, 당신, 너, 자네, 제군들, 여보, 자기' 등 상대방 호칭이 다양하다. 이름(first name)을 부르느냐, 직함(title)이나 성(last name)을 부르느냐에 따라 화자의 의도나 태도가 달라질 뿐만 아니라 이를 듣는 청자의 느낌도 크게 달라진다.

22) 우리말의 예에서도 의미가 같다하더라도 어휘의 선택에 따라 화자의 의도, 인격, 교양, 사회적 지위 등을 추론해 볼 수 있게 된다.{먹다, 자시다, 들다; 밥(일상), 진지(존대), 식사(공식적), 먹거리(신세대)}. 주둥이(속어/비어), 입(순 우리말)/구강(oral cavity 전문성, 품위, 한자어), 젖가슴(~앓이)/유방(암)/브레스트(cancer캔서), 마누라(늙은 세대)/색시(시골)/내자(고어)/처(중립적)/부인(일반적)/아내/와이프(wife).

3.2.2 음성적 차별화: 가나의 아칸(Akan)족)

이들은 왕의 언어표시를 발음차원에서 구별해 준다. 요컨대 의도적으로 더듬거나, 비음을 첨가한다. 이와 같은 언어표현의 차이는 사회계급(階級) 뿐만 아니라 거주 지역, 발화목적, 담화가 이루어지고 있는 사회영역, 남녀 성별, 연령에 따라 한 언어 안에서 다양한 변이형의 형태로, 다중언어 상용사회에서는 언어의 선택 형식으로 실현되고 있다. 이는 언어와 사회가 직접적으로 관련된 영역의 한 예들이라 할 수 있다(Reh 1981: 517).

제 2 장

아프리카 사회를 반영하는 다양한 언어 명칭들

아프리카 사회는 다른 사회와 달리 여러 가지 독특한 특질들이 있다. 이 같은 특성들을 나타내는 언어관련 명칭들이 있다. 이는 어느 정도 보편적인 현상으로 볼 수도 있기는 하다. 언어에 관련된 다양한 명칭들을 통해 언어의 다양성과 함께 아프리카 사회의 특성들을 엿볼 수 있다.

1. 언어와 방언[23)]

'언어(language)'와 '방언(dialect)'의 차이는 다분히 문화적인 것이다. 이는 언어자체의 구조적 차이에 기인된 것이 아니라, 화자 및 사회집단이 관습적으로 주어진 어형태를 어떻게 간주하느냐에 따라 구분된 것이다. '방언(사투리)'은 지역에 따른 변이형(regional variety)으로, 기록 문헌을 보유한 경우도 있으나, 대개는 문헌이 없다. '언어'라는 용어는 은연중 '표준어(standard language)'라는 의미가 내포되어, 방언에 대립되는 개념으로 쓰이곤 한다.[24)] 언어는 일반적으로 방언에 비해 규모(size)가 크고,

23) cf. Hudson 1980: 30-32. Romaine 2000: 2f., Tserdanelis & Wong 2004:340f.

24) 서구에서는 한 때 자신들의 말은 '언어'로 명하고 아프리카인들의 언어를 'dialects(방언)'로 불어 조롱 의미를 부여하곤 했는데, 그 기저에는 표준화가 안 된 야만인들의 말이라는 함축적 의미가 들어있다.

어휘항목(item)이 많다. 대개는 인위적인 표준화작업을 거친다. 이는 문자로 고정되거나, 출판에 의해 텍스트가 산출되는 어 형태이기도 하다. 언어의 두 번째 특징은 사회문화적인 것으로 방언과 달리 권위와 위력 혹은 모종의 특권(prestige)이 언어(표준어)에 결부되어 있다는 사실이다. 격식(공식적 지위 official status)이 있는 문어(문자)가 여기에 한 몫을 한다. 따라서 문어가 아닌 구어체 언어가 방언으로 여겨지곤 한다. 표준어는 표준화(standardization)라는 인위적 작업이 최우선의 과제인데, 표준화과정을 거친 대상 언어라 할 수 있다. 따라서 이는 언어집단의 인위적인 판단과 결정의 문제가 결부되게 됨으로서 집단의 감정과 견해가 반영 된다[25]. 반면 방언은 지역적 요인에 의해 형성된 변이형로서 인위적인 조치로부터 해방되어 자연스럽게 존재하는 언어변이형이다[26]. 언어와 방언의 차이를 요약하면 다음과 같다.

[표 2] 언어(표준어)와 방언 비교

	크기(size)	항목(item)	표준화	권위 (prestige)	공식적 지위	문자 보유
언어(표준어)	*큼*	*많음*	+	*높음*	+	+
방언	*작음*	*적음*	-	*낮음*	-	-

다음은 스와힐리 방언의 예이다. 아래 각각의 방언들은 특정 사용지역과 긴밀히 연결되어 있다. 스와힐리 집단의 생성과 발달과정에서 중요한 역할을 담당했던 지역의 흥망성쇠가 지역방언과 연결되어 있다. 라무, 파테, 말린디 북부 방언과 몸바사와 펨바를 중심으로 한 중부 방언이 갈린다. 오늘날은 펨바가 잔지바르에 통합되어 탄자니아 영토이다. 표준어의 근간인 잔지바르 방언과 남부에는 킬와 마피아, 코모로 섬으로 이어진다.

하우사의 경우에도 많은 방언들이 있지만 보통 '하우사어'라 하면 카노(Kano)에서 쓰이는 카난치(Kananci) 방언을 가리킨다. 이것이 현재 하우사 표준어이다. 이는 맞춤법 결정 및 표준화작업을 거쳐 글쓰기 및 출판할 때 쓰이는 어체이기도 하다. 이 같은 배경을 반영하듯 사람들은 카난치(Kananci)를 '아랍문자로 표기된 방언'이라는 의미의 가스키안치(Gaskiyanci)라고도 부른다. 이는 구어체에 대비시켜 문어체 하우사어

25) "a judgemental one, a term that is indicative of emotion and opinion", ibid. Fishman 1971:21.

26) "Those varieties that initially and basically represent divergent geographic origins" ibid. 22.

[표 3] 스와힐리 방언과 사용지역

1. 북부방언	1) Ki-Miini(=Chi-Miini); 브라바(Brava/Barawa)에서 쓰임. 주바(Juba)강 상부 2) 키티쿠(Ki-Tikuu): 바주니(Bajuni) 섬, 소말리아 지역까지 포함 3) 키파테(Ki-Pate), 키시유(Ki-Siu), 키아무(Ki-Amu): 시우(Faza, Siu), 파테, 만다, 라무(Lamu, Shela)섬, cf. BONI/AWEERA, DAHALO 4) 말린디/암바루이(Malindi/Mambrui): Sabaki강 하구 아래
2. 중부방언	5) 몸바사 지역 방언들; 키음비타(Ki-Mvita), 치좀부(Chi-Jomvu), 키응가레(Ki-Ngare); 몸바사 교외 6) 치푼디(Chifundi) 7) 키붐바(Ki-Vumba): 방가(Vanga), 케냐/탄자니아 국경부근 8) 키음탕아타(Ki-Mtang'ata): 통고니(Tongoni)에서 탕가 남부까지 9) 펨바(Pemba)방언: 차케차케(Chake Chake)
2.1 잔지바르 방언	10) 키툼바투(Ki-Tumbatu): 잔지바르 북부(Nothern Zanzibar) 11) 키하디무(Ki-Hadimu): 마쿤두치(Makinduchi) 12) 키웅구자(Ki-Unguja): 잔지바르시 방언으로 표준어의 기초가 되고 있음
3. 남부방언	13) 마피아(Mafia), 바가모요(Bagamoyo) 남부, 마피아섬 포함 14) 킬와(Kilwa) 15) 음가오(Mgao) 16) 마다가스카르(Madagascar) 17) 모잠비크(Mozambique) 해안
4. 코모로방언	18) 키은주아니(Ki-Nzwani) 19) 시응가지자(Shi-Ngazija)

cf. 스와힐리 인근의 다른 반투어들: Pokomo, Mijikenda, Pare, Sabaki.

를 가리키는 말이다. 표준어 이외의 하우사 방언들로 지역 및 도시에 따라 카시나의 카시난치(Katsinanci), 니제르 타호아(Tahoua) 지방에서 쓰이는 아데란치(Aderanci), 나이지리아 바우치(Bauchi)지방에서 쓰이는 구디란치(Guddiranci)가 있다.[27]

1.1 언어경계의 문제, 방언들 사이의 구분

같은 개념을 방언에 따라 다르게 표현함으로서(i.e. pail vs. bucket), 혹은 동일한

27) 방언구분은 학자에 따라 달라질 수 있는데 어떤 이는 하우사방언을 동부, 서부, 북부로 대별한다. 북부방언은 Kano, Bauchi, Daura, Misau+Borno, Hadejiya지역에 따라 각각, Kananci, Bausanchi, Dauranchi, Gudduranci, Hadejanci로 부른다. 서부방언으로는 Sokoto, Katsina, Gobir+Adar, Kurfey / Niger지역에 따라 각각 Sakkwatanci, Katsinanci, Arewanci, Kurhwayanci로 불린다. 끝으로 남부방언은 Zaria에서 쓰이는 Zazzaganci가 있다. 이외에 가나에서 쓰이는 하우사 방언으로 Gaananci가 있다.

단어라도 발음을 달리함으로서(farm [fa:m~fa:rm]) 지역 간의 방언 경계가 나타나는데 이때 동일 형태를 동류어(isogloss)라 하고, 이런 동류어들이 많이 나타나면 이 동류어군(a bundle of isogloss)을 바탕으로 한 방언경계를 그을 수 있는데 이를 등어선(isogloss, isoglossic line)이라 한다. 실제적으로는 중첩이 되거나 경계가 동류어에 따라 제각각 나타나므로 하나의 분명한 경계를 긋기가 어려운 경우가 많다.[28] 그러므로 언어적 기준보다는 그곳에 사는 주민들의 역사적, 문화적 지식을 바탕으로 인식된 결과에 의존하여 방언 경계를 말하는 경우가 허다하다. 그러나 이런 경우도 어느 집단을 기준으로 하느냐에 따라 달라지므로, 객관적 결론을 이끌어내기 어렵다(아래 요루바어의 경우 참조).

언어경계의 경우는 프레스티지(prestige)와 언어규모(size)라는 기준이 사용되는데 그것은 표준어라는 개념을 전제로 한다. 언어학적 기준으로는 상호이해성(mutual intelligibility)가 흔히 사용되지만 아래 예들에서 보듯 명확하게 적용되기는 어렵다. 상호이해성이란 코드의 문제가 아니라 사용자의 문제이기에 가부 간을 결정할 수 있는 게 아니고 정도(degree)의 문제로 귀결된다. 개인간의 이해도는 반드시 양방향이 아닌 일방향일 수도 있다. 이해도는 개인의 동기(motivation)나 과거 경험(experience)가 중요하게 작용한다. 결국 언어학적 요인을 엄밀하게 고려하면 언어나 방언의 구분은 다분히 허구적이라 할 수 있다. 사회언어학에서는 그러므로 변이형(variety)이라는 개념이 더 중요하다.[29]

1.2 언어와 방언 경계, 의식과 상호이해성: 케냐의 경우

"대부분의 다른 아프리카 제 국가들에서와 마찬가지로 케냐의 경우도 언어 수를 정확히 산출해 내기가 쉽지 않다. 그것은 언어와 방언의 경계를 분명히 구분 짓기 어렵기 때문이다. 예컨대 동-나일어에 속하는 테소(Teso)와 투루카나(Turkana)는 상호 이해가 가능하므로 언어학적 기준으로만 본다면 한 언어의 두개 방언들로 간주될 수 있다. 그러나 전통과 사회 그리고 문화적 관점으로 볼 때, 이들 화자들은 피차 서로가

28) cf. Hudson 1980: 2.3.1, Tserdanelis & Wong 2004: 10.4 미국 동부에서는 'dragonfly~darning needle'등의 등어선 묶음(the bundle of isoglosses)을 통해 북부, 남부 미국영어방언 경계를 펜실바니아/뉴저지 지역 중간에 두고 있다.

29) cf. Hudson 1980, 2.2.3, 역사비교언어학에서 흔히 사용하는 수형도(tree diagram)은 언어들 간의 분기 과정을 나타내지만, 언어들이 명료하게 구분된 것 같은 인상을 준다. 언어들 사이의 상호영향이나 혼합 등의 문제는 고려하지 않음으로서 어느 정도 언어현실을 이상화한 것으로 볼 수 있다. ibid. 2.2.4.

서로 다른 그룹에 속한 것으로 간주하며, 서로 다른 언어, 부족 명칭이 보여주듯 별개의 두개 언어 집단으로 간주한다. 이 같은 현상은 반투-그룹에 속하는 키쿠유, 캄바, 메루(Meru), 엠부, 타라카, 음베레 사이에서도 그러하며, 남-나일어족에 속하는 칼렌진(Kalenjin)의 하위 방언인 킵시기스, 포콧(Pokot), 사바오트, 마라쿠웨트, 케유, 투겐, 난디의 경우도 마찬가지다."(권명식 1986:223-224).

1.3 문화적 인식의 상충(탄자니아의 차가)

탄자니아 북부의 "하이(Hai)어와 롬보(Rombo)어는 서로 소통이 불가능하지만, 전통적으로 챠가(Chaga)의 한 방언으로 간주되고 있는 반면, 탄자니아 북서부의 하(Ha)어와 국경 넘어 부룬디의 룬디(Rundi)어는 상호 소통이 가능하지만 별개언어로 간주되고 있다."(권명식 1990:4). 언어학적 기준보다 언어외적인 문화적 역사적 기준이 언어와 방언 사이의 구별을 하는데 우선하고 있음을 알 수 있다.

1.4 화자의 인식: 요루바어의 경우

나이지리아 남부의 요루바어에 속하는 방언들의 경우 이들 사이에는 소통이 전혀 불가능한 경우가 많은데, 그럼에도 불구하고 이들은 하나의 표준어를 중심으로 이들의 방언들로 간주되고 있다(Wolff 2000:301). 요루바어의 실제 언어 상황을 보다 면밀히 살펴보면 아주 복잡하다. 이들은 아주 많은 방언군들(dialect cluster)로 구성되어 있어서 언어학적으로 소통이 가능하다 하더라도 대상 주민들은 아주 다른 언어 명칭으로 갖고 있고 그렇게 불리기를 기대한다. '요루바'라는 명칭은 그 방언들 중에 하나일 뿐이다. 이 같이 여러 언어들이 모여 있다는 의미의 '방언군'이라는 개념을 반영하기 위하여 '요루보이드(Yoruboid)'라는 명칭이 제안되기도 했다. 몇몇 방언들을 예로 들면 나이지리아에서는 요루바(Yoruba), 이갈라(Igala), 이체키리(Itsekiri)가 쓰이고 있고, 베냉에는 챠베(Tsabɛ), 아다이차(Idaitsa)어가, 그리고 토고에서는 아나(Ana)와 이페(Ifɛ)가 쓰인다. 요루바 방언들을 몇몇 방언들을 중심으로 계통적으로 분류하면 다음과 같다(Capo 1989: 281).

데포이드(Defoid) A. Akokoid: Arigidi, Ahan
B. *Yoruboid*: 1. Edekiri; a. Ede(요루바Yoruba, ..)
중부(이페Ife, ...)
북동부(Yagba, ..)
남서부(차베Tsabɛ/베넹, 아나Ana.토고)
북서부(Egba)
b. 아체키리Itsɛkiri, Ikalɛ, ...
2. 이갈라Igala(Ankpa), Ida, Ebu, ...

위의 방언군들을 '요루바'라는 이름으로 부르면 다른 집단들이 수용하지 않으므로[30] 이들을 총칭하는 새로운 명칭이 필요 되게 되었다. 아프리카학자인 오바예미(Obayemi)는 '페(Fe)'라는 명칭을 제안했다. 이들의 기원지가 Ife, Ufe, Uhe로 공통의 구심점역할을 할 수 있기 때문이라는 이유였다. 1987년도 8차 나이지리아어 학술대회에서는 '데포이드(Defoid)'라는 새로운 명칭으로 의견이 모아지게 되었는데 이는 언어를 뜻하는 요루바어 'ede', 요루바인들의 기원지 명칭 'ife', 방언군들을 뜻하는 '-oid'가 합쳐져 만들어진 신조어이다. 아프리카어의 언어수를 몇으로 해야 할지, 그리고 언어와 방언의 구분을 어디서 해야 할 지의 문제가 어떤 성질의 것인지 '요루보이드' 상황을 통해 단적으로 알 수 있을 것이다.

1.5 화자 수와 법 규정: 남아프리카의 경우

소토(Sotho), 스와지(Swazi), 츠와나(Tswana)어들은 하나의 방언들로 간주될 수 있으나 이들이 레소토, 스와질랜드, 보츠와나라는 국가 경계 안에서 각각 쓰이고 있기 때문에 별도의 언어로 간주되고 있다. 남아프리카 반투어들은 은구니와 소토어로 대별된다. 은구니에 속하는 언어들은 다시 은데벨레(Ndebele), 스와티(Swati), 호사(Xhosa), 줄루(Zulu)어로 나뉘고, 소토어는 다시 북부, 남부 소토어 그리고 츠와나로 나뉜다. 그런데 유독 호사와 줄루어는 별개의 언어로 간주되고 있는데 이들 화자들이 각기 다른 집단에 소속되고 있다는 의식이 그 첫째 원인이고, 그 다음으로는 많은 화자 수, 마지막으로 그간의 대립적인 관계를 유지해온 역사, 정치적 원인이 그 이유라

30) 토고와 베냉에서는 '요루보이드인'들을 아나고(Anago, Ana, Nago)로 알려져 있다. 시에라리온에서는 아쿠(Aku)라 불린다.

하겠다. 1996년 헌법에서도 이들이 서로 다른 남아프리카 공식어라 규정했다(ibid.).

※ 남아프리카 반투어	
응그니 그룹	은제벨레, 스와티, 호사, 줄루[31]
소토 그룹	북부 소토, 남부 소토, 츠와나[32]
※ 국가 경계	소토, 스와지, 츠와나(⇒ 레소토, 스와질랜드, 보츠와나)
언어경계 변수: 화자 수, 집단의식, 역사적 배경(줄루/호사)	

2. 변이형(variety, code, '-lect')과 어휘 항목

2.1 변이형

'변이형(variety)'이란 용어는 언어를 지칭하는 말로 사회언어학에서 쓰이는데 이 용어는 객관적이고, 감정적이지 않은 전문용어(technical term)이다. '언어'나 '방언'이란 용어는 일상용어로서 우리에게 친숙하기는 해도 언어지위, 화자의 감정이 들어 있다. '유럽에는 60여 개의 언어가 있고 아프리카에는 2,090여 방언들이 있을 뿐'이라고 이야기 할 때 언어(language)란 정당한 지위를 지닌, 문화와 연관될 수 있는 그런 것을 의미하지만 방언(사투리 dialect)이란 언어지위를 누리기에는 아직 자연 상태의 말로서 덜 정립된 언어들이라는 함축적 의미가 담겨져 있다. 이들에게는 문화가 아니라 '관습과 의식'이라는 개념과 더 연결된다. 이처럼 언어, 방언이라는 용어는 사실상 과학적인 개념으로 쓰이기에는 부적절한 면이 있다. 이에 대응하는 개념으로 나온 것이

31) 은구니 그룹에 속하는 네 개 언어들은 모두 소통이 가능하다. 스와티는 다른 줄루 방언들과 같은데 이를 Kangwane Zulu라 부르지 않고 Swati라 부르는 것은 아파르테이트 정권 하의 언어, 종족 부활의 일환과 같은 정치적 이유에서이다. 줄루, 호사어가 다르게 된 것은 경쟁관계에 있던 선교사들이 서로의 변이형을 표준어로 고집한 데 원인이 있기도 하다(Louw 1983: 374, Herbert 1992:3). 줄루어의 경우에도 변이형의 차이가 커서 트란스발 지역의 줄루어교사가 표준 줄루어를 가르치면 현지 줄루어 화자는 이를 외국어처럼 느낀다고 보고되고 있다.

32) Northern Sotho어는 너무 다양하여 하나의 언어단위를 이룰 수 있을지 의문이 제기되었다(Van Warmelo 1974:72). 편의상 Northern Sotho와 Tswana를 구분했으나 실제적으로는 그런 이유가 없다고 보았다(Herbert 1992:2).

'변이형'이라는 용어이다. 요컨대 다르게 실현되는 모든 형태의 언어 형태들을 일단 '변이형'이라 지칭할 수 있다[33]. 변이형이 서로 다른 것은 궁극적으로 '언어항목(linguistic item)'이 각기 다르기 때문이다. 변이형은 '유사한 사회적 분포를 가진 언어항목의 집합'으로 정의 될 수 있다. 요컨대 언어, 방언, 그리고 다음에 설명할 '레지스터(Register/사용역)' 등이 모두 이에 포함된다.

2.2 언어항목(Linguistic Item)[34]

언어와 방언이란 용어가 일반적인 문화를 반영하는 비전문적인 술어임은 앞에서 지적한 바와 같다. 이와 달리 '언어항목'이란 (ㄱ)어휘항목, 그리고 (ㄴ)어휘항목의 발음과 의미를 결합시키는 규칙들, 더 나아가 (ㄷ)이들 규칙에 대한 제약들(constraints)로 구성된다. 전통적으로 뒤의 두 부문은 문법(grammar)의 테두리 안에서 이해되었다. 언어항목은 그러므로 순수하게 언어학적으로 기술되고 설명되어질 수 있는 부문으로 언어라는 일반적인 용어를 보다 기술적으로 표현한 용어라 할 수 있다. 어휘항목은 구체적으로 발음, 어휘, 통사로 구분된다. 사회적 요인에 따라 이들 영역에 변이형이 나타난다. 영어에서 'accent'라는 용어는 주로 발음상의 차이를 말한다. 하지만 'variety'는 발음을 포함한 어휘사용, 통사부분을 다 포함한다. 미국흑인 영어[35]나 영국의 RP 표준어는 세 가지 언어항목별로 그 특징이 설명될 수 있다. 일상어나 속어의 발음도 나름의 특징을 지닌다. 발음과 어휘와 달리 통사문법은 지리적 접촉의 영향을 잘 받는 것으로 나타났다.[36] 요컨대 통사는 사회집단 내 결속을 표시하는 방식으로 활용되고 있고, 그와 반대로 발음이나 어휘 선택과 사용은 자신의 사회적 계급이나 특권을 과시하는 도구로 활용되고 있음이 밝혀졌다. 특히 어휘선정과 사용은 매 순간

---

33) variety와 유사한 용어로 대중적으로 '렉트(-lect)', 혹은 코드(code)라는 말이 쓰이기도 한다.

34) 이하 언어항목과 언어공동체에 대한 부분은 Hudson(1980)의 2.1.1에 의존하였음.

35) 미국흑인들은 예컨대 이중부정(double negatives) 구문을 사용한다. 3인칭 단수 -s 호응을 생략하거나, 자음 중첩을 기피한다(cold cuts > coul kʌt). 이중모음 기피(now > na), 습관형으로 be를 쓴다(The coffee is always cold. > The coffee always be cold.). Tserdanielis & Wong 2004: 351f.

36) 발칸지역의 불가리아, 루마니아, 알바니아어는 슬라브, 로만스어로 계보가 다르지만 모두 정관사로 접미사형태를 지닌다(Albanian: mik-u 'the friend'). 이는 이중언어상용을 하면서 통사구조가 비슷해진 것으로 보인다(Bynon 1977). 한편 인도의 Marathi, Urdu vs. Kannada, Telugu는 각각 인도-아리안어와 드라비다어인데, 계사가 없던 칸나다어가 마라티, 우르두어의 영향을 받아 계사를 쓰고 있다(Gumperz & Wilson 1971). 공통조어로부터 상속된 것이 아니라 지리적 접촉에 의해 비슷해진 언어 구조적 특질을 'AREAL FEATURES(지리적 특질들)'이라 한다. Hudson 1980: 47.

순간 시도되는 현상임에 반하여 발음은 영구적으로 구분된 사회집단을 상징하는 용도로 활용되고 있음이 드러났다.37)

2.3 언어 공동체(共同體, Speech Community)

언어공동체 혹은 간단히 언어집단은 (1)특정 언어 혹은 방언을 사용하는 모든 사람들(Lyons 1970:326)을 말한다. 2개 언어 사용자가 있을 때 중첩(overlapping)이 가능하다. 사회적, 문화적 단일성을 꼭 가질 필요는 없다. 좀 더 구체적으로 설명한다면 (2)'언어사용의 중요한 차이로 인해 유사한 집단과는 분리되고, 구분되어, 공유된 언어기호를 수단으로 규칙적이고 빈번한 상호작용의 특성을 가진 인간 집단(Gumperz 1968)'으로 정의될 수 있다. 어떤 경우에는 소속여부 보다는 '개인들 간의 관계 망'을 바탕으로 서로간의 관계를 분석하는 것이 효율적이어서, '언어공동체'란 실제로 사회속에 존재하지 않고, 다만 사람의 마음속에 원형으로만 존재할 수도 있다.38)

3. 사회 방언(Sociolect)

사회적 지위, 계급, 혹은 사회영역에 따라 나타나는 다양한 언어 변이형으로 보통 직업(職業)과 교육 정도에 따라 다르게 나타난다. 이는 현대사회에서의 빈번하고 용이한 지리적 이동(geographical mobility)에 따른 결과로 영국에서처럼 지역차이보다 사회계급(階級)이나 계층에 따른 언어차이가 더 클 수도 있다. 지역적 분포에 따른 자연적 분리대신 복잡해진 인류문화의 영역화에 따른 인위적 분리에 의한 것이라 하겠다. 스와힐리어의 경우, 인종(인도인, 아랍인, 백인 이주자, 해안 스와힐리인, 내륙의 흑인 부족민, 그리고 혼혈인들)이나, 직업(대상무역, 군인, 농장노동자, 학문종사자)과 같은

---

37) "*syntax* is the marker of cohesion in society /.../ *vocabulary* is a marker of divisions in society, and individuals may actively cultivate alternatives in order to make more subtle social distinctions. *Pronunciation* reflects the permanent social group with which the speaker identifies." Hudson 1980: 48.

38) "be better to analyse people's relations to each other in terms of networks of individual relations /.../ speech communities do not really exist in society except as prototypes in the minds of people" Hudson 1980: 30.

사회적 요인들에 따라 다양한 사회방언들이 형성되었다. 교통과 통신을 중심으로 한 아프리카 사회의 급격한 발전과 변화에 따라 종전의 방언 개념이 약화되어 나가면서 대도시를 중심으로 다양한 사회방언들이 형성되어 가고 있다. 사회방언은 특정 사회의 역사적 변천과 사회적 현상들을 반영한다.

[표 4] 스와힐리 사회방언들

1. 키힌디(Kihindi)	아프리카 대륙으로 유입된 인도인 노동력의 후예들이 구사하는 스와힐리어
2. 키응구와나(Kingwana)	대상무역 중 해방된 자들로서 콩고 동북부 키상가니 지역 인근의 탈 부족화한 스와힐리어 사용 집단들에 의해 쓰이는 변이형
3. 키비타(Kivita)	군대에 징집된 아프리카인들의 언어
4. 키샴바(Kishamba)	플란테이션 농장에서 일하는 임금 노동자들 사이의 언어
5. 키세틀라(Kisetla)	아프리카에 정착한 백인 이주자들의 언어
6. 샤바-스와힐리어	콩고 루붐바시를 중심으로 샤바-지방에 이주해 사는 다양한 그룹의 사람들에 의해 쓰이는 스와힐리어
7. 내륙 스와힐리어 (Up-Country Swahili)	해안 지역과 대비되는 언어로서, 제2어로 배워 쓰는 내륙 아프리카인들의 언어
8. 캠퍼스 키스와힐리어[39]	다레살렘 대학 캠퍼스 내 지식인 집단 내에서 쓰이는 스와힐리어

4. 표준어(Standard Language)

언어에 대한 사회학적 정의 시 이미 지적한 바와 같이 사회의 직접적이고도 자발적인 개입(介入)과 관여의 결과로 표준어가 나타난다.[40] 소위 표준화 작업(Standardization)을 통하여 표준어가 인위적으로 출현된다. 이를 통해 해당 언어의 지위가 향상된다.

39) Campus Kiswahili in University College of Dar es Salaam, cf. Blomaerts & Gysel 1990

40) "it is the result of a direct and deliberate intervention of society" Hudson 1980:32.

4.1 표준화작업의 주요 내용

4.1.1 표준화작업의 1단계: 선택과 규범화 작업

1) 선택(Selection)

프레스티지(prestige특권/위광)를 얻기에 충분한 사회적, 정치적 중요성을 지닌 변이형이 선택된다. 고전 희브리어나 말레이 피진어인 바하사-인도네시아어처럼 원주민이 없는 경우도 있다. 스와힐리어의 경우도 원어민 화자수는 비교적 적은 편이다.[41] 스와힐리 표준어의 기초인 '키웅구자(Kiunguja)'는 잔지바르 방언으로 한 때 몸바사 방언인 '키음비타(Kimvita)'와 경쟁관계에 있었으나 식민시절 몸바사를 능가하는 잔지바르의 정치, 교역의 중요성과 이후 동아프리카 외교상 영국을 배경으로 한 잔지바르의 입지가 높게 평가되어 이 곳 방언이 표준어의 기초로 선택되었다. 선택을 결정(Determination)이라 하기도 하는데(Wolff 2000:334), 이 같은 선택은 엄청난 정치 사회적 결과를 가져온다. 선택된 코드는 권력과 프레스티지(특권)를 지닌 언어로 일약 부상하는 반면, 선택에서 제외된 언어들은 주변어, 소수어(minority language), 부족 혹은 종족어로 뒤처져 엄청난 정치 사회-경제적 손실을 감수하여야 한다. 여기에 언어 선택의 어려움이 있다.

2) 규범화(Codification)

모든 사람이 옳다고 동의 할 수 있는 변이형을 확정하여 이를 고정(固定)시키는 작업으로서 사전(dictionary)을 편찬하고 문법(grammar)을 기술함으로서 이루어진다. 이로서 일단의 정형이 성립된다.[42] 물론 이에 앞서 구어를 철자화하는 표기 작업(transcription)이 선행되어야 한다. 대개는 국제 음성학회(IPA)에서 마련한 음성기호가 활용되고 있다. 아프리카의 경우 식민시절 유럽의 선교사들에 의해 사전이나 문법이 편찬된 경우가 많았다. 독립이후에는 언어학자들에 의해 이 같은 작업이 이어졌다. 아프리카 언어들 중 성공적으로 표준화가 이루어진 경우는 아프리칸즈어, 스와힐리어, 하우사, 소말리, 그리고 쇼나어 이다. 그러나 이보, 은구니, 소토어의 경우는 각기

---

41) Kiamu, Kimvita, Kinguja를 쓰는 원어 화자 수는 극히 적다.

42) "to write dictionary and grammar to fix the variety so that everyone agrees on what is correct". Hudson 1980:33.

다른 선교단체에서 제 각각 다른 표기법을 만들음으로서 혼란을 초래하기도 했다.

4.1.2 표준화 작업의 2단계

표준화의 1단계 작업이 비교적 단기간에 이루어지는데 반하여 기능의 정교화와 수용 및 인정이라는 2단계는 장기적으로 그리고 지속적으로 진행되어 나가는 과정이라 할 수 있다. 오늘날 언어들 간의 경쟁 상황 속에서 표준화 2단계가 정지되면 언어는 쇠퇴하여 소멸과정으로 들어갈 수도 있다.

1) 기능의 정교(精巧)화(Elaboration of Function)

국회, 법원, 관공서, 언론 및 교육기관, 과학연구소 등 제반 사회분야에서 복잡한 현대 생활의 모든 영역을 명시적으로 문서화(文書化)하고 기록(記錄)하여 전문적이고 공식적인 어-형태를 확립시킨다. 이를 '언어의 현대화' 혹은 '언어발전'이라는 개념으로 설명하기도 한다. 대개는 국가 차원의 언어학술원(예컨대 프랑스의 한림원, 한국의 한글학회, 탄자니아의 스와힐리어 연구소)을 제도적으로 두어 이 업무를 수행토록 하고 있다. 1972년 소말리아에서는 소말리어를 공식화하면서 이를 정교화 하기 위한 마스터플랜을 도입하기도 했다. 탄자니아 다레살렘대학 내에는 스와힐리어의 정교화를 도모하기 위한 연구소(TUKI)가 있고 그 구체적인 작업이 이곳에서 수행되고 있다.

2) 수용(受容)과 인정(Acceptance)

국가 공용어(公用語)로서 인정되어 수용되어야 한다. 국가 단결요소로서의 언어 혹은 언어집단의 상징적 기능을 수행하여야 한다. 이는 언어정책과 직결된 문제이기도 한데, 아프리카의 현실은 이 부분에 있어서도 간단한 해결을 보지 못하고 있다. 예컨대 니제르의 경우는 아프리카 모든 언어들을 국어라 선포하고 있기는 하지만 실제적으로 불어가 공식적인 영역에서의 역할을 담당하고 있고, 남아프리카의 경우 아파르테이트 시절 9개의 아프리카어들을 국어로 선포했다가 11개로 늘렸지만 1994년 다수 흑인 정부가 들어선 이래로는 이들을 모두 공식어로 선포하면서 그 어떤 다른 국어도 인정하지 않고 있다. 그러나 실제적으로는 유럽어인 영어와 아프리칸즈어가 공식어 기능을 수행하고 있다.

[표 5] 기능 정교화 과정을 거쳐 만들어진 언어학 관련 스와힐리 전문용어 사례

품사(parts of speech); aina za maneno, 발성기관(articulatory organ); ala matamshi
이음(allophone); alofoni, 의미변화(semantic change); badiliko kisemantiki
비강(nasal chamber); chemba pua, 직설법(indicative mood); dhamira arifu
언어사회학 elimujamii ya lugha, 비교언어학(comparative linguistics); filolojia linganishi
완료상(perfective aspect); hali timilifu, 화용론(pragmatics); isimu amali, 은유(metaphor); istiara, 이중언어 상용사회(bilingual society); jamii ya lughambili

언어집단, 언어공동체(speech community) jumuia lugha, 경구개(palatal) kaakaa gumu
수동태(passive) kauli ya kutendewa, 아이러니(반어법, irony) kejeli
접미사(suffix) kiambishi cha mwisho, 한정사(determiner) kiangama, 술어(predicate) kiarifu
변이형(variety) kibadala, 정관사(definite article) kibainishi bayana, 흡착음(clicks) kidoko
주어(subject) kiima, 어간(stem) kiini cha neno, 강세, 악센트(accent) kiinitoni
보어(complement) kijalizo, 부정사(NEG) kikanushi, 동사구(Verbal Phrase) kikundi tenzi
파생어(derivational word) kinyambuo, 전치사구(PP) kirai husishi

종속절(Subordinated Clause) kishazi tegemezi, 조동사(Auxiary) kitenzi kisaidizi
사역동사(Causative verb) kitenzi sababishi, 타동사(transitive verb) kitenzielekezi
접속사(Conjunction) kiunganishi, 인칭대명사(personal pronoun) kiwakilishi nafsi
지역방언(regional dialect) lahaja eneo, 표준어(standard language) lahaja sanifu
교통어(Lingua Franca) lugha mawasiliano

기본모음체계 mfumo wa irabu msingi, 차용(borrowing) mkopo
다언어 구사자(multilingual speaker) mlumbi, 맥락(context) muktadha
언어이론(linguistic theory) nadharia ya lugha, 일인칭 복수(1P, PL) nafsi ya kwanza ya wingi
복합어 neno ambatano, 외래어 neno geni, 차용어 neno mkopo, 레지스터 rejista
긍정문 sentensi ya yakinishi, 언어정책 sera ya lugha, 직역 tafsiri sisisi
어휘통계학 takwimu ya kileksika

언어분류 uainishaji lugha, 의미분석 uchambuzi wa maana, 집중화 uelekezaji kati
성분분석 uchanganuzi vijenzi, 주격(NOM) uhusika kiima, 목적격(ACC) uhusika yambwa
호응 upatanifu, 문법화 usarufishaji, 표준화 usanifishaji, 동화(assimilation) usilimisho
현지작업, 현지조사(field work) utafiti maskanini, 중의성(ambiguity), 다의성 utata

4.2 표준화의 부정적 측면

표준어는 언어의 2차 적 의미가 되었다. 언어를 말하면 곧 표준어를 의미하게 되었다. 어떤 의미에서 언어는 사회집단에 의하여 의도적으로 조작될 수 있다[43]. 인위적

43) "Language can be deliberately manipulated by society." Hudson 1980: 34. c.f. Latin, French.

조치에 의해 방언들이 하나의 언어, 표준어 대열에 들어 올 수 있는 것이다. 그러나 이 같은 표준어는 방언과 같은 자연어들과 달리 많은 차이가 있다. 예컨대 표준어는 다양성(多樣性)이 부족하다. 즉흥적으로 자연스럽게 언어를 산출한다는 자연어의 특성이 인위적 기준에 의해 사라지고 화자는 주어진 규범을 의식하여 언술행위에 참여해야한다는 점에서 부담을 느낀다. 표준어는 '다양성의 부재'라는 점에서 병적이기까지 하다[44]. 일반 화자들은 표준어의 권위에 의하여 지대한 구속(拘束)을 받는다. 인위적 교육 및 학습을 통하여 이를 획득하여야 한다.

오늘날 지구촌 방방곡곡에서는 자국의 표준어뿐만 아니라, '지구촌의 표준어'라 할 수 있는 영어를 습득하여 사용하여야 한다는 압력을 받고 있다. 언어 현대화 주요 내용의 또 다른 하나는 정보통신의 발달과 함께 컴퓨터 언어로의 발전이 요구되고 있다. 아프리카 언어들 중에는 스와힐리어와 하우사어가 컴퓨터 인터넷 검색엔진어로 사용되고 있고, 국제적인 통신, 매체에서 전 세계 시청자들을 위한 아프리카 현지어 방송이 영국(BBC), 독일(DW), 남아프리카, 미국(VOA) 등지에서 이루어지고 있다. 이는 언어현대화의 새로운 양상을 시사하는 대목이다.

4.3 스와힐리 표준어 제정 과정

케냐, 우간다, 탄자니아 삼국을 묶는 언어 협회 ITLC(Inter-Territorial Language Committee)가 1930년 1월 창립되었다. 이것은 1925년에 이미 예고된 것이었다. 이 기구는 후에 동아프리카 스와힐리 협회(East African Swahili Committee, EASC)로 개칭되었다. 다레살렘에서 총독 모임을 가져, 3국을 통괄할 '링구아 후랑카' 문제가 협의되었다. 공통의 철자법과 하나의 방언이 필요 되었다. 같은 문제를 1882년 크라프(L. Krapf)가 이미 제기한 바 있었다. 1926년에는 여러 가지 제안이 나와 'Mambo Leo'에 발표되었다. 예컨대 철자법에서 /ch, ng'/을 /c, ŋ/으로 표기하자는 안이 나왔으나 부결되었다. 교재 인쇄를 위한 중앙 출판협회(Central Publishing Committee, CPC)가 1925년 설립되었다. 1927년에는 케냐 언어위원회(Kenya Government's Language Board)가 만들어 졌고, 1928년에는 국제 학술대회(Inter-territorial Conference)가 몸바사에서 개최됐다. 아프리카 언어학자 칼 마인호프(C. Meinhof)가

44) "One might almost describe standard languages as pathological in their lack of diversity". ibid. c.f. confirmity & focussing.

참석하였고, 잔지바르 방언이 기초어로 채택되었다. CMS 선교단이 지지하는 몸바사 방언이 탈락되었다. 1930-40년 몸바사는 여기서 이탈, 분리되어 보수성을 유지해 나갔다. 1931년 ITLC를 설립하여 1942년 다레살램에 이어 나이로비에 그 본부를 두었다. 1946년에 가서야 아프리카인도 참여시켰다. 1952년에는 본부를 마케레레로, 독립과 더불어 1963년에는 다시 다레살람으로 갔다가 1964년에 스와힐리어 연구소(Institute of Swahili Research)와 통합되었다. 34년 간에 걸쳐 최소한의 스와힐리어의 표준화가 마침내 실현되었다.

5. 레지스터(음역, 사용역, Register)45)

'언어사용에 따른 변이형'을 레지스터라고 한다. 특정한 언어사용은 화자가 무엇을 하고 있는지, 요컨대 화자의 지향점, 의도(intention), 의지(意志)를 표시한다(to show what you are doing). 이와 달리 지역 방언이나 사회 방언(Sociolect)에서는 네가 누구인지를 보여준다. 요컨대 '언어 사용자에 따를 변이형'이라 할 수 있다. 어떤 변이형(방언)을 쓰느냐에 따라 화자의 정체, 다시 말해서 화자의 신분, 배경, 출신, 성장 등을 보여주게 된다(to show who you are). 동일인이 각기 다른 상황에 따라 비슷한 내용을 아주 다른 언어로 구사할 수 있는데, 이럴 경우 방언 개념은 부적절하여, 레지스터(사용역)라는 개념을 쓴다. 아래 예는 격식(格式, Foramlity)과 전문성(專門性, Expertise)에 따른 레지스터의 차이를 나타낸다.

[1] a. We got some *salt*. (Tilipata *chumvi.*) [-Formal, -Expertise]
(우리는 소금을 좀 받았다.)
b. We got some *sodium chloride.* [-Formal, +Expertise]

[2] a. We *obtained* some salt. [+Formal, -Expertise]
(우리는 약간의 소금을 수령했다.)
b. We obtained some sodium chloride. (Tulipewa *na munyu.*) [+Formal, +Expertise]

45) 레지스터에 대한 이 장의 논의는 허드슨(Hudson 1980:48-51)에 의한 것으로 영어예문 1, 2도 그의 것을 인용한 것임.

salt, sodium chloride라는 용어에 따라 전문성 여부가 갈리고, to get, to obtain이라는 동사에 따라 격식의 여부가 갈린다. salt라는 단어는 비전문적 일상어휘이지만 sodium chloride는 전문적 용어로 이 말을 쓰는 사람의 의도나 지향점을 알 수 있다.

[3] a. Ardhi hii ina *chunyu*.
이 땅은 짜다. [소금 침전물, 염분]
b. Nimeoga maji ya *chumvi*, mwili wangu una chunyu.
바닷(소금)물에서 수영을 해서 내 몸은 짜다. [General vs. Specific]

chunyu와 chumvi는 소금이라는 같은 대상을 지칭하는 단어들이지만 전문성이라는 기준으로 볼 때 서로 다른 함축의미를 지닌다. 특히 chunyu는 소금의 특성인 '짜다'라는 서술의미로 쓰이고 있다. 전문성의 문제는 kufa, fariki같은 동사뿐만 아니라, mganga, daktari같은 명사의 경우에도 그대로 해당된다. 일반적으로 차용어는 문화어휘로서의 전문적이고 문화적인 함축의미를 지니고 있다.

[4] a. *Amekufa.*
(그는 죽었다.) [-Formal]
b. *Amefariki.*
(그는 운명하셨다.) [+Formal]

[5] *mganga vs. daktari* (주술사/전통치료사, 의사) [±Expertise]

[6] Nitakufa. ⇒ 나는 죽을 것이다. [plain speaking/straight talk/직설]
Nita*salimisha roho yangu*. [+euphemistic/완곡어법]
(나는 나의 영혼에 인사할 것이다 > 나는 죽을 것이다.)

[4], [6]에서 볼 수 있는 바와 같이 죽음에 대한 다른 표현들 {fa, fariki, salimaisha roho yangu} 등 각기 다양한 레지스터들은 화자의 언어외적 의도나 태도를 엿 볼 수 있다.

6. 토속어(土俗語, Vernacular Language)

'토속어'는 교통어(Lingua Franca)에 상대되는 개념으로 일반 아프리카 원주민들이 쓰는 말들을 모두 일컫는다.[46] 부족집단이라는 개념을 염두에 둔 '부족어(Tribal Language)'라는 말도 있지만, 식민시절의 조소적, 감정적 의미가 가미되어 있어 때로 전문 학술용어로는 기피되기도 한다. 케냐의 경우 엘몰로, 삼푸르, 마사이, 루오, 루이야 등은 그들 부족들만의 언어임으로 토속어, 혹은 부족어라 할 수 있다. 반면에 스와힐리어, 영어는 부족집단의 경계를 넘어 다양한 집단들 사이를 연결하는 매체임으로 교통어이다. 다만 해안의 스와힐리 원주민들에게는 스와힐리어가 그들의 토속어이기도 하다. 예컨대 몸바사의 경우 인구 30만 정도인데 총인구의 10%정도가 구-도시(Old Town)에 거주하고 있다. 이들이 본래의 스와힐리 원어화자들이라 할 수 있는데, 이들은 발루치인, 하드라마우트(Hadramaut), 오만(Omani) 아랍인 출신들이다. 세월이 흐르면서 스와힐리어를 모어로 하는 원어화자의 범위가 크게 확대되었다.

오늘날 아프리카에서는 부족어나 토속어가 단일하게 쓰이기보다 다른 언어들이나 변이형들과 중첩되어 나타나고 있다. 이런 상황을 이해하기 위해서는 아래 개념들에 대한 이해가 필요하다.

6.1 디글로시아(Diglossia, 이중 언어상용 구조)

퍼거슨(Ferguson 1959)에 의해 최초로 제안된 개념으로 '특정 집단 내 상호 소통을 위해 두 개 이상의 언어가 승인된 사회[47]'를 디글로시아, 혹은 이중 언어상용 사회라 한다(아래 6.1 참조). 이는 고정된(stable) 경우와 일시적(transitional)인 경우로 나뉜다. 아프리카 대륙은 대체적으로 대 도시를 중심으로 다중 언어 상용사회(polyglossia)라 할 수 있다. 대개 하나는 고급코드(High Code)를 형성하여 교육, 종교, 정부 및 기타 고급 문화영역에서 쓰이고 다른 하나는 저급코드(Low Code)로서 격식이 없는 여타

46) '토속어'라는 용어 대신 '토착어(土着語)', 원주민어(indigenous or native language)로 부를 수도 있다. cf. Heine 1968: 5.

47) "it(diglossia) was used in connection with a society that recognized two (or more) languages for intro-societal communication." Fishman 1971: 73. 최근 연구서로는 Dorian 2002 참조.

영역에서 광범위하게 쓰인다. 다음은 두개의 코드가 갖는 사회적 자질들을 요약한 것이다. 권력과 특권, 발전과 번영 그리고 이로부터 주변화, 저발전이라는 이미지와 연관되어 언어 코드의 차이는 사회계급과 도농이라는 지역적 격차를 심화시키고 있다.

<디글로시아 사회의 코드 이미지>

고급 코드	권력(power), 특권(prestige), 발전(development) 현대사회(modern society), 번영(prosperity)
저급 코드	침체(stigmatized), 주변화(marginalized), 저발전(underdevelopment), 빈곤(poverty), 교육결여(lack of education), 후진성(backwardness)

루빈(Rubin 1962)은 파라과이 사회에서 스페인어와 구아라니(Guarani)어 사이 관계를 디글로시아 개념으로 설명했다. 고급과 저급 코드는 화자들 사이의 사회적, 심리적 관계를 투영하는 매체로 작용하는데 루빈은 다섯 가지 기초 자질을 제시하여 언어 선택의 양상을 설명했다. 그것은 거주 지역(LOCATION), 공식성(FORMALITY), 친밀도(INTIMACY), 담화의 진지성(SERIOUSNESS OF DISCOURSE), 언어구사능력(PROFICIENCY)으로 화자가 처한 상황이나 의도, 혹은 능력을 반영한다. {LOCATION}은 화자의 거주 지역으로 주로 도시나 농촌 지역으로 양분된다. {격식, 친밀도, 진지성} 등의 자질은 화자의 의도나 태도를 반영하는 자질들이다. 끝으로 {PROFICIENCY}는 화자의 고급코드 구사능력을 말한다(Fishman 1971: 76). 루빈이 지적한 이 같은 요인들은 아프리카 다중 언어상용 사회에서도 대체적으로 그대로 적용될 수 있다.

퍼거슨은 북아프리카를 비롯한 아랍어 사용사회에서 고전 코란 아랍어라는 변이형과 대중들 사이에서 쓰이는 '코이네'라 불리는 토속 아랍어 관계도 같은 아랍어지만 소통이 불가능한 두 개의 고급, 저급 코드로서의 디글로시아 현상이라 설명했다(Ferguson 1959). 루빈의 위 다섯 가지 변수에 [POWER/ EQUALITY] 자질이 추가될 수 있을 것이다. 양분 자질 분석으로 바탕으로 다음과 같이 주어진 담화 내용을 분류할 수 있다.

[표 6] 5개의 변별 자질에 따른 담화 분류

LOCATION	+Rural				
FORMALITY	-Rural	+Formal			
INTIMACY	(=urban)	-Formal	-Intimate		
SERIOUSNESS		(=informal)	+Intimate	-Serious	
PROFICIENCY				+Serious	+Proficiency
					-Proficiency

6.2 이중 언어 상용(Bilingualism)과 코드전환(Code Switching)

사회적으로 볼 때 디글로시아가 아니더라도 화자에 따라 두 개 이상의 언어들을 구사 할 수 있다. 특히 다중 언어 상용 사회라 하더라도 화자에 따라서는 하나의 언어, 예컨대 토속어인 자기 모어 하나 만을 구사하는 이들도 있다. 이와 달리 두 개 이상의 코드를 구사하면서 사회영역 내 주어진 기능에 부응하여 코드를 전환하면서 이를 구사할 때 이 같은 현상을 이중 언어상용(Bilingualism)이라 한다. 이 때 나타나는 코드의 전환(Code Switching)은 화자의 의도나 언어능력 및 정체성을 과시하는 중요한 수단이 되고 있다(아래 8.6 참조).

7. 피진-크리올(Pidgin & Creole)

피진어는 공통의 언어가 부재한 언어 집단들 사이에서 증대되는 접촉에 의해 만들어져 쓰이게 되는 일종의 '축소된 언어(reduced language)'이다. 교역이나 공동노동과 같은 상호소통의 필요성이 생김으로서 새로운 소통 양상이 진화된다. 이때 각 집단은 상대 집단을 신뢰하지 않거나, 깊은 관계의 부족과 같은 사회적 이유로 인하여 상대집단의 언어를 배우지 않는다.[48] 그 대신 힘이 약한 기층(substrate)화자들이 힘이 강한

48) "A pidgin is a reduced language that results from extended contact between groups of people with no language in common; it evolves when they need some means of verbal communication, perhaps for trade, but no group learns the native language of any other group for social reasons that may include lack of trust or of close contact." Holm 1988:4-5.

[표 7] 접촉에 의해 형성된 아프리카 피진 크리올어들

Petit Mauresque	북아프리카 피진 불어
Cape Verde Creole Portuguese	케이프베르데 섬 크리올 포르투갈어
Gambian Krio(Aku)	감비아 크리오(아쿠 영어)
Guinea-Bissau Creole Portu	기니비소 크리올 포르투갈어
Sierra Leone Krio	시에라리온 크리올 영어
Liberian Pidgin & Cr. Engl.	라이베리아 피진, 크리올 영어/ 크루(Kru)인들의 영어
프띠뜨 네그레(Pitit-Nègre)	상아해안 피진 불어(쁘띠-네그르)
Nigerian/Cameroon Pidgin Engl.	나이지리아/카메룬 피진-영어
Fernando po CE.	페르난도-포 지역의 크리올 영어
대중 에원도어(Ewondo Populaire)	카메룬의 에원도 뽀뿔레르(피진어)
West African P Fr	서-아프리카 피진 불어
Sao Tome, Principe PP (Gulf of Guinea Portuguese)	상투메, 프린시페, 안노본(Annobon) 섬
바리칸치(Barikanci)	나이지리아 북부, 순례 길에서 쓰이는 피진 하우사
테크루르(Tekrur)	차드호 동부와 보델레(Bodele) 지역에서 쓰이는 피진 아랍어
주바 아랍어(Juba Arabic)	수단 남부 주바-지역에서 쓰이는 그리올 아랍어
갈갈리야(Galgaliya)	나이지리아 북동부에서 쓰이는 피진 아랍어
상고(Sango)	중앙아프리카에서 쓰이는 크리올 응반디(Ngbandi)어
Asmara Pidgin Italian	에리트레아 아스마라 지역을 중심으로 쓰이는 피진 이태리어
Afrikaans Pidgin	나미비아의 나마(Nama)지역 피진/크리올 아프리칸즈어
파나갈로(Fanagalo)	남아프리카 광산지역에서 쓰이는 피진 코사(Xhosa)어
Reunionnais, Morisyen, Seychellois	각각 리위니옹, 모리셔스, 세이셸에서 쓰이는 크리올 불어

상층어의 어휘 및 단어에 의존하는 경향을 보이게 되는데, 의미, 어-형태, 단어사용은 기층어의 영향을 받기도 한다.[49] 다양한 기층 그룹과의 접촉과정에서, 상층어(superstrate) 화자들도 상호이해를 도모하기 위하여 이와 같은 언어변화를 수용한다. 즉 그들은 본래 언어 집단내의 표준어 형태를 고집하지 않는다. 요컨대 그들이 사용하던 다양한 어휘 수를 대폭 축소시키는 대신 그 어휘의 의미를 확장하여, 용법의 범위를 넓힌다. 결국 피진은 교역, 광산, 플랜테이션 노동 등과 같은 '제한된 범위'에서 축소된 최소한의 언어 형태로 사용되는 소통매체라 할 수 있다. 아프리카에는 과거 유럽인들 혹은 아랍-스와힐리 교역인들과의 접촉과정에서 많은 피진-크리올들이 생겨

49) "Usually those with less power(speakers of substrate languages) are more accommodating and use words from the language of those with more power(the superstrate), although the meaning, form, and use of these words may be influenced by the substrate languages." ibid. 5.

났다. 다음은 잘 알려진 아프리카 피진-크리올들이다. 이들은 오늘에 이르기까지 전통 아프리카 사회가 외부집단과 접촉해 나가면서 경험하고 있는 가장 역동적인 사회변화를 언어적으로 응집시켜 놓은 것이라 할 수 있다.

다음은 콩고 민주공화국 동부 지역에 형성된 샤바 스와힐리어의 생성과정을 상층어, 기층어, 매개자, 역사적 사회적 요인들을 바탕으로 해안 표준 스와힐리어와 대비시켜 요약한 것이다. 언어구조상 어휘, 문법, 발음이 어떤 부분과 연결되는 지도 표시하였다.

[표 8] 피진 샤바스와힐리어의 생성 모형

상층어	*해안 표준 스와힐리어*	어휘
피진-크리올	*샤바 스와힐리어*	보편 문법
기층어들	*람바, 우쉬, 루바, 상가, 벰바, 오빔분두, 루발레*	
매개자	*냐음웨지(예케)*	발음/의미
외적 사건	*음시리, 티푸팁, 레오폴드2세(용병), 벨기에 식민정부*	

7.1 피진어 생성 가설

피진어의 형성과 관련하여 그리고 그 성격을 규정하는 것과 관련된 많은 논의들이 있어왔다. 정상적인 언어를 배우는데 실패함으로서 피진어가 나타나게 됐다는 것이 흔히 통용되는 생각인데 이를 '불완전 학습이론(Imperfect Learning Theory)'이라 한다. 상층어의 어휘와 문법을 모방하면서도 기층어의 발음이나 통사구조 혹은 어휘들이 나타남으로서 화자들이 썼던 기층어가 나름을 역할을 한다는 점을 중시한 주장이 '기층이론(Substratum Theory)'이다. 기원이 하나의 언어에 기초되든 여러 언어에 기초되든 피진화 과정에서는 어휘의 재구축((re-lexification) 과정이 중요하다. 비커톤(Bickerton 1975, 1981)은 세계 각 지역의 피진어들의 구조가 보편적 특질을 지닌다는 사실에 착안하여 피진어, 더 나아가 여기서 발전된 크리올어들이 인간이 갖고 있는 보편적인 언어 능력이라 할 수 있는, 요컨대 '바이오-프로그램(Bio-program)'에 기초된 것이라는 이론을 냈다. 특히 피진 2세대들에 의해 사용되는 크리올어는 불완전한 외부 언어 데이터를 바탕으로 완전한 자연언어 문법을 구축해 나가는 어린이들의 언어학습과 유사하다는 것이다. 그러므로 상층어와 기층어와 무관하게 피진-크리올어는 언어 보편 구조를 내보인다는 흥미로운 가설을 제시했다. 이런 의미에서 피진 크리올어의 구조적 특징은 학자들의 관심 대상이 되고 있다.

7.2 피진어의 구조적 특성

화자들의 소통욕구를 충족시키는 범위 내에서 꼭 필요한 어휘들 만 사용한다. 이때 어휘는 득이 되는 언어의 어휘 즉 상층어의 어휘가 대체로 쓰인다. 문법이나 통사 측면으로 보면 최대한 간단하여 가급적 배우기가 쉬워야 한다. 따라서 이미 알고 있는 자신들의 기층어 문법을 따르거나 실제적 용도에 적합한 보편적 규칙을 따른다. 발음에 관련된 음운도 역시 기층어에 크게 의존하게 된다. 다양한 문법 범주나 기능을 단어에 나타나게 되는 파생 어형태, 혹은 굴절 패러다임 등은 결여되어 있다. 이는 참여자, 시간과 공간 같은 화행 상황과 전적으로 독립하여 메시지를 코드화하는 통사적 소통모드(syntactic communication mode)와 크게 대립되는 것으로 참여자의 목소리, 의도, 몸짓, 그리고 그들이 수행하고 있는 대화 상황, 여건, 참여자들 사이의 주 관심인 대화 주제, 이해관계 등 언어외적 요인들이 전적으로 작용된다. 따라서 언술화 된 부분이 최대한 축소되는 형태의 소통방식으로 피진어는 고도의 화용적 소통 모드(pragmatic communication mode)[50]의 결과라 할 수 있다.

아래 자료를 바탕으로 피진 크리올어의 구조적 특성이 대체적으로 어떠한지 검토해 보자.

7.2.1 문법기능을 어휘로 표현

1) 상투메 크리올-포르투갈어[51]

[1] *Complá sapé da mu.*
Buy hat *give* me.
'Buy a hat *for* me!' (나를 위해~나에게 모자를 하나 사 달라!)

Standard Portuguese

[2] *Compra um chápeu para mim.*
buy ART hat for me

50) 화용적 소통모드에 대한 보다 상세한 설명은 권명식(1995:12, 1996a: 186-189, 1996b: 7) 참조.
51) 상투메 크리올 포르투칼어에 대한 것으로 J. Holm 1989:278f. 참조.

어휘의미를 지닌 단어들만 배열해 나가는 고립어 유형의 구조를 하고 있다. 수혜(Beneficiary) 혹은 여격(Dative)과 같은 문법기능이 한국어의 격조사, 영어의 전치사 대신 어휘의미를 지닌 동사형태가 그대로 사용하고 있다. 어휘를 배열시킬 뿐 문법요소, 파생이나 굴절요소는 보기 어렵다. 상층어인 포르투갈어에 없는 성조가 온 것은 기층어의 영향으로 보인다.

2) Ghanaian Pidgin English[52)]

Ananse ***go take one*** *djüanipa. An' den he make some chop call* ***he*** *etɔ.*
(Ananse took a wooden figure. And then he made some food called etɔ.)

an' dis rubbah in de bush ***he*** *call it adjamba maki dat djüanipa cover dat wit' it*
(and this rubber from the forest called adjamba (and) took that figure (and) covered it with it.)

He maki dat djüanipa so, an' take some twine, tied ***him*** *here.*
(He made that figure so and took some twine tied it here.)
He teki de rope so dat he make ***he*** *arm shake.*
(He took the rope so that he made its arm shake.)

Holm 1989: 428

(1) 문법성 정도

상층어에서는 굴절을 바탕으로 한 고도의 문법이 나타나나, 이를 모르는 피진어화자들은 이 구조와 무관하게 어휘 중심의 표현을 하고 있다. 상층어와 피진어 사이의 문법관계를 비교하면 이런 현상은 언어가 마모되어 간 것으로 보이게 된다. 언어의 지속적인 전수가 결여되어 있는데 이는 화자의 교체과정에서 나타나게 되는 현상이라 할 수 있다. 다음은 구체적으로 문법사항의 표시양상을 비교한 것이다.

---

52) 가나는 50에서 80여개에 달하는 언어가 있는데 최소한 60%가 꾸아어를 쓴다. Akan(43%), Ewe (10%), Ga-Dangme(7%). 북부지역에서는 구르어가 쓰이는 데 대표적인 것으로 Dagaari(6%), Dagbani(3%)가 있다. 위 6개 주요 토속어에 Nzema, Gonja, Kasem를 포함하여 9개가 국어이고, 공식어는 영어이다. 남부 핵심 교통어는 Fante를 제외한 아칸 방언인 Twi이다. 피진영어는 500만명에 의해 쓰인다.(Huber 1999).

took > *go take*	PAST > PRESENT
a > *one*	indefinite ARTICLE > NUMERAL
its arm > *he arm*	POSSESSIVE PRONOUN > DEMONSTRATIVE, NOMINATIVE
from the forest > *in the bush*	ABLATIVE > LOCATIVE
called > *call*	PAST PARTICIPLE > base form

more grammatical > less grammatical or lexical(less grammatically marked)

(2) 음성적 측면: CVCV구조, EROSION(reduced phonetic substances)
음성적 측면도 변화의 양상은 문법부문과 본질적으로 동일하다. 요컨대 소리구조의 기본인 자음/모음 구조를 충실히 따르고 있으며 자음 연접이나, 이중 모음은 잘 나타나지 않는다. 기존의 복잡한 소리구조가 단순화한 것으로 나타난다. 음성 실체의 마모나 감축으로 보이게 된다. 아래 예에서 이중 모음 [ei]가 단일 모음 [a]로 나타나고, 자음 연접 [nd]에서 종결 자음은 사라지고 있다.

make[meik]	>	maki
take[teik]	>	take
and	>	an‘

(3) 의미적 측면: 외연의미(denotational meaning)가 더 넓어, 의미 분화는 덜 함.
피진어에서는 상층어와 달리 의미의 분화가 덜 되어 있다. 그러므로 의미의 적용범위가 넓다. 외연적 의미 범위가 넓고 내포적 의미가 많다고 할 수 있다. 아래 예는 ‘갖다’와 ‘만들다’의 의미가 한 단어인 {maki}로 나타내지고 있다.

took, made > maki

7.2.2 보편적 SVO 어순

문장의 핵심 구성 성분인 주어, 동사, 목적어 사이의 어순은 유형론 연구에서 자주 등장한다. 통계적으로 보면 오히려 SOV가 더 많다고 알려져 있으나 피진-크리올의 경우 SVO가 주도적 어순인 것으로 나타나고 있다. 이를 근거로 이 같은 순서가 보다 보편적인 것이 아닌가 하는 주장이 나오고 있다(cf. Bickerton의 바이오프로그램 가설).

[1] Krio CE

M sab tak a tru. (S - V - Compl.)
'I know that it's true.'
(그게 사실이라는 걸 나는 안다.)

크리오 문장 어순도 가장 보편적인 것으로 알려진 SVO 어순이다. 위 예문에서는 동사 다음 목적어 자리에 목적절이 오고 있다.

7.2.3 주어 및 목적어 호응

[1] Tok Pisin English

Bimeby leg belong you he-all.right gain.
by and by leg POSS 2P.SG. AGR-well again
'Your leg will get well again.'
(네 다리는 다시 나을 것이다.)[53)]

소유표현을 소유 대명사요소 'your'를 쓰지 않고 belong이라는 어휘동사를 쓰고 있다. 어휘요소가 문법적으로 쓰이고 있음을 단적으로 보여준다. 이는 피진-크리올어의 어휘화 사례이다. 문법적 기능을 가진 요소들을 본래의 기능이나 의미에 상관하지 않고 하나의 어휘처럼 해석하여 사용한다는 의미에서 어휘화이다. 의미 뿐만 아니라, 음성적 차원에서도 변화가 일어나는데, 표준어 어휘 {by and by, again}이 발음상 보다 편한 음절로 축소되어 새로운 어휘 bimeby, gain으로 바뀐다. 대명사 요소 {he-}가 주격 호응 접사로 사용되고 있는데 이는 문법화의 사례라 할 수 있다. 어느 정도 어휘 의미를 지닌 요소가 순수한 통사관계를 나타내는 일치 표지(agreement marker)로 발전되었기 때문이다.

7.2.4 대상을 주제로 한 기층어 문장 패턴과 문법화

[1] Tok Pisin

Sick he-down-im[~him] me.

---

53) Hudson 1980:64.

disease SUBJ-come to-OBJ. me
병이 내게로 왔다. ⇒ 나는 아프다(I am sick.).

'아픈 것이 내게 들어와 있다'라는 표현인데 이는 기층어의 구조를 반영한 것으로 보인다. 비 서구어에서는 자신을 주어로 하기 보다는 대상이나 사물을 주어로 하여 사람이 그 병의 목적어, 피해자(Patient)로 하는 구문이 선호되고 있다. 위 구문도 단어는 영어이지만 문장 패턴은 기층어구조이다. 톡 피신영어에서는 자르곤 상태를 벗어나 고도로 관례화된 규칙을 보여주고 있다. 문법의 진화 양상이 나타나고 있다. 동사 어근을 중심으로 주어, 목적어 호응접사가 일률적으로 등장하는 것이 특이하다. 대명사의 주격, 목적격 형이 문법화의 정도가 더 큰 호응 접사로 진화했다.

7.2.5 인칭대명사가 호응접사로 문법화 됨

[1] Tok Pisin
Me like-im saucepan belong cook-im bread.
1P.SG want-OBJ pan FOR cook-OBJ bread
'I want a pan for cooking bread.'
(나는 빵을 굴 팬이 필요하다.)

im은 him에서 나온 것인데 인칭대명사 대격이라는 본래 용법을 벗어나 목적어를 표시하는 대격 표지(Object Marker)로 쓰이고 있다. '원하다(want)'라는 조동사 대신 like라는 동사로 대치되고 있다. 소유의미를 나타냈던 belong이 이번에는 목적을 나타내는 전치사역할을 하고 있다. 새로운 문법 형태들이 등장하고 있음을 볼 수 있다.

7.3 사례연구: 시에라리온의 크리오(Krio)[54]

7.3.1 언어 상황

시에라리온의 인구는 400만이고 18개 부족을 구성되어있다. 남부의 멘데(Mende)와 북부의 템네(Temne)를 합치면 50%가 된다. 이에 비해 크리오의 원어화자는 2%에 불과하다.

54) 위 내용은 Fyle, C. M.(1994)의 연구에 기초한 것임.

[표 9] 시에라리온의 언어상황(Mann & Dalby 1987:198)

	총인구 백분률 (%)	국제 소통 기능	신문, 잡지	라디오	종교	T.V.	교육 (초/중/대학)	교과목	성인 교육	언어 지위 (공식어)
멘데	31	+	+	+					+	
템네	30		+	+						
림바	8.4			+						
수수	3.1									
풀라	3.1			+						
만딩고	2.3									
크리오	1.9	+		+						
영	-	+	+	+			123			O

7.3.2 크리오의 기원

크리오인들은 본래 영국함대에 의해 체포된 노예들이었다. 이들은 18세기 이후 다른 지역에서 이곳으로 이주한 사람들로 구성되었는데, 대개는 빈민층들이다. 미국 노예출신도 있고 '마룬스(Maroons)'라 불리는 서인도 자메이카 출신 노예들도 포함된다. 수단어 연구의 대가인 쾰레(Koelle)가 프리타운(Freetown)에서 현지 연구를 할 때 그는 200여 다양한 부족어민 해방노예들을 접했다고 보고하고 있는 것과 같이 이들은 잡다한 흑인들로 구성되어 있었다. 1808년 영국은 시에라리온을 식민화 하여 이곳을 관리했다. 이때 정통 영어는 아니지만 피상적이나마 영어를 알고 있던 이들 '크리오' 들은 뜻하지 않은 좋은 직책과 일거리(plum jobs)를 차지할 수 있게 되었다. 영어가 식민자와 원주민의 소통매체로 떠오르게 된 것이다.

1) 의미변화, 어휘 차용

'크리오'는 영어 본래 의미를 변질시키기도 했다. 예컨대 '달콤하다'는 'sweet'을 '맛있다(tasty)'는 의미로, '시내'라는 brook이라는 단어를 빨래하다(to lander), '길'이라는 단어인 'road'를 두고 'line'이라는 용어를 썼는데, 이는 시에라리온에서의 새로운 생활과 경험에 바탕을 둔 것이다. 18세기 나이지리아 오요(Oyo)왕국이 몰락한 이후 많은 요루바 어휘들이 들어오기도 했다. Krio라는 말 자체가 요루바의 'akriyo'라는 단어에서 유래된 것인데 이는 '여기 저기 떠돌아다니는 사람'을 의미한다.

[1] Krio

sweet	'달콤한 > 맛있는(tasty)
brook	시내, 개천 > '빨래하다(to wash, lander)'
krio	< Yoruba; 떠돌아다니다
line	길(way, road)

7.3.3 현재 상황

일반 대중이 모이는 시장이나 정치가의 연설, 공연, 학교 등지에서 광범하게 비공식적이지만 크리오가 교통어로 쓰인다. 물론 남부에서는 멘데와 북부지역에서 템네가 함께 쓰이고 있다.

7.3.4 언어태도: 발음과 이미지

언어를 실제로 쓰고 있는 화자들이 이 매체에 대하여 어떤 생각을 갖고 있는지의 실상을 이해하는 것이 언어태도에 대한 중요한 지표가 된다. 시에라리온 인들은 크리오에 대하여 '주도적이고 중요한(prevalence & importance) 매체'임을 인정한다. 그러나 어딘지 모르게 영어보다 열등한 매체라는 생각을 갖고 있다. 위에 지적한 의미적 차원 뿐 만 아니라 음성적, 발음적 측면에서도 CV-음절구조에 몹시 충실하게 발음을 하는 것이 특이하다(bucket > bokit, window > winda, water > wata). 이 같은 본토 표준 원음과 동떨어진 발음은 크리오가 '사생아 같은 언어', '잡종, 가짜, 엉터리 언어(bastardized form or broken English)'라는 이미지를 갖게 하고, 영어에 비해 뭔가 '못나고 뒤처진(backward, retrograded)' 것으로 간주하게 하고 있다. 상대적으로 표준 영어는 '진보적이고 가치 있는(progressive & worthwhile)' 것으로 간주되고 있다.

7.3.5 Non-Krio의 업라인 크리오

다른 부족들도 크리오를 배워 구사하고 있다. 식민 통치시대 이래로 새로운 직업과 문화를 찾아 지방의 부족민들이 수도인 프리타운으로 몰려들었다. 프리타운은 시에라리온 제1의 도시로 50만 인구를 갖고 있고, 제2도시인 보(Bo)는 25만에 불과 하다. 서구가치와 새로운 문화 이미지와 결부된 '프리타운 크리오'가 퍼져 나가면서 이와 다른 변이형이 나타나게 되었다. 이는 '내륙 크리오'로서 업라인 크리오(Up-Line Krio)라 불린다. 크리오들은 식민체제의 영향 하에 내륙 부족민들에 대해 우월 의식을 갖곤 했다. 1950년대 말 영국은 시에라리온의 독립을 허용하면서 민주 다수지배원칙을 따르게 되었고, 권력은 Non-Krio들에게 넘어갔다. 새로운 정치의식을 갖게 된 내륙 원주민들은 이제 크리오들을 '건방지고 주제넘은 사람들(uppishness)'로 간주하기에 이르렀다. 크리오 언어 자체에 대한 거부의식이 생겨나기도 했다. 그러나 정치 세력이 안정되어 가면서 이 같은 감정도 차츰 완화되어 갔다. 그러나 'Up-Line Krio'에 대한 편견은 여전히 남아있다. 이는 순수함과 잡종(혼종성 hybridity)에 대한 일반적인 의식을 반영한 것이라 할 수 있다.

7.3.6 공식적 태도와 언어정책

제도화한 소통이라 할 수 있는 방송 뉴스에서는 별도로 영어가 쓰이고, 이에 병행하여 크리오가 쓰인다. 덧 부쳐 멘데(Mende), 템네(Temne), 림바(Limba)어가 쓰이고 있고, 다른 부족어들의 경우는 1주에 한번 요약된 뉴스가 방송된다. 정부는 공식적으로 크리오를 공식화하는 데는 주저하고 있다. 이는 언어지위에 대한 편견에 기인된 것으로 보인다. 이 같은 주저와 꺼려함은 템네, 멘데어에도 해당된다. 특정 부족어를 국가차원의 공식어를 끌어 올렸을 때 야기될 부족주의를 우려했기 때문이다. 1985년 모모(Momoh)가 대통령이 되어 그의 부족인 많은 림바인들이 주요 요직에 기용되었을 때, 림바어가 한때 크나큰 자부심을 가지고 사용되어 지기도 했다. 1977년 이래 내국어 사용에 대한 정책이 이루어지고 외국의 여러 단체들이(캐나다, 독일) 지원했다. 철자법, 표준화 작업이 이루어졌으나, 크리오는 제외되었다. 토박이 원어 화자수가 적다는 이유에서였다.

7.4 아프리카 링구아 후랑카에 기초한 피진, 크리올어들[55)]

7.4.1 중앙아프리카의 피진 상고(Sango P/C)

중앙-아프리카에서 100만 이상의 화자를 보유하고 있는 상고어는 콩고(킨샤샤), 콩고(브라자빌), 카메룬, 차드와의 국경지역에서도 쓰인다. 수도 방구이(Bangui)를 비롯한 도시지역에서 화자수가 증가하고 있다. 불어를 공식어로 하고 있는 중앙-아프리카

55) 하이네는 19688년 아프리카에 산재한 교통어(Lingua Franca) 연구에서 다양한 피진-크리올들에 대한 상세한 논의를 하고 있다(Heine 1968). 여기서는 중요한 6개의 언어들만을 다루고 있으나 이외에도 수많은 언어변이형들이 생성되어 사용되고 있다. 이 과정에서 필연적으로 피진어적 성격이 나타나고 있다. 크리올로까지 발전되기도 전에 소멸하는 경우도 허다하다. 이 장은 그의 논의에 기초된 것이다.

는 상고를 국어로 인정하고 있다. 상고어는 아다마와(Adamawa)구룹의 응반디(Ngbandi)그룹에 기초된 피진어였다. 1958년 당시 75%의 방구이인들이 상고어를 사용했다. 많은 불어 차용어휘가 있다(Heine 1968: 143-156, Samarin 1986).

7.4.2 콩고의 링갈라(Lingala)

콩고 강을 따라 킨샤샤 콩고의 서북부 지방, 그리고 중앙-아프리카에서 쓰인다. 200만 화자를 보유한 이 언어 이름 '링갈라'의 의미는 'Languge of Ngala' 즉 '콩고강에서 교역하는 자들의 언어'이다. 오늘날의 킨샤샤 같은 대도시에서 교통어로 발전되어, 교역, 군대, 선교학교에서 쓰인다. 일찍이 식민정부는 링갈라를 벨기에 식민정부의 공식어로 만들고자 했다. 그러나 경쟁관계에 있던 불어, 키투바(Kituba), 스와힐리어 때문에 무산됐다. 그러나 식민정부의 군대 및 경찰언어로 계속 남아있다. 1960년 불어가 공식어가 되긴 했으나 링갈라는 키투바를 제치고 확산을 거듭하여 오늘날 콩고(킨샤샤) 및 중앙-아프리카에서 가장 중요한 언어로 급부상하였다. 1950년대 당시 킨샤샤 인구의 10%정도가 링갈라어를 모어로 사용하였다. 이후 링갈라어는 부족사회에서 해방되어 새로운 현대 서구적인 삶을 누리는 이미지와 연결되고 있다(Heine 1968: 53-67, Samarin 1990/1991).

7.4.3 키투바(Kituba)

'키콩고-키투바(Kikongo-Kituba)', '쉬운 키콩고(Ki-Kongo simplifie)', 키레타(Kileta) 등으로 불리기도 한다. 단순화된 키-콩고어로 자이르, 콩고에 500만 화자를 보유하고 있다. 1500년대 포르투갈인들이 도래한 이후 교통어로 발전되었다. 당시 키콩고 방언의 하나인 마니앙가(Manianga) 변이형이 기초가 되었다. 이 피진이 정립된 것은 19세기 후반에 이르러서이다. 1880년 프랑스인과 벨기에 인들이 등장하여 선교사 정부어로서 브라자빌, 킨샤샤에 널리 퍼지게 되었다. 이 말을 일컫는 '키레타(Ki-Leta)'는 불어의 l'etat(국가)라는 단어에서 나왔다. 키투바는 다중언어 상용사회에서 점차 크레올화 되어 갔다. 때로는 '대도시어(Big City Language)'라는 말과 함께 현대적인 삶이라는 이미지와 연결되어, 부족적 삶이라는 이미지를 갖고 있는 키콩고와 달리 강한 프레스티지를 향유했다. 그러나 불어와 링갈라, 스와힐리어와 경쟁관계에 들어가게 되어 점차 링구아 후랑카로서의 제일 큰 자리를 링갈라에게 넘겨주게 된다(Heine 1968:47-52, Samarin 1990/1991).

7.4.4 콩고-스와힐리어

스와힐리어에 기초된 피진, 크레올어는 내륙 여러 곳에서 나타났다. 특정한 사회그룹의 명칭에 따라 그 변이형이 이름 지어지기도 하지만 편의상 지역에 따라 명칭이 주어졌다. 그 중에서 케냐 내륙에서 사용되어지는 내륙 스와힐리어(Up-Country Swahili), 콩고(킨샤샤) 남동부 샤바-지방에서 쓰이는 샤바-스와힐리어(Shaba Swahili)가 대표적이다. 그러나 키상가니, 르완다, 부룬디, 우간다, 탄자니아 내륙 변방지역 등 장소에 따라 그 변이형이 다양하지만 그 구조나 형태가 유사함으로 모두 묶어 '내륙-스와힐리어' 범주에 포함시킬 수 있다[56].

7.4.5 파나갈로(Fanagalo)와 플리탈

'파나갈로'라는 말은 'enza fana ka lo' 즉 '이와 같이 해봐라(do it like this)'라는 말에 유래한다. '부엌 흑인어(Kitchen Kafir)' 혹은 '기초 줄루어(Basic Zulu)'라고도 불린다. 19세기 중반 남아프리카 나탈-주에서 형성되어, 1890년대에는 요한네스버그 광산 지역으로 퍼져 나갔다. 이후 남북 로디지아(현 짐바브웨와 잠비아)로 전파되었는데, 짐바브웨에서는 쇼나어의 영향을 받아 치-라팔라파(Chilapalapa)라 불렸고, 잠비아에서는 치카방가(Cikabanga)로 불리기도 했다. 후일 도시-벰바(Town Bemba)어에 링구아 후랑카의 위치를 넘겨주었다. 카탕가와 나미비아까지 한 때 쓰였으나 백인 탄압의 이미지를 버리지 못해 크리올로 발전되지는 못하였다. 화자는 불과 수십만에 그쳤다. 줄루 어휘가 70%를 차지하고, 영어와 아프리칸스어가 각각 24%, 6%를 차지한다(Cole 1964:549, Heine 1968:12-18).

남아프리카의 소위 PWV(Pretoria, Witwatersrand, Vaal) 지역을 중심으로 새로운 형태의 소통매체가 등장하고 있다. 이를 플리탈(Flytaal), 혹은 초치탈(Tsotsitaal)이라 부르는데, 언어정책을 담당하고 있는 정부의 언어국(Languge Board)에서는 애써 이의 존재를 부인하고 있다. 줄루, 호사, 소토어의 혼합형으로 볼 수 있는데 줄루 어휘가 많이 섞여있다. 600만 화자를 바탕으로 다중 언어 상용 사회인 산업지역을 중심으로 퍼져나가고 있다. 줄루어가 링구아 푸랑카로 발전해 나가고 있음을 보여주고 있다(N. Maake 1991:15).

---

56) cf. 샤바-스와힐리어에 관한 연구는 Heine(1968: 76-82) 이외에 권명식(1983), 내륙 스와힐리어에 관한 것은 Heine (1979: 81-85), 권명식(1996) 참조, 이 외에 Scotton(1969, 1979), 권명식(1997)이 있음.

7.4.6 피진 에이 칠십(Pidgin A-70), 피진 에원도(Pidgin Ewondo), 불루-야운데(Bulu-Yaounde)

피진 에이 칠십은 카메룬의 반투어인 불루, 에원도에 기초된 피진어이다. 이들은 팡(Fang), 에톤(Eton)과 함께, 갓쓰리(Guthrie)의 분류에 의해 A-70으로 명명된 서북부 반투어들이다. 사용지역은 카메룬 남부 도시지역과, 적도-기니, 가봉 북부이다. 1920년대 카메룬 수도인 야운데 철도 건설 시, 많은 노동자들이 모여들었을 때, 이들 사이에서 교통어로 성장하였다. 이후 피진-영어나 불어를 모르는 일반 주민들에게 소통어로 받아 들여져 도시, 시장, 철도, 도로 상에서 흔히 쓰이게 되었는데, 피진 '에이 칠십'은 새로운 아프리카의 삶이라는 이미지와 연결되어 사용되고 있다(Heine 1968: 131-132).

이 외에 수단 및 우간다의 누비아인들에 의해 쓰이는 크레올 누비 아랍어(Nubi Creole Arabic)가 있다(Heine 1968:118-124).

7.5 피진-크레올의 발전 단계[57)]

7.5.1 피진 크리올어 연구의 의의: 아프리카 사회연구라는 측면

피진 크리올어는 아프리카 현대사회에서 다양한 집단들 간의 접촉 과정에서 생겨나게 된 언어들로서 아프리카 사회변화의 역동적인 측면을 가장 잘 보여 주고 있다. 수많은 기층어들이 있는 지역에 상층어가 나타난 배경, 그로인한 사회 문화적 변화과정에 대한 이해는 피진-크리올어 연구의 전제가 된다. 피진 크리올어가 형성되게 된 역사적 배경, 그리고 그 발전 과정과 현재의 상황에 대한 언어 외적 연구는 아프리카 사회변화를 이해하는 중요한 주제가 된다. 뿐만 아니라 언어변화의 양상을 관찰하여 일반 언어변화 이론을 구축하는데 도움이 된다.

피진 크레올어의 언어구조 연구는 언어구조의 보편성을 이해하는데 아주 중요한 자료를 제공하고 있다. 굴절이 없는 어휘 중심의 소통구조는 비커톤의 '바이오-프로그램(Bio-Program) 이론'에서 주장되듯이 인간 소통과 사회 구조 사이의 관계를 잘 반영하고 있다. 피진어 발전 과정은 편의상 세 단계로 구분되어 설명되곤 한다.

57) Mühlhäusler 1986:5.

7.5.2 피진어의 발전 단계

1) 자르곤(Jargon)

자르곤은 언어의 접촉과정 상 가장 초기 단계에서 생겨나는 형태이다. 개인이 자의적으로 그들의 언어를 단순화하거나 축소시킴으로서 언어표현의 고정된 기준이 없다[58]. 엄밀하게 말하면, 화자가 상층어를 직접 단순화하거나 축소시켰다기보다는 상층어 문법에 대한 지식이 없는 상태에서, 불충분하고 단편적으로 입력되어 오는 언어자료를 바탕으로 창의적 소통행위를 구사하는 것인데, 제 삼자에게는 기존어가 단순화, 축소화된 것으로 보이는 것이다. 화자가 달라짐에 따라 언어구조는 아주 다르게 나타난다. 언어자체의 자연스러운 변화는 아니다. 다음은 스와힐리 화자에 의해 쓰인 영어 자르곤이다.

[1] SWAHILI/ENG
Tia *scones* ndani *oven and* lete chai *pot*!
PUT scones IN oven and BRING TEA pot!
'케이크를 오븐에 넣어라 그리고 차 주전자를 가져와라!'

영어와 스와힐리어 어휘들이 나열되어 있다. 문법요소는 거의 없다. 문장 구조의 골격을 이루는 동사나 전치사는 스와힐리어이고 목적어인 대상은 명사들로서 영어 어휘들이다. SVO 어순에 따라 배열되고 있는데 문장 의미는 어휘 의미에 따라 적절히 해석되어야 한다. 두 개의 언어를 얼마만큼 알고 있느냐에 따라 음성적 실현의 양상이 달라진다. 다음은 영어 부분과 스와힐리 부분이 양분된 경우이다.

[2] SWAHILI/ENG
Lete kitu kama ndizi *only round*![59]
Bring thing like banana only round! i.e. an apple
'둥글게 생긴 바나나 같은 것(사과를 의미함)을 가져와라!'
(Whiteley 1969:5, Holm 1988: 566)

---

58) "to simplify and reduce their language on an ad hoc basis." Muhlhausler 1986:6.
59) 자르곤 단계에서는 틀어(matrix language)인 스와힐리어와 삽입어(embedded language)인 영어가 혼용되어 코드-전환(code-switching)과 같은 양상을 보인다.

2) 안정피진(Stable Pidgin)

자르곤의 사용이 광범위하게 확대되고 그 용법이 점점 고정화되면 피진어는 나름의 안정된 시기에 이른다. 이럴 경우 어휘의 배열 규칙이 형성되게 되는데 이때 이를 안정피진이라 한다. 예컨대 동아프리카 내륙에서 쓰이고 있는 '케냐 피진 스와힐리어(Kenya Pidgin Swahili)'가 여기에 해당된다. 아래 예는 뉴기니에서 쓰이는 톡-피진(tok pisin) 영어로 표준 영어의 인칭대명사 3인칭 남성 대격 {him}이 {im}으로 음성 축약되어 일률적으로 대격 표지(Object Marker)로 기능하고 있다. 문법성(grammaticality)이 증대됨으로서 규칙은 강화되고, 구조는 보다 조밀하다.

[1] TOK PISIN ENGLISH

Me like-***im*** saucepan belong cook-<u>*im*</u> bread.
I want a pan for cooking bread.
(나는 빵을 굴 팬이 필요하다.)

3) 확장피진(Expanded Pidgin)

소통의 필요를 충족시키기 위해, 초기 단순한 구조가 보다 더 정교화 된다[60]. 확장피진의 경우 보다 더 다양하고 정교한 문법 규칙이 나타나 어휘배열을 규제한다. 동부 해안으로부터 떨어져 독자적인 발전을 실현시킨 콩고의 샤바-스와힐리어(Shaba Swahili)의 경우가 여기에 해당된다.

[1] PIDGIN SWAHILI

Hawa *hapana* jali natoa mtu huku
3P.PL NEG to concern take out man there
(Standard From: *Ha-wa-ku-jali wa-li-m-toa mtu huku.*)
그들은 개의치 않고 그 사람을 그 곳으로 내 쫓았다.

위의 예에서 {hapana}는 부정을 나타내고, na-요소는 주어역할을 나타내는데, 이들 요소로서 문장 구조가 규칙화된다. {hapana}는 표준어에서처럼 분석되지 않고 하나의 어휘 취급을 받음으로써 이 변화는 어휘화라 할 수 있다. 주어역할을 일률적으로 {na-}가 떠맡는데 이는 기존의 요소가 새로운 기능으로 쓰이는 것으로 재생

60) "elaborated to meet more demanding communicative needs". Mühlhäusler 1986: 5.

(renovation)이라 할 수 있다.

[2] SHABA SWAHILI

Nguo *ile* wa-na-pungu-sa *naye* muchafu.
cloth REL 3P-T-diminish-CAUS dirty
(그들이) 얼룩을 지운 옷 (cf. Kwon 1984:52)

[2]에서는 표준어에서 ile는 9부류 단수 원칭 지시대명사 호응형태이고, naye는 수반의 전치사에 사람을 나타내는 대명사 요소가 붙은 것인데 본래 문법적 기능이 사라지고 샤바 크리올에서 관계구문을 구성하는 요소로 새롭게 규칙화되어 있다. 이와 같이 기존의 요소를 새로운 용법으로 쓰는 언어변화를 어휘 쇄신(renovation), 혹은 재생(renewal)이라 하는데 피진 크리올에서 흔히 나타나고 있다(10.2.3 참조).

피진 크리올 진화를 위와 같이 3단계로 구분한 것은 이해의 편의를 돕기 위한 것이다. 실제적으로는 구조적으로 그 중간에 보다 많은 다양한 단계들을 상정할 수 있다. 피진에서 크리올, 심지어는 탈-크리올화 한 표준 형태에 이르는 구조들은 오히려 하나의 연속체(creole continuum)를 이룬다. 이 같은 구조적 특성은 3개의 범주로 확정하기보다는 무수히 많은 변이형태의 다양한 양상들로 이해될 수 있다. 남미 가이아나(Guyana) 크리올을 연구했던 비커톤(Bickerton 1975)은 편의상 이 구조적 연속체를 아크로렉트(Acrolect)에서 베이시렐트(Basilect)로 이르는 메조렉트(Mesolect) 연속체 개념으로 설명했다. 탈-크리올화 되는 경우는 맨 끝에 표준어가 있게 된다.

상층어와 기층어 사이에 존재하는 언어의 접촉과정에서 피진 크레올이라는 새로운 변이형의 형성이라는 매체 혼합 이외에 언어간섭(Interference), 어휘 차용(Borrowing), 코드-혼합(Code Mixing) 등 언어 혼합과 관련된 다양한 다른 현상들이 있다(아래 10장 참조).

7.6 피진, 크레올어의 구조적 특징

자연어로부터 어떻게 축소된 언어형태가 도출되는가 하는 문제에 관련하여 이 같은 변이형이 등장하게 된 역사적 사회적 요인들에 대한 연구와 함께, 이들 변이형이 갖는 언어 구조적 특징들이 학자들의 주요 관심사로 부각되고 있다. 피진화 과정상 나타나게 되는 언어 구조의 특징들을 위에서 단편적으로 살펴보았으나 그 변화의 특징들을 다시 정리해 보면 문법요소의 일탈과 문법화라는 개념으로 요약될 수 있다.

7.6.1 문법요소의 일탈화(Stripping Process): 굴절의 소멸

피진어의 문법 구조적 특징을 여러 가지로 설명할 수 있겠으나 가장 두드러진 변화의 한 면은 기존 언어가 갖는 문법들이 떨어져 나간다는 사실이다. 굴절과 같은 복잡한 문법 규칙들이 사라지게 되는데 이는 피진화자들이 가급적 용이하게 언어를 습득하여 구사해야 한다는 독특한 필요성에 기인된 것이다. 문법의 일탈과 함께 어휘항목의 범위도 크게 줄어든다. 이는 피진 화자들이 주어진 상황에서 소통에 꼭 필요한 부분만을 사용하기 때문이다. 그 즉석에서 소통의 필요가 없는 영역의 어휘들은 이들의 관심 대상에 들어오지 않는다. 요컨대 피진화는 어휘항목 및 문법표현들의 감소로 성격 지울 수 있다[61].

피진화 과정은 언어변화에서 나타나는 여러 양상들 중에 하나로서 나름의 독특한 측면을 지닌다. 상층어를 구사했던 화자가 자연스레 피진어를 구사하는 것은 아니다. 이는 피진어가 상층어의 방언이나 변이형이 아님을 의미한다. 상층어를 전혀 모르는 다양한 그룹 출신의 새로운 화자들이 오히려 서서히 기층어를 바탕으로 상층어의 일부를 받아들여 새로운 언어를 재구성해 나가는 과정이다. 통사구조와 언어음은 기층어의 영향을 많이 받지만 어휘는 상층어에서 온다. 사실은 피진화자들이 그 언어를 구사함으로 실제적인 이익을 얻게되는 언어로부터 어휘를 받아쓴다. 아프리카 식민 상황의 많은 흑인들은 영어어휘를 받아썼지만 반대로 수하의 농장 노동자들과 대화를 해야할 필요성이 있는 백인 이주자들의 Ki-Shamba에서는 스와힐리 어휘를 받아들였다.

그러므로 피진화 과정은 언어 자체의 변화가 아니라 화자가 적극적으로 개입된 언어의 습득, 혹은 언어창출과정이다. 다만 크리올의 경우 어린아이에 의한 1차 모어 습득이 다른 자연어들의 경우와 같이 동일하게 진행된다. 그러므로 피진화 과정과 크리올화 과정에서 나타나는 언어변화 양상은 서로 다른 모습을 하고 있다. 화자에게서 벌어지는 일연의 과정을 접어두고 언어자체만을 보았을 때 피진화과정은 다음과 같이 변화한 것으로 정리될 수 있다;

---

61) "a shrinkage in the inventories of lexical and grammatical expressions(=reduction)." ibid.

[표 10] 피진화 과정의 언어 구조적 특징

a. 굴절 및 파생요소와 같은 문법요소들의 유실
b. 굴절요소에 의한 통합적- 교착어적 구조가 어순에 기초된 고립어 구조로 대체
c. 종속-, 의존관계는 병렬관계로, 명시적(overt) 통사관계는 암시적(covert) 관계로 바뀜
d. 격표시(case marking), 호응체계 소멸, 어순으로 통사관계가 표시되거나, 아예 표시가 없음[62]

언어변화와 관련하여 피진어의 경우 문법의 마모화(erosion)로 설명될 수 있으나, 사실 언어 자체가 점진적으로 마모되어 나간 것은 아니다. 기존의 상층어와 비교했을 때 그러하다는 것이지, 사실 피진어 화자들은 그저 새롭게 언어구조를 구축해 나간 것으로 보아야 한다. 언어의 단순화는 이미 밝혔듯이 사회적 요인에 기인된다. 피진 화자들은 가급적 용이하게 소통을 해야 하는 절박한 필요성에 의해 이 같은 코드를 구사하게 된다.

자연언어의 경우 언어구조의 진화는 어휘에서 파생, 혹은 굴절로 진행되어 나간다. 결국 고립어구조에서 첨가어구조로, 이는 다시 굴절어적으로 진화해 나간다. 그리고 병렬에서 종속으로, 어순에서 호응이나 격 표지자에 의한 통사표시체계 쪽으로 나아가게 되어 있다. 이는 문법화 이론에서 말하는 문법요소의 증대라는 언어변화의 단-방향성 (Uni-directionality) 원리에 부응하는 것이다(Heine et. al. 1991). 그러나 이 같은 변화의 방향은 사회적 전제를 필요로 한다. 언어집단이 동질적이며 그룹 정체성이 보다 강화되어 나가는 방향으로 사회가 변화해 나갈 때만 그러한 것이다. 굴절이나 불규칙적인 문법 사항들은 화자들의 소통을 어렵게 하고 습득이나 구사하는데 있어 많은 노력을 들이게 함으로서 용이성과 효용이라는 측면에서 바람직하지 않다. 그럼에도 불구하고 언어가 그 쪽으로 진화해 나가는 것은 단순히 사회적 정체성을 강화하고 그 같은 구사를 통해 구성원들 사이의 정체성을 공고히 하며, 그러지 못하는 화자들을 배척하고 이방인화 하는 사회적 요인에 기인된 것이다. 자연어라 할 수 있는 크리올 단계에서 특히 2세 원어민 화자들은 다음과 같은 언어진화과정을 경험하게 된다.

62) 스코튼(Scotton 1969:101)은 캄팔라 피진 스와힐리어의 구조적 특징을 다음과 같이 기술하고 있다. "What is actually missing are the relative constructions and other forms of subordination which mark complex sentences in the standard dialect. The result is an abbreviated syntax consisting mainly of content words, with the listener left to make the connections."

[표 11] 크리올어의 언어변화 유형

a.명사, 동사 등 어휘 중심 〉 파생 굴절요소 생성(문법기능 접사)
b. 고립어적 분석적 구조 〉 첨가, 굴절어적 통합구조
c. 병렬구조 〉 종속 구조
d. 어순중심 〉 격 표시 혹은 호응에 의한 통사구조

다음은 고도로 그리고 전적으로 주어진 맥락(context)이나 상황(situation)에 의존되어 있는 소통형태인 스와힐리 자르곤, 초기 피진어 형태를 표준어와 비교한 것이다.

NEG: *GR > LEX,*
SUBJ.: *WORD > AFFIX, TENSE → Ø*

[1] PIDGIN SWAHILI
Hawa hapana jali natoa mtu huku
STANDAR S. *Ha-wa-ku-jali wa-li-m-toa mtu huku*
그들은 개의치 않고 그 사람을 그 곳으로 내 쫓아

[2] napeleka huku nakufa,
na ku-mpeleka pale, a-ka-fa,
저기로 내보냈다.

[3] halafu nawacha huku halafu fisi nachukua yeye.
halafu wa-li-m-wacha pale, halafu fisi wa-ka-ja wa-ka-m-chukua.
그는 죽었지만 그들은 그 곳에 버렸다. 이후 하이에나가 나타나 물어갔다.

표준어와 달리 피진어에서는 인칭대명사와 부정이 별도의 어휘로 표현됨으로서 분석적으로 메시지가 코드화되어 있다(hawa hapana). 반면에 표준어에서는 인칭대명사, 부정이라는 문법 범주가 시제와 함께 동사를 묶는 문법요소로서 하나의 의존형태소, 기능적으로는 굴절형태로 실현되고 있다(ha-wa-ku-jali). 이는 어휘적 의미의 영역을 벗어나 다른 언어요소들 사이의 통사관계를 명시적이고 긴밀하게 표현해주고 있음을 의미한다.

새롭게 스와힐리어를 구사하여야하는 피진 화자들은 표준어의 통사규칙을 전혀 무시한 채 불완전한 언어자료들을 바탕으로 새로운 의사소통 양식을 구축하고 있다. 이

렇게 하여 구성되는 문장들은 화자의 머리속에 있는 보편적인 원칙에 따라 즉흥적으로 문법이 편성되어 나간다. 그러므로 이들 구조는 언어 보편적 성격을 띠게 된다(cf. Bickerton 1981).

7.6.2 크리올과 문법화(Grammaticalization) 과정

피진어의 모태인 상층어에서 피진어로의 변화는 자연스럽고 점진적인 변화라 볼 수 없다. 그것은 단지 사회적 환경에 의한 물리적 전환, 불연속적 단절이라 할 수 있다. 그러나 일단 피진어 화자들로부터 모어로서 언어를 습득한 제 2 세대들은 새로운 소통매체를 자연어로서 구사하게 된다. 요컨대 크리올을 사용해 나가기 시작하면 이 때부터는 자연스럽고도 점진적인 언어변화가 나타나게 된다. 그것은 개인적인 차원과 동시에 집단적인 차원에서 함께 이루어진다. 이 때, 언어변화의 핵심을 비커톤의 바이로-프로그램이라는 개념이 아니라, 하이네가 제안한 '문법화 과정'이라는 현상으로 설명될 수 있을 것 같다(Heine et. al. 1991, Hopper & Traugott 1993). 요컨대 문법요소의 규칙화, 증대화 과정으로 새로운 문법이 등장하게 되는 것이다[63]. 보통 언어구조 창출이라는 1단계가 사회적 요인에 의해 일어나고 난 다음, 언어학적 요인에 따른 언어변화 과정인 2단계가 뒤따르게 된다. 피진화 과정이란 1단계에서의 불연속적 단계(Discrete Step)를 거쳐 2단계 크리올의 연속적 과정(Continuous Process)으로 이어져 나간다고 설명될 수 있다.

이미 지적한 바와 같이 스와힐리어의 경우, 표준어(Kiswahili Sanifu) 이외에 '케냐 피진 스와힐리(Up-country Swahili)', 혹은 사회방언들인 '키힌디(Ki-Hindi), 키세틀라(Ki-Setla), 키샴바(Ki-Shamba)' 등 다양한 피진어들이 있는데 이들의 구조도 같은 개념으로 설명되어 질 수 있다. 샴바 스와힐리어를 비롯한 이들 피진어들은 동질적인 방언이라기보다는 개인방언(Idiolect, Jargon, Basilect)에서 표준어에 이르기까지 그 구조가 다양하다. 이 구조의 다양성은 앞에서 언급한 바와 같이 연속적인 변이형들의 집합, 요컨대 크리올 연속체(Creole Continnum)라는 개념으로 이해될 수 있다(Bickerton 1975). 자르곤 형태를 띠는 피진이 한 극단적인 변이형을 이루고, 다른 반대편 한 측면에는 해안의 표준 스와힐리어가 있는데, 최고의 구조를 지닌 것으로 간주

---

63) "a drift or development toward grammatical regularity. i.g. simplification. rules apply to a great number of items and structures." c.f. emergence of new grammatical categories. 크리올과 문법화 사이의 관련성에 관한 것으로 Heine(2005: 214) 참조.

되는 이 변이형이 아크로렉트(Acrolect)[64]이다. 이 아크로렉트가 다른 변이형에게 표준어로 발전되어 나갈 수 있는 지향점을 제시하면서 계속적으로 언어변화에 영향력을 과시하게 된다. 이럴 경우 이를 특별히 탈-크리올화(De-creolization)라 한다. 콩고와 탄자니아의 경우는 국경선이 놓여있어 해안 표준어의 영향력은 어느 정도 한계가 있다. 그리하여 상당 정도 별도의 발전을 도모해 나가고 있다. 여기에는 식민 종주국의 언어인 영어와 불어가 각각 나름의 영향력을 과시하고 있음을 함축한다.

8. 교통어(Lingua Franca, 교역어/trade Language)와 모어, 그리고 제1어

8.1 모어(Mother tongue)와 제1어(First Language)

가나의 케체이비(Kecheibi) 지방에서는 모어가 아니메레(Animere)이지만, 제1어는 아델레(Adele 혹은 Sedere라 하기도 함)이다. '제1어'란 개념은 언어구사능력이 모어를 능가하게 될 때 사용된다[65]. 태어나 어머니로부터 배운 언어가 모어라 해도 성장과정이나 교육 후 지속적인 사회활동 과정에서 다른 언어가 더 많이 쓰이고, 화자 자신도 그 언어 사용이 더 용이하고 심리적으로도 편안할 때 이 언어는 해당 화자의 가장 편안하고 자연스러운 매체가 되는데 이것이 그 화자의 제1어인 것이다. 언어교체과정이나 이중 언어상용 상황에서도 특정화자가 가장 잘 구사할 수 있는 언어가 제1어가 된다.

64) 비커톤(Bickerton 1975, 1981)은 피진 크리올의 구조가 단일하지 않고 하나의 연속체를 띠는 것으로 이해했다. 표준어에 가장 가까운 형태를 아크로렉트(Acrolect)라 했고 이로부터 가장 멀리 떨어져 있는 자르곤 형태의 변이형을 Basilect라 했다. 화자들은 가능하면 밑에서부터 위로 구조를 발전시켜나가고자 한다. 이는 이 변이형과 결부된 사회적 평가 때문이다. Diglossia라는 개념도 이와 유사한 내용으로 설명되곤 하니만 여기서는 High vs. Low variety로 구분되지만 동일한 화자에 의해 구사된다는 점에서 크리올 연속체와 차이가 난다.

65) "when individual achieves a proficiency in it through intensive use of second language, which exceeds that of mother tongue." Whiteley(1962:154).

8.2 제2어와 외국어(the second language, foreign language)

아프리카 사회에서는 흔히 족외혼을 통해 부부가 다른 언어를 사용하고 그에 따라 대 가족 구성원들이 두개의 언어를 일상에서 사용하는 경우가 있다. 가정 밖 또래 그룹과의 접촉을 통해 3개 이상의 토착어들이 구어 차원에서 구사되기도 한다. 이때 모어 이외의 다른 언어들은 제2어(second language)가 된다. 이와 함께 화자는 이중 언어상용(bilingual), 혹은 다중 언어상용자(multilingual speaker)가 된다. 실제 생활에서 자연스레 언어 구사할 수 있는 여건이 반복적으로 주어지느냐, 아니면 공식 교육과정상의 교과목으로서만 구사기회가 나타나느냐 하는 것은 언어학습 및 사용상의 중요한 차이를 야기 시킨다. 서구 식민 종주국의 언어들은 일반 아프리카 대중들에서 대개는 제2언어가 아니라 외국어로서 다가온다(Brock-Utne 2008).

8.3 교통어(링구아 후랑카/ Lingua Franca)

교통어란 모어가 각기 다른 그룹들의 화자들 사이에서 소통의 필요성에 의해 새롭게 생겨난 탈 부족 매체이다.[66] 그룹 외적으로, 혹은 오늘날 국가들 사이의 매체가 같은 의미의 교통어이다. 그러므로 나이지리아의 이보, 소말리아의 소말리어, 에티오피아의 갈라어는 화자수가 100만이 넘는다 해도, 동일 부족 내 언어라는 측면에서 토속어일망정 교통어는 아니다. 이들 교통어의 기능적 측면을 강조한 명칭으로서 교역어(trade Language, commercial language), 소통어(vehicular language)라 불리기도 한다. 혹은 외부 집단과의 접촉과정에서 생겨남으로 접촉어(contact language)라 불리기도 한다. 그러나 모든 교역어나 접촉어가 교통어가 되는 것은 아니다.

언어 구조적으로 보면, 이들 교통어는 피진, 크레올화 한 경우가 많다. 아프리카 교통어로는 북 아프리카 지역의 아랍어, 나이지리아 북부 지역 인근의 하우사, 동부 아프리카의 스와힐리어, 서 아프리카 만데어 지역의 밤바라, 콩고의 링갈라, 중앙아프리카의 상고 등이 있고, 유럽어인 영어, 불어, 포르투갈어 등이 또한 아프리카 교통어로 쓰이고 있음은 위에서 이미 지적한 바와 같다. 이제까지 설명한 다양한 언어명칭들, 그리고 그에 따른 사회적 자질, 언어환경 양상과 접촉 양상등을 핵심 특질로 요약하여

66) "a common language which is habitually used as a medium of communication between groups of people whose mother tongues are different." Heine(1970)

정리하면 아래 [표 12], [표 13], [표 14]와 같다.

[표 12] 다양한 언어 명칭들의 사회적 자질

1. 언어(language) - technical + *emotional* + *political*	→ 1.1. 표준어(standard LG.) + *cultural*	2. 방언(dialect) + *regional* 2.1.사회방언(sociolect) + *social class* 2.2.레지스터(register) + *intention*
3. 변이형(variety)		+ *TECHNICAL*, - *EMOTION, NEUTRAL*
4. 토속어(vernacular)/ 4.1.부족어(tribal LG.) *토착어, 원주민어*		- *LINGUA FRANCA, GROUP INTERNAL*
5. 교통어(LINGUA FRANCA), 접촉어 (5.1. 교역어trade LG. 5.2. 소통어 vehicular lg.)		+ *GROUP EXTERNAL* + *SOCIAL FUNCTION*
6. 피진어(pidgin)		+ *LINGUISTIC*
6.1. 기층어/6.2. 상층어 > 6.3. 크리올어(> 7. 모어, 7.1.자연어)		
7. 모어(mother tongue)		*언어학습차원*
8. 제1어(first lg.) *제2어, 외국어*		*언어사용능력(PROFICIENCY, COMPETENCE)* *언어사용 일반 대중의 존재 여부*
9. 공식어(Official Lg.)		*FORMAL STATUS(elaboration of code)*
9.1. 국어(National Lg.)		*NATIONAL SYMBOL*

아프리카 사회에서 통용되는 다양한 언어 명칭들은 위 [표 12]에서 볼 수 있듯이 총 25개 정도나 된다. 그 명칭의 의미에서 이미 나타나고 있듯이 그 것 자체가 사회적 특질이나, 자질을 함유하고 있거나 혹은 개인 화자의 언어 능력이나, 사용 양상을 나타내기도 한다. 표준어, 국어, 공식어는 사회적 개입을 전제로 하고 있고 교통어, 교역어, 상층어, 기층어 등은 언어의 기능을 나타내는 명칭이다. 피진어, 변이형, 코드, 레지스터 등은 언어구조적 특질을 반영한다. 모어, 제1어, 제2어, 크리올, 외국어 등은 언어습득과 구사능력을 나타내고 있다. 토속어, 방언, 사회방언은 사회적 구조, 지리적 차이 전통 영역 소속 여부 등을 반영하고 있다. 이런 다양한 언어명칭들이 아프리카 사회에서는 보다 심화되고 극단화되어 그 명칭이 갖는 의의가 더욱 크다 하겠다.

[표 13] 언어 환경양상에 따른 변이형과 사회적 자질

1) 단일어 사용사회(Mono lingual society):
변이형(VARIETIES), *개인방언(IDIOLECT)*, *사회방언(SOCIOLECT)*,
방언(DIALECT), *방언 연속체(DIALECT CONTINUUM)*, *차용(BORROWING)*

2) 디글로시아(DIGLOSSIA): High vs. Low Code,
Stabel vs. Transitional Diglossia
Polyglossia social class & rural/urban devision in Africa
local, < regioanl, < national lingua franca, < international l.f

**사회적 변수: 거주 지역(LOCATION)*, *공식성(FORMALITY)*, *친밀도(INTIMACY)*,
진지성(SERIOUSNESS), 구사력(*PROFICIENCY*), *power & prestige*

3) 다중언어 상용사회(MULTI-LINGUAL SOCIETY): *언어선택*, *코드전환(CODE SWITCHING)*
이중 언어 상용(BILINGUALISM): *언어태도(LG-ATTITUDE)*, *구사능력(LG-COMPETENCE)*

위 [표 13]은 언어환경 양상에 따른 변이형과 사회적 자질을 요약한 것이다. 아프리카의 경우 도시와 농촌 사이의 차이가 언어적으로 적나라하게 표출되고 있다. 단일언어사회, 이중 언어상용사회, 다중 언어상용사회 등 3가지로 대별될 수 있는데 이는 도시화의 정도에 따라 전통 부족사회, 지방 소도시와 수도권 대 국제도시로 나뉘고 있음을 의미한다. 어느 지역에 거주하느냐에 따라 언어 수행 양상이 달라진다. 전통 부족사회에서는 단일언어 상용상의 제 현상들인 변이형과 개인방언, 사회방언이 집중적으로 나타나지만 수도권 대도시에서는 다 민족, 다언어 상용지역으로서 언어의 선택이나, 전환, 교체 그리고 이에 따른 언어태도, 언어능력 등 개인 심리적인 문제까지 극렬하게 나타나게 된다. 아래 [표 14]는 제7장과9장에서 보다 자세히 다루게 될 언어 접촉에 의해 야기되는 제반 현상들의 핵심 사안들을 요약해 놓은 것이다.

[표 14] 언어 접촉 양상

a. 코드 전환(CODE SWITCHING): 틀어/삽입어(Matrix vs. Embedded Code)
b. 차용(BORROWING): 음성, 어휘, 문법차용(phonetic, lexical. grammatical B.)
시적기능(Poetic function), 개념공백(Conceptual gap)
c. 피진 크리올 생성: 상층어와 기층어
d. 이중, 다중 언어상용: high vs. low code
e. 언어교체: vernacular > Lingua Franca (African > European LF)
f. 언어 사멸(LANGUAGE DEATH): 언어경쟁, 언어교체, 언어사멸

다음 장에서는 변화해가는 아프리카 사회의 측면을 가장 잘 드러내는 언어현상으로 소위 교통어(Lingua Francas)들의 생성과 확장 그리고 사용에 대한 사례들을 몇몇 대표적인 언어들을 중심으로 살펴볼 것이다.

제 3 장

아프리카 교통어의 출현과 발전

아프리카의 교통어는 식민지 시대이후 급변하고 있는 아프리카 사회 모습을 잘 반영하고 있다. 서구 식민통치가 시작되면서 아프리카는 2,000여 군소 부족집단이 50여 개 확대된 '국가'라는 새로운 정치단위로 재편되었다. 경제적으로도 유럽 및 세계 경제체제에 빠른 속도로 편입되어 가고 있다. 이에 따라 전통사회 질서는 무너져 갔고 새로운 질서에 부응하는 사회변화가 빠른 속도로 진행되어 가고 있다. 교통, 통신의 발달, 중앙집권적 관료체계의 확대, 화폐 및 시장경제의 도입, 도시 광산지역으로의 노동력 이동, 부족을 뛰어넘는 새로운 계급집단의 형성 등이 그 중요한 사회변화의 특징들인데, 이 같은 변화는 동일한 소통매체의 필요성을 전제로 한 것이다. 교역과 행정, 노동과 새로운 국가건설의 과정에서 기존 부족의 벽을 넘은 새로운 소통매체인 링구아 프랑카(Lingua Franca, 교통어)가 아프리카 곳곳에서 형성되어 그 범위를 넓혀 갔다. 반면 수많은 소수 부족민들의 언어들은 그 지위가 약화되고, 그들 중 어떤 것들은 사멸되어 가고 있다(9장 참조).

날로 확대되어 가는 아프리카 교통어에 대한 연구는 소통에 관한 아프리카 사회의 이해 및 진단에 직결된 사항이라 하겠다. 앞에서 열거한 주요 아프리카 교통어들 이외에도 다양한 언어들이 새로운 교통어로 등장하고 있다. 예를 들면, 세네갈 지역의 대서양어 월로프(Wolof), 만데 지역과 사하라를 연결하는 송가이(Songhai, 부르키나파소), 만데 지역의 교역어인 듈라(Dyula, 상아해안), 가나의 아칸(Akan), 서부 나이지리아의 요루바, 차드의 마바(Maba), 세네갈에서 나이지리아, 카메룬에 이르는 서아프리카 전역의 풀풀데(Fulfulde), 중앙아프리카 수단지역의 잔데(Zande), 에티오피아의 암하라(Amharic), 오로모(Oromo), 동북부 뿔 지역의 소말리, 빅토리아 호수지역의 간다(Ganda), 아프리카 중앙 콩고지역의 루바(Luba), 이외에 냔자(Nyanja, 말라위), 로지(앙골라/잠비아), 움분두(앙골라), 쇼나, 츠와나, 등이 있다.

교통어는 이제 국경을 넘어 국가들 간 소통어로서의 기능도 담당하고 있다. 예컨대 만딩고(Bambara)는 서-아프리카 7개국에서 쓰이고 있는 주요어(Major Language)이다. 한편 1976년 라고스에서 열린 `아프리카 문화 예술제(Culture, art- festival)에서는 스와힐리어가 범 아프리카 교통어(Pan African Lingua Franca)로 제안되기도 했다. 하우사, 아랍어를 포함한 상기 4개의 교통어들은 40여 개국을 커버하고 있고, 각기 고전 문헌을 보유하고 있으며, 정치적으로도 중립적이어서 특수 부족으로 하여금 적대감을 자아내게 할 우려가 없다. 주요 교통어들을 중심으로 그 변화 및 발전의 추이를 살펴보자.

1. 아랍어

이슬람의 승리로 아랍어가 북아프리카에 진입하게 되었다. 634년 예언자 모하메드가 사망한 이래 640년부터 이슬람 세력은 북아프리카를 정벌해 나가기 시작하여 683년에는 카르타고를 정복했고, 7세기말에는 북부아프리카 전체를 장악하기에 이르렀다. 8세기 초부터는 남하를 개시하여, 베르베르인의 저항을 분쇄하였다. 711년에는 베르베르인의 도움을 받아 스페인을 점령하였다. 14세기 전반 동남부 지역에서는 기독교국가인 나일 강의 누비아의 저항이 급기야 무너졌고, 에티오피아만이 오늘날까지 버텨 냈다. 이슬람교도가 가는 곳에는 아랍어가 전파되어, 교통어로서의 역할을 담당했다. 그러나 아프리카 기층 모어가 소멸되어 가자 아랍어가 점차 모어화 되었다. 예컨대 이집트는 640년 아랍의 침입이 있기 전까지 콥트어(Coptic)를 사용하였으나 차츰 아랍어로 대체되었고, 기존의 콥트어는 점차 위축되어 오늘날에는 교회어, 혹은 문학어로서만 잔존해 있다. 본래 콥트어는 고대 이집트어의 발전형태로 이후에는 기독교들의 언어이기도 했다. 한편 북아프리카 토속어인 베르버어도 남부 모로코 일부에만 남아 있다. 그러나 전파된 아랍어는 고전 아랍어인 아라비야(Arabiyyah)가 아니라, 코이네(Koine)라 불리는 형태로서 군인들 사이에서 그리고 도시지역에서만 제한적으로 사용되었다. 아랍어가 전파되어 나가는 최전방에는 고전 아랍어와는 차이가 있는 많은 피진 크레올 아랍어들이 생겨났다. 차드호 동부에서 쓰이는 테크루르(Tekrur), 수단 남부에서 쓰이는 주바-아랍어, 나이지리아 북동부에서 쓰이는 갈갈리야(Galgaliya) 등 아랍 피진어에 대해서는 이미 언급한 바 있다.

2. 하우사(Hausa)어

2.1 형성 배경

하우사어는 아프리카-아시아어족 중 챠드어군에 속한다. '하우사'란 말의 어원은 송가이 말로 '나이제르강 동편'이라는 뜻이다. 하우사는 본래 다음 7개 도시에서 쓰였다. 비람(Biram), 다우라(Daura)[67], 라노(Rano), 카노(Kano), 자짜우(Zazzai, 자리아/Zaria), 고비르(Gobir), 카시나(Katsena)가 그것이다. 그 후 하우사어는 교통어로서 다른 도시 예컨대 케비(Kebbi), 누페(Nupe), 요루바, 주쿤(Jukun) 등지로 퍼져나갔다. 하우사어의 전파는 통상과 교역에 의해 이루어졌는데, 비가 내리는 오아시스 도시, 시장개장이 가능한 지역 중심으로 전파되어갔다. 그러므로 하우사인은 능란한 행상, 교역인 이었다고 말할 수 있다. 타민족과 유연한 관계를 설정하여, 이를 유지시켜 나갔고, 현지에 분점과 지점을 설치했다. 대서양 연안 다카르(Dakar)에서 홍해의 포트수단(Port Sudan)에 이르는 방대한 지역에서 하우사 화자를 항상 만나게 될 거라고 커크 그린(Kirk-Green)이 지적한 바 있다. 그는 트리폴리에서 동부 수단, 홍해에 이르기까지 장사꾼으로부터, 노래하는 장님 거지에 이르기까지 하우사어를 듣게 될 것이라고 덧 부쳤다. 그럼에도 불구하고 서구열강의 진출이후 하우사어의 보급 확대에는 많은 장애와 제약이 뒤따랐다.

---

67) 다우라의 전설에 의하면 바그다드의 왕자 Bayajida는 아버지와의 갈등을 피하여 Kanuri, Bornu를 거쳐 Daura에 왔는데, 그곳에서 주민을 괴롭히던 뱀을 죽이고 현지 여왕과 결혼하여 Bawo라는 아들을 낳았다. 바우는 다시 일곱 아들을 낳았는데 이들이 하우사 7 왕국을 세웠다는 것이다.

2.2 1800년 이후의 발전

하우사족이 거주하던 서아프리카 지역에 동편으로부터 유목민인 풀라니족이 이동해와 정착하기 시작했다. 1804년 오스만 단 포디오(Osman dan Fodio)[68]라는 지도자가 나타나 하우자 지역과 아다마와 지역을 정복하여 제국을 건설했다. 그러나 이들은 오히려 하우사어의 발전과 보급에 기여하였다. 풀족은 교통어였던 하우사어를 인정하고 이 언어의 보급을 오히려 장려하였던 것이다. 19세기말 영국이 나이지리아 북부를 점령했을 때 그들은 하우사어를 수용하여, 그때까지 아랍어 문자인 아자미(Ajami)문자로 기록된 하우사어를 로마자인 가스키야(Gaskiya)로 대치하였다. 이로서 상당한 문학자료, 기타 문헌들이 기록되게 되었다. 번역센터인 자리아(Zaria)라는 기구가 발족됐고, 2차 대전 후에는 '북부지역 출판부(Northern Region Literature Agency)'라는 출판사가 설립됐다. 1955년에는 언어부(Language Board)에서 표준화 문제를 제기했고, 하우사어 신문이 출현되고, 방송이 개시됐다. 1960년에는 영어와 더불어 하우사를 북 나이지리아의 의회 언어로 채택하였다. 이후 하우사어를 나이지리아의 공식어화하려는 운동이 있었으나, 요루바나 이보와 같은 다른 큰 부족집단들의 반대에 부딪쳤다. 통신부장관 올루(Olu Akinfosili), 상임위원장 오사데베이(Dennis Osadebay), 언론인 솔라린(Tai Solarin, 요루바인)같은 인사들도 하우사어를 전 나이지리아의 교통어로 하자는 제안을 했다. 그러나 소 부족 및 남부 큰 부족들에 대한 위협으로 받아드려져 교육어로서의 큰 지위를 확보하지 못하고 있는 실정이다.

2.3 오늘날의 상황

하우사는 두개의 주요 방언이 있는데 그 하나는 기초형태로 표준어의 모태가 되고 있는 카노-방언이 그것이고, 다른 하나는 교통어 형태로 소코토 방언이 있다. 지마(Zima, 1968)의 연구에 의하면, 하우사어의 분포는 오늘날 국가 경계에 따라 나이지리아 북부, 니제르, 가나, 베냉, 토고, 부르키나파소 등 6개국이 이른다. 이들 중 나이지리아와 가나는 영국의 식민통치를 받았고, 니제르를 비롯한 나머지 국가들은 불란서 통치를 받았다. 오늘날 전 영령국에서는 영어가 공식어이고, 하우사어는 교육, 행

68) 그는 고비르에서 Yunfa라는 왕을 섬기던 이슬람 학자이자 무사였다. 왕에게 개혁을 요구하였으나 그가 받아들이지 않자 Gudu로 피신했다가(Hejira), 1804년 세력을 결집시켜 성전(Jihad)을 선포했다.

정, 대중언어로 쓰임으로서 영어와 하우사어는 상호 보완적 관계에 있다고 할 수 있다. 니제르, 베냉과 같은 전 불령 국가에서는 불어가 공식어이고, 하우사는 보다 위축되어 소위 전통적 영역에 국한되고 있다. 그러므로 각각의 국가 지역에 따라 하우사어의 위치는 상이하며, 그 발전 또한 판이하게 진행되고 있다. 이는 더 나아가 각국의 언어정책에 따라 다르게 나타나고 있다. 하우사어 사용인구는 1967년 당시 약 2천 500만 정도이다. 다음 통계는 하우사어가 주로 쓰이고 있는 도시 카노 지역의 언어상황을 나타낸다. 1931년 당시 인구는 약 9만을 헤아리고 부족은 대략 8개 부족에 이른다.

[표 15] 카노 지역의 언어 상황

언어	부족	언어사용 점유율
Hausa	77%	97%
Ful	11.6	0.28
Kanuri	6.6	0.9
Tuareg	1.6	0.4
Nupe	1.4	0.06
Yoruba	0.	0.2
Arabic	0.5	0.2
Shuwa	0.3	0.2

1952~1963년 통계에 의하면 니제르의 인구는 313만 정도이며, 이중 150만이 하우사족이지만 실제로는 65%인 200만이 하우사를 사용하는 것으로 집계됐다. 베닝, 토고, 가나 등 3국의 북부의 경우 토속 부족어에는 별 영향이 없으며, 대도시 혹은 교역도시 내 '종고(Zongo)'라 불리는 특정한 사회 안에서만 하우사가 쓰이고 있다. 그러나 나이지리아 남부에는 요루바, 이보어 탓에 별 영향을 끼치지 못하는 것으로 보인다. 북부의 보르누(Bornu)지역에서도 카누리어(Kanuri) 때문에 하우사어의 사용이 빈약하다. 하우사어가 풀라니족에 의한 소코토 왕국의 언어라는 데 반하여, 카누리어는 보르누 왕국의 언어라는 경쟁 의식이 강하다. 그러나 이곳에서도 하우사어가 이해되는 것으로 알려지고 있다[69].

하우사어 보급에 있어 최대의 장애는 부족주의이다. 영어는 이에 반해 나이지리아인들 사이에서는 적어도 수평적 통합을 상징하는 언어로 작용하고 있다. 어느 부족도

69) Zima, P. (1968) 과 Paden, J. (1968) 참조.

영어에 대해서는 적대감을 느끼지 않는 것이다. 하우사어가 사용되는 나이지리아 북부는 약 3,000만 인구가 살고 있는데 이들은 하우사어의 습득 및 사용에 따라 세 부류로 나눌 수 있다. 첫째는 모어화자인 하우사인들이고, 둘째는 하우사화 된 사람들이며, 마지막으로 하우사인들이 아닌 자들로서 이 언어를 제2 혹은 제3의 언어로 배워 쓰는 자들이라 할 수 있다. 참고적으로 현재 나이지리아의 언어 지위별 분류 상황을 보면 아래 표와 같다.

[표 16] 나이지리아 언어들의 지위

National Status(국가적 지위)	Hausa, Igbo, Yoruba (53%)
Regional Status(연방어 지위)	Fulfulde, Efik, Kanuri, Tiv, Edo, Nupe, Igala, Idoma (27%)
Local Status(부족어 지위)	380 tribal Languages (20%)

2.4 니제르(Niger)의 언어 상황

니제르는 1960년 8월 3일 독립했고, 주요도시로는 수도인 니아메이(36만)와 진더(Zinder, 7만5천)가 있다. 1974년 쿤체(Kountche)가 디오리(Hamahi Diori)를 이어 집권했다. 면적은 126만 평방 킬로이다. 주요 언어 및 화자수를 보면 다음과 같다[70];

[표 17] 니제르의 언어 상황

하우사(Hausa)	228만
송가이(Djerma-Songhai)	100만
풀라니(Fulani)	45만
투아렉(Tuareg)	12만 5천
베르베리-망가(Berberi-Manga)	38만

2.5 하우사 방언

오늘날 표준 하우사어라 하면 카노(Kano)에서 쓰이는 카난치(Kananci)를 가리키고, 이 변이형이 맞춤법, 표준화 작업을 거쳐 글쓰기 및 출판 시 쓰이는 어체라는 것,

70) 하우사어의 생성과 발전, 그리고 이 언어가 쓰이고 있는 나이지리아, 니제르에 관련된 문헌으로는 Elugbe, B, Fagborun(1991), Fuglestad(1983), Hogben & Kirk-Green(1992), Miles, W.(1994), 장태상(1997), 박정경(2000)을 참조할 것.

그리고 이 같은 성격을 반영하듯 사람들은 카난치를 가스키안치(Gaskiyanci)라고도 하는데, 이는 구어체에 대비시켜 문어체 하우사어를 가리키는 말이며, 하우사 방언들로는 카씨나의 카치난치(Katsinanci), 니제르 타호우아(Tahoua)지방에서 쓰이는 아데란치(Aderanci), 나이지리아 바우치(Bauchi)지방에서 쓰이는 구디란치(Guddiranci)가 있음은 이미 앞에서 지적한 바와 같다.

3. 스와힐리어의 생성과 발달과정[71)]

3.1 스와힐리어의 사용인구

학자마다 각기 다른 수치가 나오고 있다. 1969년 당시 400에서 500만 정도로 스와힐리어 화자가 추산되었다. 하이네(1970)는 2000~ 2500만으로 추산했고, 시부체(Shivutse 1972)는 3,000~8,000만으로, 그리고 브라우너(Brauner 1979:13)는 4,000만 이상이라고 추산했다. 이와 같은 편차는 정확한 통계자료의 부족 탓이기도 하지만, 언어습득 및 언어구사력의 다양성에 기인되고 있다.

3.2 스와힐리어 구사력

언어습득의 다양성에 대하여 화이틀리(Whiteley 1969)교수는 다음과 같은 점들을 지적했다. 1) 모어로 쓰는 인구는 100만 정도로, 해안 및 도서지방(잔지바르, 펨바, 마피아와 타보라, 우지지, 부줌부라 같은 내륙 교역도시를 꼽을 수 있다. 2) 두 번째는 스와힐리어를 제2언어로 배워 쓰는 인구로 1,000만 가량을 헤아리는데, 이들은 주로 탄자니아, 케냐의 내륙지방에 분포되어 있다는 것이다. 3) 그 다음 부류로는 스와힐리어를 제한된 범위 내에서만 규칙적으로 사용하는 인구로서 100만 이상으로 추산되며,

71) 스와힐리 생성과 발전에 관한 문헌으로는 Whitleley (1969), Hino, S (1980), Rooddes, J.(1977), Heine, B (1979). Polome, E.(1980). 등이 있다. 국내연구로는 권명식(1990:153-168)을 참조할 것. 여기서는 1)스와힐리어의 생성, 발전, 2)스와힐리어의 기원과 초기 상황, 3)스와힐리어의 내륙 전파기, 4)식민 직전 탕가니카 상황과 독일 통치시기(1885-1916), 5)영국의 위임 통치기(1920-1960)로 나누어 언어정책과 함께 스와힐리어의 전파과정을 상세히 설명하고 있다.

우간다와 자이르 등지를 꼽을 수 있다. 4) 마지막으로 사용이 대단히 제한되어 있는 지역으로 특정한 상황 하에서만 스와힐리어가 사용되는 곳이다. 소말리아 남부, 모잠비크 북부, 르완다, 부룬디, 자이르 서부지역이 그곳이다. 1960년대의 이 같은 상황은 2000년 오늘날에 와서 그 화자 수는 보다 더 증가되었을 것이고, 전체적인 구도는 부족어의 약세와 함께 영어의 강세경향을 지켜 나가는 가운데 스와힐리어의 위치도 보다 더 확대 발전되어 나가고 있을 것이다. 스와힐리어라는 말은 표준어가 제정되기 이전까지는 언어나 부족을 일컫는 말이 아니라, 다만 지리적으로 '해안'을 뜻하였다. 언어학적으로 보면 단지 수많은 방언들만이 존재해 있었던 것이다.

3.3 국어의 선포

잔지바르의 혁명정부는 1964년에, 탄자니아는 1967년에, 케냐는 1974년에 스와힐리어를 국어로 선포하였다. 자이르(오늘날의 콩고)는 키콩고, 칠루바, 링갈라와 함께 스와힐리어를 국어로 선포하였다. 오늘날 스와힐리어는 탄자니아를 중심으로 언론, 방송, 교육 매체로서 아프리카 제 1의 언어지위를 구축하고 있다. 이미 밝힌 바와 같이 전 세계적인 언론매체들이 앞다투어 스와힐리어를 매체로 채택하여 전 세계 시청자들에게 뉴스와 정보를 보도하고 있다(BBC/영국, DW/독일, VOA/미국, 남아프리카 등).

3.4 스와힐리어의 확산이유

스와힐리어의 모어화자가 극히 적은 가운데에도 불구하고 오늘날 아프리카 10여 개국에서 쓰이는 최대의 소통어로 발전하게 된 이유를 학자들은 다음 5가지로 요약하고 있다;

1) 인근 반투어와 구조가 비슷하여 학습하기가 용이하다.
2) 티푸팁 및 대상 무역인들이 스와힐리어를 교통어로 하여 내륙 광범위한 지역을 거쳐 교역을 했다.
3) 유럽 선교사와 선교학교에서 스와힐리어를 문자화하여 성경을 번역했고, 스와힐리어로 선교활동 전개함으로서 현지인들에게 스와힐리어는 새로운 문화, 종교를 접하는 매체로 인식되게 되었다.
4) 독일 식민정부에 의한 탕가니카의 식민통치 언어로 채택되어 공식어로서의 기틀이 잡혀졌다.

5) TANU를 비롯한 탄자니아 독립 운동가들에게 스와힐리어는 투쟁의 상징, 그리고 국가 통합의 언어로서 기능을 발휘하게 되었다.

결국 스와힐리어가 링구아 후랑카로 크게 성장한 요인은

- 고전 문학을 포함한 다양한 기록물 부유
- 교역을 바탕으로 한 도시문화 형성
- 이슬람전파 이후 코란, 종교적 의식을 표현하는 매체,
- 서구 선교사 도래이후에는 기독교 복음 전파매체로 부상,
- 부족주의를 극복하고 새로운 아프리카 민족주의를 대변하는 매체(탄자니아) 등으로 요약될 수 있다.

그러나 한 때 일부 인사들은 스와힐리어의 사용을 반대하기도 했는데 그 이유는 다음과 같은 것이었다.

1) 일부 작가들은 영어, 혹은 자신들의 부족어 발전을 위하여 스와힐리어 사용을 반대했다.
2) 일부 정치가, 언론인, 종교인(CMS, UCMA, Luther, Anglican)도 같은 입장을 취하였다. CMS, UMCA가 스와힐리어를 발전시키는데 큰 공헌을 한데 반하여, 독일의 루터파는 탕가니카 남서부에 위치하여, 부족어로 선교하여야 한다며, 스와힐리어 사용을 반대하였다. 이로서 전통 부족언어 및 문화가 보존 발전되며, 스와힐리어는 탈-부족화 만을 촉진할 것이라는 이유에서였다.

그럼에도 불구하고 스와힐리어는 아프리카 문화를 대변하는 언어로서 그 기능과 역할을 계속 수행해 나가고 있다.

3.5 말리의 밤바라

'밤바라'라는 명칭은 '바마난(Bamanan)의 언어'라는 의미로 '바마난칸'으로 불리기도 한다. 밤바라는 말리에서 제 2어 화자를 포함하여 약 600만명 정도의 화자들에 의해 쓰인다. 밤바라와 인근의 디울라(Dioula, 혹은 듈라/Dyula)와의 차이는 거의 없는 것으로 알려져 있다. 이 언어 화자는 밤바라보다는 적지만 부르키나 파소, 상아해

안 그리고 감비아에서 사용된다. 밤바라어를 모어로 쓰는 이들은 270만 명 정도이지만 말리에서 교통어 역할을 하고 있다. 말리 인구의 80%가 이 말을 이해하는 것으로 알려져 있다. 이 말은 성조어로 2개의 높낮이가 있고 어순은 SOV로 우리말처럼 동사가 문 말에 온다.

밤바라어는 만딩어에 속하는데 만딩어는 밤바라 이외에 만딩카, 마닌카, 듈라가 있다. 만딩카는 감비아에서 쓰이고, 마닌카는 말린케라 불리기도 하는데 기니의 언어이다. 듈라는 상아해안 북부와 부르키나 파소의 서부에서 중요한언어이다. 이들은 모두 만데 그룹에 속한다.

3.6 중앙 아프리카의 상고

상고어는 중앙아프리카 이외에도 차드, 콩고 공화국에서 160만 명에 의해 사용되고 있는 교통어이다(1998년 통계). 원어민 화자는 40만 명 정도에 불과하지만 중앙 아프리카의 공식어 지위를 갖고 있다. 상고어는 응반디(Ngbandi)어에 기초한 언어인데 이 언어는 나이저-콩고어족 중 아다마와 우방기 그룹에 속한다.

3.7 에티오피아의 암하라

암하라, 암하릭은 에티오피아와 에리트레아에서 쓰이는 셈어이다. 아랍어 다음으로 화자가 많다. 화자는 1,752만 명 정도인데 이중 270만은 제 2어화자이다. 게에즈어 문자에서 발전된 독자적인 문자 체계를 갖고 있고 에티오피아의 공식어 지위를 보유하고 있다. 아랍어, 스와힐리어, 하우사에 이어 아프리카의 주요 언어라 할 수 있다.

여기서 소개한 주요 아프리카 교통어 이외에 중요한 것으로 남아프리카의 아프리칸즈, 세네갈의 월로프, 나이지리아의 요루바, 가나의 아칸, 보츠와나의 츠와나, 잠비아의 벰바 등의 언어들이 있다.

이 장에서는 몇몇 아프리카 교통어들의 기원과 사용에 관한 것을 살펴 보았다. 오늘날 아프리카 제 국가들은 서구 식민통치의 결과 기원이 다른 서구 교통어들이 대거 유입되어 사용되고 있다. 화자수, 교통어에 대한 언어지식 면으로 볼 때 상당히 제한적이라고는 하나 식민정책과 서구 근대화라는 거대한 물결아래 서구 교통어들은 공식어로서, 교육어이자 새로운 미래의 언어로서 그 어떤 아프리카 토속어나 교통어보다 강한 영향력을 과시하고 있다. 이들 언어의 확장과 사용에 대한 논의는 여기서 하지 않고 2장 7절의 피진-크리올어, 5장 3절의 언어정책, 6장 6절의 코드 전환, 9장 언어 교체와 사멸 부분에서 이들 서구 교통어의 역할과 지위, 그것을 바탕으로 생겨난 새로운 변이형들의 구조에 대한 논의를 할 것이다.

제 4 장

사회영역과 언어 기능

1. 사회의 계층화(Social Stratification)와 변이형

독립 이후 아프리카 사회는 도시지역을 중심으로 새로운 사회영역의 보다 복잡한 분화과정을 겪어 나갔다. 전통 부족 중심의 사회영역은 이제 새로운 2차 영역으로 재편, 확대되었다. 예컨대 정치 경제영역, 행정, 군대, 학교, 종교, 시장 등이 그런 것들인데 이 같은 사회영역(Social Domain)들은 그 성격에 따라 독특한 언어 변이형(Variety, Code, Lect, Register)의 선택(Choice)과 사용(Use)이 선호되게 되었다. 새로운 아프리카 사회영역의 분화 및 계층화는 다양하게 주어진 언어들의 영역별 기능분화로 이어져 나갔다. 오늘날 아프리카 사회에서 주어진 사회영역들에 따라 어떤 언어 변이형들이 그것과 관련지어지는 지를 알아보는 것은 흥미로운 일이 아닐 수 없다.

언어행위는 사회행위이고 이는 동시에 사회적 분화양상을 반영한다. 사회적 분화, 혹은 계층화(Social Stratification)는 일반적으로 한 사회 내에서 주어진 참여자들 사이에 존재하는 상하, 수직관계를 의미한다. 이 같은 상하, 수직관계를 결정짓는 것은 1) 명성(Prestige), 2) 권력(Power), 3) 특권(Privilege) 등 세 가지로 표현될 수 있는데 언어사회학에서는 이 같은 요소들에 의해 해당 언어의 지위와 역할(Status & Role)이 결정되는 것으로 보고 있다.

2. 언어 기능[72]에 따른 분류(주요어, 부가어, 특수어)

아프리카 제 국가들은 각기 상황이 다르기는 하지만 공통적으로 소통의 문제를 안고 있다. 그러나 아직까지도 언어의 분포상황 그리고 화자 수에 대한 연구, 통계가 부족한 실정이다. 국가별 사회적 현황은 주로 스튜어트(Stewart 1962), 퍼거슨(Ferguson 1962), 클로스(Kloss 1952) 등 오래된 자료에 의존하고 있다. 퍼거슨은 국가적 차원의 소통매체로서의 중요도를 측정하는 기준으로서 1) 화자 수, 2) 공식적 지위 그리고 3) 교육기관에서의 사용여부를 꼽았다. 이에 따라 그는 아프리카어들을 ㄱ) 주요어(major language), ㄴ) 부가어(minor language), ㄷ) 특수어(language of special status)로 3분하였다. 주요어의 기준은 국민의 25%이상이 사용하고, 모어화자 수가 100만 이상 이어야하며, 공식어로서 중등학교에서 교육어로 사용되어져야 한다. 반면 부가어는 5~25%의 국민이 사용하며, 10~100만의 모어화자를 보유하며, 초등교육기관에서 교육어로 사용되어져야 한다. 마지막으로 특수어는 교회 혹은 학교에서 제 2언어로 사용되며, 한 국가 내에서의 사용 백분율이나, 모어 화자수가 부가어 기준 미만에 해당된다. 하이네(Heine 1979)는 스튜어트(1962)와 퍼거슨(1966)의 개념을 발전시켜, 아프리카의 다양한 언어에 기능 개념을 도입하여 설명을 시도했다. 즉 특정 국가 내에 존재하는 특정한 사회영역을 바탕으로 아래와 같은 9가지 기능을 제시하였다.

[표 18] 사회 영역에 따른 언어 기능

1. g-(group) 기능	언어 구룹 즉 집단, 부족을 대변(ex; Luo, Masai, Kikuyu)
2. o-(official) 기능	정부로부터 부여된 공식기능을 말하는데, 행정, 교육, 군대 등 공공기관에서의 언어로 작용(ex; Kenya's English, Swahili)
3. w-(between) 기능	부족간, 언어집단간의 소통어로서의 기능을 떠맡는 언어(ex; Bambara, Sango, Hausa, Amharic, Swahili)
4. e-(education) 기능	교육영역에서 교육매체어로 쓰이는 언어(영어, 불어)
5. r-(religion) 기능	종교영역에서의 종교어(아랍어, 게에즈, 콥트어)

72) 언어사회학에서 말하는 언어의 기능은 특정한 집단, 요컨대 한 국가 안에서 주어진 언어가 사회적으로 어떤 기능을 갖게 되는 가를 말한다. 일반언어학에서 말하는 언어기능은 언어기호 자체 내, 구조가 갖는 다양한 기능들, 예컨대 지시적, 시적 기능 등을 관심대상으로 하고 있다(cf. R. Jakobson).

6. i-(international) 기능	국제적 소통어 기능(영어, 불어)
7. s-(subject) 기능	교육과목언어
8. l-(literature) 기능	문학어(문자가 있는 언어들)
9. t-(technical) 기능	과학 기술어

위에 주어진 9가지 언어기능은 이에 따른 아프리카 사회영역을 전제로 한다. 요컨대 부족집단, 정부조직(행정, 교육, 군대, 공공기관), 부족간의 영역, 교육, 종교, 국제적 영역, 교과목, 문학, 과학, 기술영역이 그것이다. 이는 개별 국가에 따라 그 중요도가 언어선택과 함께 달리 나타날 수 있다. 예를 들어 1993년 에리트레아 독립 이전 에티오피아의 언어 상황을 언어기능과 사회영역을 결부시켜 도식화하면 아래와 같다.

[표 19] 언어기능과 영역을 바탕으로 한 에티오피아 언어 상황 도식화

	31+14+27= 72%	3.4+ 3.5+ 3.5 ?=10.4%	
총계	L-maj.	L-min.	L-spec.
10 = 4(Sow, Sg, Sei, Vg) + 4(4Vg,<V>) + 2(2Cr)			
(*Amharic, Tigrinya, Engl. Oromo + Tigre, Somali, Sidamo. Welaita + Arabic, ge'ez*)			

위 도식을 설명하면, 40%가 표준어 혹은 토속어를 사용하고 있는데, 이는 곧 주요언어에 속하기도 한다. 이중 Sow는 암하라(Amharic)로서 표준화가 되어 있고, 공식적, 부족어간의 소통어 기능을 수행하고 있다. 그 다음으로 Sg는 표준화되어 있기는 하지만 그룹어로 남아있는 티그리냐어를 말하며, Sei는 표준화되어 있으며, 공식기능과 국제어 기능을 담당하고 있는 영어를 말한다. 갈라어는 주요어이지만 토속어로서 그룹차원의 기능만을 가진다. 부속어들로는 4개어가 40%를 점하고 있다. 모두다 그룹차원의 기능만 갖는다. 티그레, 소말리, 시다마, Gurage가 그것이다. 이외에 수많은 토속어들이 있다. 마지막으로 특수어로서 크레올화 되어있는 아랍어와 게에즈(Ge'ez)가 있다(Heine 1979).

다음은 모어(m), 탈부족어(i), 언론매체(신문, 방송, T.V; p,r,t), 교육(e), 성인교육매체(a), 공식지위(o)를 기준으로 하여 에티오피아어 상황을 도식화한 것이다(Mann & Dalby 1987).

[표 20] 에티오피아어의 기능별 분류(Mann & Dalby 1987)

	m(%)	i(교통어)	p	r	t	e	c	a	s
Amharinya	31	43	+	+	+	1	2	+	○
Oromo	27		+	+					
Tigrinya	14		+	+					
Somali	3.5		+	+					
Welaita	3.5								
Hadiyya	2.8								
Kambatya	1.2								
Tigre									
Sidamo	3.4								
Kafeco(Afar)	1.4								
Saho									
English			+	+	+	2	3	1	

(*Nilo-Saharan: Anuak, Berta, Uduk, Gumuz, Murle, Nuer, Turkana*)

3. 사회영역(Social Domains)

언어사용에 있어 사회적 요인들이나 문화적 차원이 전형적으로 특정한 언어사용 패턴과 일치할 경우, 사회언어학자들은 사회영역이라는 말을 쓴다. 이는 참여자들이 특정한 배경이나 환경(setting)에 나타남으로서 영역이 형성된다. 주요 사회영역을 참여자와 환경을 바탕으로 요약해 보면 대강 다음과 같다.

[표 21] 아프리카의 주요 사회 영역의 참여자와 배경

영역(Domain)	참여자(Participants)	배경(Setting)
가정, 친족	부모, 부부, 자식들, 식구	집, 레스토랑
교우(동년배)	동년배, 친구들, 동료	거리, 운동(장), 레저(장소)
종교	목사, 신부, 이맘, 신도들	교회, 모스크
교육	선생, 학생, 교수, 직원	학교, 대학, 연구소
사업(장사)	은행원, 고객, 상인	은행, 시장, 직장
관청~군대	찰, 시장, 군수, 시민, 군인	경찰서, 시청, 관청, 사무실
직장	고용주, 동료, 노동자, 사무원	직장, 공장, 사무실

위와 같은 사회영역은 언어사용을 결정짓는 주요 변수이지만 여기에 그치지 않고 보다 세부적인 요인들 요컨대 참여자의 나이, 성, 부족(씨족, 종족), 가문, 직업, 경제적 지위, 이주자와 정착 원주민, 종교 등이 사회영역을 결정짓는 또 다른 주요 요인들이라 할 수 있다.

4. 사회적 정체성(Social Identity)

한 사회를 구성하고 있는 다양한 하부 구조들은 각각의 영역을 형성하고 그것은 다시 독특한 언어변이형으로 반영되게 된다. 역으로 사회구성원들은 어떤 화자가 구사하는 변이형을 바탕으로 그에 관련된 사회적 정보를 읽어낼 수 있게 된다. 결국 인간은 자신이 구사하는 언어로서 그들의 정체성을 나타나게 되는 것이다. 그룹 내적으로는 동질성과 유대감을 과시하고, 그룹 바깥으로는 타 그룹과의 차별화를 통한 정체성을 과시하게 된다. 언어적 동질성과 사회적 동질성이 일치하는 경우도 있지만 반드시 그런 것만은 아니다. 이들 두 영역 사이의 긴밀한 관련성을 인정하고 있다. 과거 식민시절 포르투갈과 프랑스는 언어동화정책을 통하여 문화적, 사회적 동화를 유도하는 정책을 폈다. 한편 남아프리카 아파테이트 정부는 언어분리정책을 써서 사회적, 문화적 분리를 도모하기도 했다. 그러나 언어가 같다고 하여 반드시 문화적 사회적 동질성이 실현되는 것은 아니다. 르완다와 부룬디에서는 각각 동일한 언어(키냐르완다, 키룬디)를 구사하는 후투, 투치 집단이 있지만 문화적으로 정치적으로 동질성을 구현하지 못하고 대립하여 내란과 학살의 참혹한 불행을 겪기도 했다. 동일한 언어를 구사하는 소말리인들도 씨족들 사이에 내분을 겪음으로서 언어적 동질성이 사회적, 문화적 동질성을 보장하지 못함을 보여주고 있다.

이 장에서는 사회계층화와 그에 따른 변이형, 언어 기능에 따른 언어 분류(주요어, 부가어, 특수어), 사회영역, 그리고 사회적 정체성의 문제를 살펴보았다. 아프리카 사회의 다양성과 빠른 변화로 말미암아 하나로 일반화하여 설명하기 어려운 점이 남아 있다. 사회계층화는 전통적으로 사회 계급을 의미하지만 오늘날 고정되어 상속되어지는 계급은 급속히 변화되어 가고 있다. 물론 이슬람 문화권을 중심으로한 전통적 사회 조직과 계급의식이 여전히 아프리카 사회에 남아 있는 것이 사실이다. 예컨대 동아프리카 해안 전통 스와힐리 무슬림 사회에서는 무왈리무, 카디, 술탄과 같은 공식적인 제도는 사라져 가고 있다하나 이들의 의식은 전통관습과 함께 면면히 이어져 나가고 있다. 수단, 서-아프리카 사헬 무슬림 지역에서도 샤리아 무슬림 율법이 삶의 전반적인 국면을 지배하고 있다. 기독교와 서구화로의 급격한 변화는 오히려 사하라 이남 흑-아프리카 사회에서 주도적으로 이루어지고 있는데 1990년대 이념대립이 사라진 이후 전 지구적 자본주의가 쇄도해 오고 있다. 이런 맥락에서 사회적 계층화는 사회경제적 소득을 통해 가변적으로 나타난다. 교육과 직업을 바탕으로 한 사회 계층은 수직적 상승과 하강이 허용된다. 이것은 동시에 서구화와 현대화라는 새로운 물결과 연결되는 데, 서구 글로벌 링구아 후랑카를 구사함으로서 새로운 변화와 문화를 주도하는 사회 그룹으로 진입되는 것으로 평가되곤 한다.

주요어, 부가어, 특수어 라는 언어기능에 따른 내국어 분류는 이제 서구어의 활성화와 기능강화로 어떤 면에서 보면 그 의미가 더 약화되어 가는 측면이 없지 않다. 아프리카 토착어 및 교통어가 한 쪽에 있고 다른 한편으로 국제적 기능의 서구어가 다른 한편에 있어 새로운 기능을 놓고 서로 대립하는 상황으로 이해할 수도 있을 것이다. 사회영역도 거시적으로 [표 18]에서 처럼 구체화하여 이해하기 보다는 개인의 네트워크를 통해 외적으로 파악하기 어려운 사회 영역들이 다양하게 형성되어 나가고 동시에 필요에 따라 사라지기도 하는 양상이 새롭게 확대되어가는 도시들을 중심으로 펼쳐지고 있다. 이런 변화에 대한 당연한 결과로 사회적 정체성도 그 어느 한 자질로 고정하여 이해될 수 있기보다는 다양한 국면에 따라 수시로 변해가는 다중 정체성의 양상으로 이해하는 것이 더 적절할 런지 모른다. 이 주제는 6장 4절에서 정체성의 교섭이라는 주제로 보다 구체적 사례를 바탕으로 살펴볼 것이다. 다음 장에서는 1960년대 서구 식민 통치 이후 새롭게 생겨난 현대 국민 국가라는 사회를 바탕으로 아프리카의 언어상황과 국가가 결정하는 언어지위, 그리고 언어정책과 언어계획에 대해 살펴보고자 한다.

제 5 장

아프리카 언어 상황

아프리카 언어 상황(Language Situation)은 국가를 기본 단위로 하여 그 내부 상황을 기술할 수 있고[73], 이와 달리 다른 국가들과 비교하여 연구할 수도 있다. 이 때는 이들 비교 국가들의 언어정책(Language Policy), 그에 따른 언어 상황 등이 비교의 대상이 된다. 특정 국가의 언어 상황은 개별 연구에 맡기고 여기서는 주로 국가별 언어 상황과 정책을 비교하고자 한다.

1. 아프리카 언어 상황과 제 국가분류

한 국가 내에 얼마나 많은 언어가 있느냐 하는 것과, 이들 많은 언어들 중 특정한 한 언어나 언어들을 국가를 대변하는 언어, 요컨대 '국민언어'로 발전시킬 수 있는지 등의 문제를 알아보기 위해서는 우선 주어진 여건에 대한 이해가 필요하다. 주요어의 존재여부, 혹은 한 국가 내의 언어 동질성, 혹은 다양성의 정도를 기준으로 하여 아프

73) 케냐의 언어상황을 기술한 것으로는 권명식(1986), 탄자니아의 언어상황을 기술한 것으로는 권명식(1990) 참조. 케냐의 언어상황을 기술함에 있어 우선 1) 주어진 언어들을 계통분류하고(반투, 나일, 쿠쉬), 2) 이들 언어의 지위(국어, 공식어, 부족어), 그리고 사용상황(이중, 다중 언어상용)을 기술하고, 끝으로 3) 케냐의 언어정책(내국어, 혹은 외국어 우선 정책)을 언급했다. 탄자니아의 경우도 마찬가지이다.

리카 대륙은 대강 다음과 같이 분류될 수 있다.

[표 22] 언어 다양성 정도를 바탕으로 한 아프리카 제 국가 분류

언어분류	국가명
1. 언어적으로 동질적인 국가	*르완다(키냐르완다), 부룬디(키룬디)[74], 보츠와나(츠와나), 레소토(소토), 스와질랜드(스와티Swati), 소말리아(소말리), 마다가스카르(말라가시), 모리셔스(크리올), 세이셸(크리올), 모리타니(4개)*
2. 언어적으로 다양하지만 몇몇의 주요어(Dominant Language)가 있는 국가	
(2.a) 영어권	*탄자니아(2800만 명, 120개어)/케냐(스와힐리어), 우간다(루간다), 말라위(냔자), 짐바브웨(쇼나), 잠비아(벰바), 에티오피아(암하리냐), 나이지리아(하우사, 이보, 요루바)*
(2.b) 불어권 국가들	*세네갈/감비아(월로프) 말리(밤바라), 부르키나파소(모시), 가봉(Fang/팡), 킨샤샤 콩고(링갈라, 키콩고, 치루바, 스와힐리), 코모로(스와힐리, 아랍어)*
3. 중간정도의 다양성을 지닌 나라들	
(3.a) 영어권	*가나(에베, 트위, 판테), 토고(에베, 카브레)*
(3.b) 불어권	*니제르(송가이, 하우사, 풀, 카누리, 투아렉), 베냉(요루바, Fon, Baria, Songhai-Dendi), 기니(말린케, 수수, 풀, 펠레, Kisi)*
4. 대단히 다양한 국가	*시에라리온, 라이베리아, 상아해안, 카메룬, 차드, 중앙-아프리카, 브라자빌 콩고(31개어)*

1.1 다중 언어상용(multi-lingualism)

아프리카 언어상황을 설명하는데 있어 가장 중요한 개념이 다중 언어상용 현상이다. 국가 차원에서는 두개 이상의 언어들이 공존하고 있다는 사실을 말하고 개인의 차원에서는 두개 이상의 언어를 학습하여 사용한다. 다중 언어상용이라는 현상은 언어정책, 언어상황, 언어선택, 언어지식, 언어 사용 등 사회언어학에서 다루는 중요한 개념들이 나타나게 되는 근간을 제공한다.

74) 후투(Hutu), 투치(Tutsi)족 간의 종족 분쟁으로 언어적 동질성에도 불구하고 문화 및 종족의 차이가 국가발전에 크나큰 장애요소로 작용하고 있다. 이는 식민종주국이었던 독일 및 벨기에가 의도적으로 투치족을 지배계급으로서 관리채용에 특권과 특혜를 줌으로서 상황을 더욱 왜곡시켰던 역사적 사실에도 기인한다.

1.2 이중언어상용(Diglossia)

다중 언어상용의 개념과 일치한다. 다만 두개의 언어로 그 수가 한정된다. 본래 디글로시아라는 개념은 사회언어학에서 아주 다른 개념으로 사용되기도 했다. 그것은 단일 언어의 경우 아주 극단적인 변이형들이 존재하는데 고급형과 저급 변이형(High vs. Low Variety)으로 화자들에게 인지되어 진다. 코란에 쓰인 표준 아랍어와 소위 '코이네'라 알려진 피진 아랍어의 경우가 그러하다. 일반적으로 모든 피진 크리올의 경우가 이 같은 양상을 보여준다(예컨대 내륙 피진 스와힐리어와 해안 표준 스와힐리어). 이 같은 변이형은 사회적 심리적 평가와 언어적 지위의 높낮이와도 밀접하게 연관된다.

1.3 삼중-언어상용(Triglossia)

흑 아프리카 대부분의 국가들은 많은 언어들이 존재하지만 궁극적으로 삼중 구조로 이해될 수 있다. 맨 위에는 유럽어가 공식어 혹은 명성이 있는 언어로서 군림하고 있고 그 다음으로 부족들간의 소통어로서 지난 세기에 생겨나 발전을 거듭하고 있는 아프리카 링구아 후랑카가 있다. 그리고 맨 밑바닥에는 전 토속어, 혹은 부족어들이 산재해 있는 것이다. 이 같은 삼중 구조를 트리글로씨아(Triglossia)라 부른다. 케냐 마사이인들의 경우 영어-스와힐리어-마사이어가 그것이고, 나이지리아의 경우 영어-하우사-부족어(i.e. 구두프어)를 예로 들 수 있을 것이다.

2. 공식어와 국어(Official vs. National language)

아프리카 대부분의 국가가 식민종주국의 언어요 새로 유입된 유럽어를 공식어로 쓰고 있다. 반면 토속, 내국어를 국어로 선포하고 있다. 이때 공식어란 헌법, 법률 혹은 규범에 의해 선포된 언어로서 구속력이 있는 국가의 소통매체이다. 반면에 국어는 일관성 있는 정의가 용이치 않다. 예컨대 레게레(Legere 1973)는 모든 토속어를 국어라 했고, 나이다와 원덜리(Nida & Wonderly 1971)는 국어의 조건으로서 1)정치적 중립성(부족간), 2)다른 언어들과의 구조적 유사성, 3)모어화자의 다수 확보 등 3가지 기준을 들었다. 아프리카 제 국가를 볼 때 다음 3가지 유형의 국어가 있다.

(1) 드 주르(De-Jure) 국어(법으로 공포된 국어)
나미비아(1958, 아프리칸즈, 독어, 영어), 탄자니아(1961, 스와힐리어), 부룬디(1965, 키룬디), 기니(풀, 말린케, 수수, 키시, 펠레, 로마, 코냐기, 바사리 등 8개어를 국어로 선포함[75]). 나이지리아(9개 언어를 국어로 선포한 바 있다. 하우사, 요루바, 이보, 풀, 카누리, 에픽, 에도, 이도마, 이조), 니제르는 국내에서 쓰이고 있는 모든 아프리카 어들을 국어로 선포했다.

(2) 드 팍토(De Facto) 국어
이는 법으로 공포된 바는 없지만 다음과 같은 조건, 예컨대 (1)전국적으로 분포되어 있거나, (2)국민의 50%이상이 사용하거나, (3)국가의 동질성 내지는 정체성을 상징하거나 국민문화 즉 국민생활의 표현양식으로 간주될 때 그것은 드 팍토 국어라 할 수 있다. 예를 들면 세네갈의 월로프 75%를 들 수 있는데, 이외에 Ful 11%, Serer 3%, Diola 3%, Mandingo(Bambara, Malinke)등이 있다. 말리의 국어는 밤바라(70%)라 할 수 있는데, 이외에 Rull 20%, Senufo 15%, Soninke 8%, Songhai 6%, Tuareg(Tamachek) 6% 등이 있다. 남아프리카에는 9개의 주요 아프리카어가 있는데 흑인다수 민주정부가 들어선 후로는 11개 내국어들을 공식어로 선포했다. 그러나 이들은 de facto 국어라 할 수 있다. 이 나라에서는 영어와 아프리칸스어가 공식어 역할을 사실 상 수행하고 있다. 법률상으로 남아프리카는 현재 국어를 인정하고 있지 않다.

(3) De Jure이자 De Facto인 경우
탄자니아의 스와힐리어, 소말리아의 소말리, 에티오피아의 암하리냐, 중앙 아프리카의 상고(c.f. Banda 31%, Gbaya 29%), 알제리의 아랍어 등이 있다. 그러나 많은 나라에서 국어는 이름뿐이고, 그저 상징적인 존재로 남아있는 경우가 허다하다. 예컨대 케냐에서는 1974년에 가서야 스와힐리어를 의회언어로 승인했다.

이상 살펴본 바와 같이 공식어와 국어의 정의가 실제 상황에 꼭 부합되지 않는 경

75) 기니의 수도는 코나크리이고, 인구는 582만, 영토는 24.6km2, 1958년 10월 독립함. 1849년 불란서의 보호령이 되어, 1904년 식민지화 됨. 1958년 불란서 공동체를 거부하고, 1965년에는 불란서와 국교를 단절함. 1983년 뚜레가 재선됨. 1984년 사망 후 Lasana Conte가 쿠테타로 집권. 주요 8개 언어를 보면, Full 40.5%, Malinke 22.2%, Susu 10%, Kisi 6.4%, Kpelle 5.8%, Loma 3.3%, Konyagi, Bassari가 있다.

우도 있다. 그러나 언어의 프레스티지 및 발전이라는 측면으로 보면 '공식어'가 보다 더 고급 변이형으로 간주되고 '국어'는 선언적 의미 내지는 국가건설과정의 이상으로서 상징적 의미만을 지닌 경우가 허다하다. 아프리카 국어들이 실제적으로 아프리카 소통 현실의 상당 부분을 차지하고 있는 것이 사실이긴 하지만 아프리카 젊은 화자들은 공식어의 학습과 습득을 희망하고 있다. 이는 전문성, 직업 가능성, 경제적 이익, 문화적 명성을 의미하기 때문이다. 그런 의미에서 아프리카 대륙에서는 실제 화자수는 적다하더라도 영어, 불어 등 유럽어의 역할이 결코 적지 않다고 할 수 있다.

3. 언어 정책(Language Policy)

언어정책은 언어학과 정치가 맞닿는 부분이다. 언어자체의 형태나 기능의 범위를 넘어 언어외적 요인들이 정책에 영향을 준다. 정책이 이루어지는 배경(ecology), 언어정책을 주도하는 행위자들(agency), 그리고 이들이 갖고 있는 이념(ideology)들이 언어정책의 중요한 변수가 된다. 언어는 단지 추상적인 체계나 개념이 아니며, 오히려 개개인들에 의해 실현되는 담화(discourse) 형식으로 구체화된다. 담화의 형태와 기능이 주어진 사회 영역에 따라 달라질 뿐만 아니라, 화자의 의도와 욕망을 충족시켜주는 정도에 따른 가치를 지닌다. 요컨대 사회적 유용성에 따라 결정될 수 있는 소통 매체로서의 시장가치(market value)를 지닌다(Ricento 2006).

아프리카 제 국가에서 나타나고 있는 언어정책은 크게 내국어 우선(Endo-Glossic) 정책이냐, 아니면 외국어 우선(Exo-Glossic)정책이냐 로 나누어 이해된다. 이는 언어가 정치권력의 도구이자, 목표일 수 있다는 전제로부터 시작된다[76]. 예컨대 식민시절 영국은 '간접지배'와 '분할과 통치'라는 정책을 구사했는데, 이에 따라 부족어 사용 및 교육을 고의로 방치하거나 유도함으로서 정치적으로는 적어도 민족적 단결을 방해하는 쪽으로 언어정책을 활용했다. 한편 프랑스는 소위 '동화정책'을 구사함으로서 불어학습과 사용을 적극적으로 요구했다. 정책의 방향은 영국과 달랐지만 그 속에 의도된 정치적 계산은 영국과 다를 게 없었다. 현지 내국어를 포기케 함으로서 아프리카인들을 자주독립의 의도를 막아, 프랑스 문화로 동화시키고자 했던 것이다.

76) c.f. Jan Knappert 1968 The function of language in a political situation. in Lingistics 39:59-67).

(1) 케냐의 경우
초등교육에서부터 스와힐리어를 링구아 후랑카로 자리를 굳혔음에도 불구하고 식민당국은 1949년 각 초등학교에서 각 부족어들로 교육시킬 것을 선포했다(마우마우 사건이 발생하자 스와힐리어의 정치적 중요성이 인식되자 이에 대처하기 위한 조치였다). 이는 스와힐리어 보급을 포기한 처사였다.

교육기관에서 교육매체를 어떤 언어로 할 것인가하는 문제 여러 가지 상반된 의도로 해석될 수 있다. 현재 토착어를 초등학교 교육매체로 도입한 것은 이들의 소통을 고려한 것으로 정보 교환과 참여의 측면에서 긍정적인 면이 있다. 하지만 단일 아프리카 소통어인 스와힐리어 사용을 저지함으로서 통합된 민족의식 고취 가능성을 사전에 차단하는 효과가 있다. 초등학교 4학년, 혹은 중등학교 이후 매체를 영어로 전환하는 것은 소수 엘리트들만을 영어문화권으로 편입시킴으로서 대중과의 연결고리를 차단함고 동시에 이들을 새로운 지배와 통제의 도구로 활용할 수 있는 가능성을 연다는 의미가 있다. 정치적 독립이후 신-신민적 지배는 이 같은 언어정책을 배경으로 하고 있다.[77)]

(2) 남아공의 경우
대부분의 국민이 초등교육부터 영어로 교육받기를 원하고 있는데도 불구하고, 줄루, 호사, 소토, 벤다(Venda)어 등을 필수과목으로 설정했다. 또한 ‘Bush College’라 불리는 줄루, 호사, 소토인들을 위한 대학을 만들어 종족 열광주의(Ethnic Chauvinism)를 조장시켰다[78)].

남아프리카는 영어 주도에 대한 아프리카너들의 저항이 남 다른 바 있었다. 국민당 정부 수립 이후 아프리칸즈어는 공식어로서 그 지위가 향상되었고, 일반 대중교육에서는 토착어교육이 실시되었다. 토착어 교육은 이들의 소통과 참여를 효율적으로 보장해 주는 방법이긴 하지만 아파르테이트 정부의 의도는 이 같은 긍정적 효과를 고려한 것이라기보다는 백인 소수 지배 그룹으로의 접근을 언어적으로 차단하려는 것으로 볼 수 있다. 그러므로 토착어 교육의 도입여부를 바탕으로 단순히 그 찬반 여부를 가

77) 언어정책과 교육매체 선택에 대한 최근 비판적 논의로 T. Ricento(2006), J. Tollefson(2006) 참조. 리센토는 언어가 지위와 가치를 지닌 것으로 고정된 코드가 아님을 강조하면서 특정 언어는 지각된 상대적 가치로서 효용성 혹은 시장 가치(market values)로 평가된다는 새로운 입장을 표명했다. 이는 결국 새로 도입된 서구어들의 가치와 효용성이 아프리카에서조차 높이 평가되고 있음을 의미한다.
78) c.f. Van den Berghe 1968 “Languge and nationalism in South-Africa”, FFG ed.

리기 보다는 그 결정의 뒤에 숨은 정치적 의도가 더 중요하다 하겠다. 왜냐하면 그 의도에 따라 소프트웨어적 후속 지원여부와 규모가 결정되기 때문이다.[79)]

(3) 가나
해방을 맞은 많은 신생국가들이 유럽어를 도입하여, 부족주의를 극복하려 했다. 가나는 독립 후 초등학교 2학년부터 이미 영어를 쓰기로 결정했다(시에라리온, 잠비아도 같은 결정). 한편 상아해안, 자이르는 불어를 채택했다. 어떤 언어를 국가단위의 소통매체로 발전시켜 나갈 것인가? 하는 문제가 대두되었다[80)].

3.1 정체성의 문제와 언어정책

아프리카를 포함한 개발도상국의 언어문제는 언어학적 측면으로는 우선 '집단인식(Group Consciousness)의 변형과정'이라는 개념으로 설명될 수 있다. 역으로 사회의 변화는 언어행위 및 언어구조에도 영향을 끼친다. 신생국가들의 경우 이들 국민들은 '집단인식의 변화(transformation of Group Identity)'를 심각하게 경험하게 되었다. 아래 인용문에서 우간다인들이 자신을 '우간다'인이라기 보다는 '아촐리족'과 같은 부족민으로 인식하고 있음을 보여주고 있다.

> One day in Uganda I was talking with a U.S. diplomat at the embassy. His secretary entered the office and said a man was waiting to see him. "Is he *Uganda*?" the diplomat asked. "No, he's *Acholi*," she ansered. Her implication was clear: in Uganda, there were Acholis and other tribalists, but no Ugandans. One's identity was tribal, not national. (David Lamb p.11.)

한편 국경이전의 종족 분화단위와 현재의 국경이 일치하지 않는 경우도 허다하다. 인위적으로 형성된 새로운 국가를 상징하는 국어와 국기의 필요성이 요구되었다. 1974년도 케냐는 8만 6천의 스와힐리 모어화자와 164만의 키쿠유 화자가 공존했다. 이들의 의식을 어떻게 통합시켜 나갈 것인가? 제한된 인구의 동부 해안 지방 언어였던 스와힐리어가 국가를 상징하는 언어로 급부상하게 된 원인과 역사적 배경은 무엇

---

79) 남아프리카의 언어정책에 관한 최근 논문으로는 Alexander (2007), Webb, V. (2002, 2005, 2009)와 de Kadt(2005)이 있다.
80) c.f. Fishman 1968a, 1968b, p.3-16.

이며 여기서 파생되는 문제점들은 무엇일가?

3.2 콩고 민주공화국의 언어정책과 스와힐리어

1908년 벨기에가 콩고지방을 점령한 이 후 언어정책이 본격적인 관심의 대상이 되었으나, 식민정부의 언어정책은 일관성을 잃은 채, 두개의 극단 사이를 오갔다. 그 하나는 아프리카 '토속 종족어'의 사용을 주장하는 사람들로, 피지배 부족들 사이에 어떤 형태의 공통 소통매체가 없는 것이 오히려 이들을 '지배하기가 용이하게 하다'는 이유에서였다. 이와 같은 입장을 취하는 부류로서 선교사들과 언어학자들은 이런 정책을 바탕으로 언어의 다양성을 유지시키며, 동시에 아프리카 전통문화를 유지, 강화시킬 수 있다고 주장했다.

다른 한 극단론으로서는 '오로지 하나의 통일 된 언어가 필요하다'는 주장으로, 행정, 산업, 군대 등의 조직을 효율적으로 운영할 수 있게 하기 위함이었다. 이때 유럽어를 교통어로 할 것인가 혹은 아프리카 교통어를 단일어로 선택할 것인가 하는 문제가 남게 된다. 콩고는 독립이후 불어를 공식어로 채택하여 초등교육에서는 물론, 주요한 사회 영역, 예컨대, 관청, 법률, 학문, 교역분야에서 이 언어가 쓰이도록 하였다. 그러나 이 같은 언어정책은 보캄바(Bokamba 1976:112-114)가 주장한 바와 같이 많은 문제점들을 갖고 있었다. 요컨대 불어화자는 전 국민의 10%도 되지 못하여, 대부분은 소통에 참여할 수조차 없었다(권명식 1983: 111-112).

3.3 케냐(Kenya)의 언어현실과 정책[81)]

40여 개의 언어가 쓰이고 있는 케냐의 경우, 현대화 과정에서 부족간의 교류가 점차 빈번해지고 또 국가적 차원에서도 행정 및 소통의 필요성이 날로 증대되어 이를 효율적으로 수행 할 수 있기 위한 공통언어의 필요성이 증대되고 있다. 많은 소 부족민들이 자신의 토속어를 포기하고 타 부족어를 배워 쓰는가 하면, 큰 부족이라 할지라도 여타 언어들을 배워 교통어로 사용하고 있다. 예를 들면, 쿠쉬어에 속하는 무코고도, 와타인들은 자신들의 부족어를 포기하고 인근의 마사이 혹은 반투어를 배워 쓰고 있다(Heine 1980:62). 1969년 8월 31일 대통령 케냐타는 몸바사의 대중연설에서 스

81) 권명식(1986:231-232)참조.

와힐리어가 국민대중(Wananchi)의 언어이기 때문에 케냐의 국어 및 공식어가 될 것이라 선언했다. 이틀 후 몸바사시는 스와힐리어를 공식어로 채택했다[82]. 이에 따른 언어논쟁이 일기도 했다.

3.4 언어정책의 두 방향

피쉬맨(Fishman 1968)은 일찍이 언어정책의 두 가지 방향에 따라 이들 두 양극단을 대변하는 입장을 편의상 1)민족주의자(Nationalist)와 2)국가주의자(Nationist)로 구분하였다. 그러나 이 명칭이 결코 만족스러운 것 같지는 않다. 언어정책분야에서 적용된 개념이기는 하지만 이는 오늘날 우리가 처한 정치, 사회, 문화 등 모든 분야에 걸쳐 그 기본 개념이 적용될 수 있는 것이다. 과거에는 식민주의, 제국주의적 팽창에 의해서 오늘날에는 정보소통, 교통의 발달에 힘입어 지구촌 전체가 단일 언어, 문화, 경제, 정치권 안으로 급속히 통합화 되어가고 있는 추세이다. 이런 변화 가운데 언어정책도 그 선상에서 논의될 수 있고 또 논의되어야 할 것 같다. 두 가지 상반된 언어정책들은 각기 주장하는 바에 따라 강조점이 달리 나타나고 있지만 그에 따른 문제점들을 함께 지니고 있다. 그러므로 아프리카의 언어정책과 향후 방향을 설정하기 위해서는 우선 이 두 측면을 잘 검토해 볼 필요가 있다.

민족주의자는 정치체제 면으로 본다면 연방주의자요, 부족의 질서와 전통을 유지하려는 사람들이다. 중앙의 지배로부터 분리 독립하여 독자적인 체제를 유지해 나가려는 입장이다. 요컨대 전통, 보수적 입장에 서있다고 할 수 있다. 이들은 과거 전통문화를 우선 생각하여, 이를 지속시키고 유지 발전시켜나가야 한다는 입장이다. 같은 맥락에서 문화의 중요 요소들 중에 하나인 언어는 동시에 이들 다양한 부족민들의 전통과 문화를 대변하고 있기 때문에[83], 이들 전통 언어들을 그 수에 상관하지 말고 유지시키고, 강화(Reinforcement and Maintenance)시켜 나가야 하며, 속도가 늦더라도 그런 의미에서 계속 발전시켜 나가야 한다는 입장이다. 이런 정책을 펴 나갈 때 엄청나게 많은 비용과 시간이 요구될 것이고, 그에 따른 효용성과 발전결과는 국가주의 정책에 크게 뒤질 것이다.[84]

---

82) c.f. In 1975 President Jomo Kenyatta remarked casually one day that henceforth Swahili would be the only language used in parliament, as the constitution required. (Lamb. p. 16.).

83) "language represent the continuity of a great tradition".

84) 효율성과 비용에 대한 이 같은 주장에 대하여 반론을 피는 학자들이 있다. 외국어인 서구어를 쓸 경우

한편 국가주의자들은 서구 식민 종주국들에 의해 구획된 국가경계를 현실로 받아들이고 주어진 국가라는 새로운 문화단위를 바탕으로 새로운 미래를 창조해 나가야한다고 주장함으로서, 지나간 과거보다는 다가올 미래에 역점을 두고 있다. 국가건설(nation building)이라는 새로운 정치적 목표에 부합하기 위해서는 새로 형성된 국민들(부족민들) 사이의 원활한 소통이 제일 큰 문제로 떠오른다. 그러므로 과거에 연연해하지 말고 하나의 소통매체를 위하여 다른 언어들을 포기하는 결단을 내려야한다는 것이다. 이들의 주장은 언어 선택(language choice)의 필요성 그리고 소통의 효율성(efficiency) 그리고 국민단결(cohesion)과 결속력을 강조함으로서 언어의 도구적 측면을 부각시켰다[85]. 즉 언어 선택이란 계산된 1) 효율성, 2) 소통의 용이성, 3) 운용의 효용성 등의 문제와 직결되어 있다는 것이다. 그러므로 한 국가 내에 언어가 적으면 적을수록 더 좋다는 입장이다.[86] 이에 따라 불가피하게 '어떤 언어를 선택할 것인가(Language Choice)'하는 문제가 수반된다. 이를 수행하기 위해서는 주어진 국가의 언어상황(Language Situation)을 조사하여야 할 것이다. 그리고 주어진 언어들이 어떤 기능(Language Function)을 담당하고 있는지를 연구해야하고, 더 나아가서는 국민들이 특정 언어에 대하여 어떤 태도(Language Attitude)를 취하고 있는지도 함께 고려해야 하는 것이다.

위에 제시한 것은 양극단의 정책에 불과하다. 아프리카가 독립한 지 이제 40여 년이 흘러갔다. 그러나 적극적인 언어정책에 의한 언어상황의 변화는 찾아보기 어렵다. 이제 아프리카의 상황은 다중언어상용사회(Multilingual Society)로 굳어져 가는 듯하다. 초기 사회 언어학자들은 이 용어가 과도기 혹은 불안정한 개념으로 어떤 식으로든 탈피되어져야 할 것으로 생각했었다. 그러나 역설적으로 아프리카 대륙 바깥의 세계에서도 소위 글로벌화(Globalization)라는 명목 하에 다중언어화로의 진행이 빠르게 진행되고 있다. 한 개인이 이제는 두개 이상의 언어를 구사하여야 하고, 한 국가는 여러 개의 언어들을 전제로 하여 국가 교육, 정책을 펴 나가지 않으면 안 되는 사회가

소통이 이루어지지 않음으로서 정보교환 및 지식의 축적이라는 측면에서 비효율적이고, 교재 및 출판 등을 서구자본에 의존해야 하므로 궁극적으로 더 많은 비용이 들것이라는 주장이다. cf. Brock-Utne(2008).

85) "Language choice is a matter of calculated effectiveness of communicational ease, of operational efficiency."

86) 언어수를 줄인다 해도 문제는 대부분의 국민들이 이 언어를 몰라 새롭게 학습해야 한다는 문제가 대두된다. 제 2어 학습에서 인근의 아프리카 언어들은 자연스럽게 학습되지만 일상 소통기회가 거의 없는 서구어는 학습 비용이 엄청나게 든다는 단점이 제기된다.

도래한 것이다. 이런 점에서 아프리카 사회는 일단 삼중언어구조(Triglossia)를 하고 있다고 일반화해 볼 수 있다. 최상층에는 유럽어가 있고 그 다음이 아프리카 링구아 프랑카이고 그 저변에는 수많은 기층 토속어들이 있는 것이다.[87] 대중매체의 발전이나 정보통신 기술의 발달은 어느 하나의 발달을 전제로 다른 것들을 모두 포기하는 식의 극단적인 방법이 아니라, 어느 정도는 그러하겠지만 그런 가운데에서도 이 같은 삼중 구조를 계속 유지되어 나가는 것 같다. 국민의 요구와 국가의 필요에 따라 국가는 국가 재정의 뒷받침으로 언어교육 및 정보소통에 관한 지원을 하여야 할 것이다. 그 정도에 따라 언어문제의 해결 정도가 결정되게 될 것이 분명하다.

4. 언어 상황에 따른 아프리카 제 국가 언어정책 현황

하이네는 일찍이 언어정책의 차이점에 따라 아프리카 국가들은 A-Type과 B-Type으로 나누었다. 독립이후 그나마 자국의 언어를 발전시키고자 하는 신념과 의지를 가졌던 나라들로 내국어 우선정책을 펴 나갔다. 이 국가들이 A-유형에 속하지만 그 수는 그리 많지 않다. 정치 경제 등 우선 선결해야할 과제들이 많은 탓인지 대부분의 나라들은 즉각적인 효과가 나타나지 않는 '언어정책'이라는 과제를 그대로 방치한 측면이 없지 않다. 그러다 보니 오랜 식민 통치기간 중 쓰여 왔던 소수 엘리트 언어인 식민 종주국(ex-colonial)의 언어요 유럽인들의 언어이기도 한 영어, 불어, 포르투갈어, 스페인어가 공식어로 자연스럽게 굳어져 버렸다. 대부분의 국가들이 이렇게 하여 외국어 우선 정책국이라 할 수 있는 B-타입의 국가들로 분류되게 된다. 아프리카인들의 문화적 자의식이 눈뜨게 될 때 이 같은 외국어 우선 정책 경향의 변화가 바뀔 수 있게 되리라 기대되기도 하지만, 정보 통신 기술의 발달, 그리고 이에 따른 서구 매체의 영향력이 보다 증대됨에 따라 이에 대응할 자체적 노력을 상대적으로 크게 신장하지 않는 한 정책방향의 전환을 기대하기는 어려울 것으로 보인다. 이런 상황에서 주요 아프리카 교통어들을 제외한 전통 토속어들은 대거 사멸의 길을 밟거나 남아있더라도

87) 아프리카 사회의 언어삼중구조에 대한 기존의 설명중 서구어를 최상에 위치시킨 것은 현실을 오도한다는 주장이 있다. Bilingualism, Multilingualis이라는 구도에서 서구식민언어들은 제 2, 제 3의 언어가 아니라 단지 하나의 외국어일 뿐이라는 것이다.(Brock-Utne 2008)

언어학자들이나 문화인류학자들 혹은 성경을 번역하여 복음을 전파하려는 종교인들의 전유물로만 남아있게 될지도 모를 일이다.[88]

A1. 적극적인 내국어 우선정책(Endo-glossic Language Policy)을 펴는 나라들

적극적인 내국어 우선 정책을 펴는 나라들은 정부, 행정, 교육어로 내국어를 사용하고, 중등교육에서도 내국어 사용을 장려하고 있다. 아랍어를 쓰고 이슬람을 신봉하는 5개 소위 북부 '마그렙' 국가들인 이집트, 알제리, 리비아, 모로코, 튀니지가 이에 속하며, 흑아프리카 국으로는 수단, 소말리아, 에티오피아, 탄자니아가 있다.

A1.1 이집트

아랍어가 유일한 국어이자 공식어이다. 그러나 고전 코란어인 문어와 코이네라 불리는 일상어 사이에는 굉장한 격차가 존재하여 별개의 언어라 할 만하다. 마치 라틴어와 이태리어 사이의 차이에 비견된다. 디글로시아 사회라 할 수 있다. 여기에다 소수 엘리트 계층에게 영어와 불어가 잘 알려져 있다. 이 언어들 이외에도 그리스어, 아르메니아어로 된 신문이 있다.

A1.2 알제리

북부 마그렙 국가들에서 그러하듯 아랍어가 알제리의 공식어이자 국어이다. 알제리 국민의 86%가 아랍어를 사용한다. 식민종주국의 언어인 불어는 52%정도가 말하지만, 독서 가능한 자는 8%에 불과하다고 한다. 불어는 고등교육, 기술, 학문영역에서 주로 주된 기능을 발휘하고 있다. 아랍어와 불어이외에 국민의 21~23%가 이 지역은 토속어인 베르버어를 모어로 사용하고 있다. 신문은 아랍어, 불어 판이 있는데, 가장 영향력 있는 일간지는 '엘 와탄'이다. 방송도 마찬가지이지만 베르버 방언인 카빌리(Kabyli)어 방송이 추가되고 있다[89].

88) 언어정책에 대한 비판적 입장에 선 학자들은 아프리카인들이 식민의식을 철폐하지 못했다고 본다. 정치적 독립은 성취했지만 의식적으로는 여전히 식민지 상황을 벗어나지 못하여 소수 지배 엘리트들이 자신을 식민세력과 동일시하고 있다는 것이다. 서구어를 공식어로 수용함으로서 일반 대중은 정책의 결정과 지식의 창출과정에서 배제되고 있다는 것이다. cf. Tollefson 2006.

89) Gallagher, Ch. 1968:129-150.

알제리의 면적은 249만 km2에 이르나 대부분이 사막이다. 인구는 2,570만 정도이고(이중 70%가 30세 이하이다), 대부분이 회교도들이다. 1991년 국내 총생산(GDP)은 300억 달러로 추산되며, 1인당 국민소득은 1,200달라 이다. 93년 현재 외채는 250억불을 넘고 있다. 한 때 석유와 가스 수출로 100억불 이상을 벌어들였으나 80년대 들어 유가가 하락하는 바람에 경제난을 겪고있다. 알제리는 본래 오스만 터키제국의 일부였으나, 1830년에는 프랑스의 통치하에 들어갔다. 1962년에 독립하여 65년에는 부메디엔 대령이 쿠테타로 집권했다. 78년11월 부메디언이 사망하자 당시 참모총장이던 벤제디드가 79년 2월 대통령으로 선출되었다. 89년에는 새 헌법이 채택되었다. 1992년 벤제디드 사임했는데, 91년 12월 사상 처음으로 복수정당이 참여하는 총선거가 실시됐으나 회교구국전선(FIS)이 압승할 것이 예상되자 군부가 선거결과를 무효화하고, FIS를 불법화하는 동시에 국가비상사태를 선포했다. 대통령 무하마드 부디아프도 92년 연설 중 암살됐다. 현재 국가최고위원회 의장은 네자르이고, 알리 카피가 대통령직을 맡고 있다.

A1.3 에티오피아

에티오피아의 공식어는 암하라[90])이다. 암하라는 국어, 행정어, 교육어로서 에티오피아 국민의 50%이상이 모어 혹은 제 2어로 사용하고 있다. 그러나 중등교육에서는 영어가 쓰이고 있다. 쿠쉬어에 속하는 오로모(갈라)어는 국민의 28%가 모어로 사용은 하고 있으나 표준화 되어있지 않다. 그러나 중요한 에티오피아의 소통 매체라 할 수 있다. 티그리냐어는 에리트리아 지역의 언어로서 14.7%에 의해 사용되었으나, 1993년 분리 독립하여 별도의 국가를 구성하고 있다. 오모어(Omotic)에 속하는 웰라모(Welamo)는 3.8%, 소말리어는 3.7%, 시다모(Sidamo)는 3.5%의 인구 점유율을 보이고 있다. 신문은 암하라, 불어, 이탈리아어, 아랍어, 티그리냐어 판이 있고, 방송은 암하라, 티그리냐, 오로모, 아파르(Afar), 소말리어로 나가고 있다.

에티오피아는 인구가 3,542만이고 영토는 122만 평방 킬로미터이다. 1936년 이태리가 침공하였으나, 1941년 패배하여, 1942년 황제가 즉위하였다. 1974년 마르크스주의 군부가 집권하여 1975년에는 사회주의 공화국을 선포하였다. 1977년에는 멩기스투 중령이 의장으로 취임하여, 83년에는 OAU의장에 오르기도 하였다. 1991년부터는 4개의 반군들 즉 티그레, 에티오피아, 에리트리아, 오로모 등의 인민해방전선이 발흥하여 북동부와 남부지역으로부터 중앙의 수도인 아디스아바

---

90) 영어명을 우리식으로 쓰면 암하릭이되지만 본래 명은 암하리냐이다. 에티오피아 셈어들의 명칭이 티그리냐에서 처럼 '-이냐'로 끝나므로 이를 빼고 순 우리 식으로 쓰면 '암하라'가 된다.

바를 향해 포위망을 좁혀왔다. 소련의 원조중단과 군 철수로, 서방에 원조를 구했으나 실패하였다. 에리트리아 인민해방전선(EPLP)은 북부-에리트리아 주의 분리독립을 목표로 30년 전부터 정부에 대항한 단체이고, 에티오피아 인민 혁명민주전선(EPRDP)은 티그레주 등 각 지역의 자치와 민주주의 그리고 집권 좌익 에티오피아 노동당의 멩기스투 대통령을 축출하기 위한 반군활동을 펴왔다. 에리트리아 인민해방전선은 이사이아스 아프웨스키에 의해 지도되고 있고, 에티오피아 인민 민주전선은 멜레스 제나위에 의해 지도되고 있었다. 마침내 1991년에 이르러 반군지도자 제나위가 집권하게 되었고, 에리트리아도 1993년 5월 에티오피아로부터 분리되어, 독립을 쟁취하였다.

A1.4 리비아

국어이자 공식어인 아랍어가 전국민에 의해 사용되고 있다. 70세 이상 되는 이들은 영어, 이태리어, 불어를 썼었다. 그러나 현재는 국가 원수 카다피의 지도하에 외국어 사용이 금지되고 있다.

A1.5 모록코

국민의 80%가 공식어인 아랍어를 사용하고 있다. 이중에 70%가 모어화자이다. 준공식어로 불어를 들 수 있는데 31%가 이를 사용한다. 베르버 방언을 모어로 하는 인구는 전체 국민의 1/3정도이지만 그중 절반이 아랍어를 제 2언어로 습득해 쓰고 있다. 북단에서는 스페인어가 제한적으로 사용되기도 한다(c.f. Gallagher 1968). 신문잡지는 58종이 있는데 아랍어와 불어판이다. 방송은 아랍어, 불어, 영어, 스페인어, 베르버어로 이루어지고, 불어 텔레비젼 방송채널이 있다.

A1.6 소말리아[91)]

국민의 90%가 소말리어를 모어로 사용하고 있고, 이 언어가 국어이자 공식어이기도 하다. 이 언어는 그러나 다양한 방언으로 나뉘어져 있다. 1972년까지는 외국어 우선 정책을 펴, 영어, 이탈리아어, 아랍어를 공식어로 사용하면서, 소말리어를 문자어로 사용하지 않았다. 그 해 군부는 소말리어를 국어로 채택하고, 이를 로마자로 표기했다. 초등교육의 교육매체로 도입했다. 이 조치는 가장 적극적인 내국어 촉진 정책으로

---

91) 모가디슈가 수도이고, 면적은 36,8만 km2이다. 인구는 460만이며, 1960년 7월 독립했다. 1961년에서 67년까지 케냐와 국경분쟁이 있었고, 1969년에는 대통령 Shermarke가 피살되고, 70년 바레가 집권했다. 74년에는 소련과 우호조약을 체결했으나 77년 11월 폐기했다.

평가받고 있다. 신문은 이태리, 아랍어, 소말리어 판이 있고, 방송은 소말리, 이태리, 영어, 아랍어, 스와힐리어, 암하라 등의 방송이 있다[92].

A1.7 수단

수단에는 136개의 언어가 있다(어떤 이는 500여 개나 된다고 주장하기도 한다). 공식어이자 국어는 아랍어로서, 절반 이상이 모어 화자이며, 70%가 회화가 가능하다. 그러나 남부 수단지역에서는 피진 아랍어가 교통어로 사용되고 있다. 영어는 특수영역에서 사용되고, 딩카(Dinke)가 5%, 누에르(Nuer)가 4% 그리고 동부 수단어인 누비아(Nubia)어가 사용되고 있다.

A1.8 튀니지

튀니지는 100% 아랍어 모화화자이다. 아랍어가 공식어이고, 불어는 모로코와 마찬가지로 준 공식어 지위를 지닌다. 44%가 회화 가능하며, 이중 15%가 문자해독이 가능하다(c.f. Gallagher 1968).

A1.9 탄자니아

국어인 스와힐리어는 70%이상 사용된다. 대부분 초기는 제 2언어로 사용하였으나 점차 부족어로부터 대체되고 있다. 공식어는 영어와 스와힐리어이다. 스와힐리어는 초등 및 중등교육 매체어로 발전되어 가고 있다.[93]

> 탄자니아는 스와힐리어를 발전시키기 위해 TUKI(Taasisi ya Uchunguzi wa Kiswahili)라는 연구소를 만들어 지원할 뿐만 아니라, 이 연구결과를 수용 집행하는 정부기관 BAKIA(Baraza la Kiswahili la Taifa)를 두고 있다. 독립이후 네레레는 스와힐리어를 해방과 국가발전의 상징어로 간주했고, 1967년 아루샤 선언을 통해 이를 공식화했다. 그러나 1974/5년에 이르러서는 영어의 중요성이 되살아나기 시작했다. 이는 국가 경제발전과 긴밀한 관계가 있었다. 1975년 우자마 계획은 실패한 것으로 판명되었고, 1982년에 이르러 탄지니아의 경제난은 최고조에 달했다. 스와힐리어의 대변인 격인 네레레도 다음과 같이 말했다[94]; “Tanzanians would be foolish to reject English.(Kihore 1976:50)”. 현 탄자니아

---

92) Andrzejewski 1962/1974:199-203.

93) O'Barr, W(1976), Mhina, G(1977), Polome, E.(1979, 1982) 참조.

94) Jan Blommaert (1994:218-219) 참조.

의 음카파 정부는 세계은행 및 IMF의 권고에 따라 시장경제와 글로벌 경제추이에 부응하여 개혁과 개방의 정책을 펴 나감으로서 서방의 우호적인 평가를 받고 있다. 이에 따라 영어의 위치가 부상하는 듯하다.

A2. 적극적인 내국어 발전계획을 갖고 있지 않은 나라들

내국어를 공식어로 승인은 하고 있지만, 실제적으로는 별반 사용이 저조하다. 즉 교육 및 대중매체로서 유럽어가 그대로 사용되고 있는 것이다. 보츠와나, 부룬디, 레소토, 말라위, 르완다가 대표적이다.

A2.1 보츠와나

보츠와나는 두개의 언어가 주요 역할을 하고 있다. 공식어인 영어는 국민의 24%에 의해 쓰이고, 공식적(official), 전문적(technical) 영역, 그리고 국제 담화(international discours) 영역에서 기능하고 있다. 국어인 츠와나(Setswana)는 링구아 후랑카로서 국민의 90%가 이를 사용한다. 초등학교에서는 츠와나로 교육을 하지만 중등학교로 가면 영어가 쓰인다[95]. 보츠와나에는 외부에 알려진 바와는 달리 30여 개 다양한 소수부족들이 있다. 그 중에서도 코이산어를 쓰는 부족들이 26여 개 있다. 그러나 이들의 총 인구는 불과 4만 명 정도에 불과하다. 부족 당 평균 인구수가 1,800명으로 언어교체 및 소멸과정에 있다. 전체국민의 인구수가 140만 명임으로 이들이 차지하는 비율은 많은 언어 수에도 불구하고 2.9%에 그친다. 한편 반투어는 츠와나를 포함하여 13여 개가 있는데 총 화자수가 135만 명으로 전체 인구의 96.8%를 점하고 있다. 이중 국어인 츠와나 모어 화자가 110만 명으로 78.6%를 점하고 있다. 그 다음으로 중요한 반투어로는 이칼랑가(Ikalanga, 15만), 오티-헤레로(Otjiherero, 3만), 시-예이(Shi-Yeyi, 2만)가 있다. 아프리칸즈어 화자도 3천명 정도 있다(Batibo 1998: 267-268).

A2.2 부룬디

공식어는 불어이다. 1965년 이후로는 키룬디를 공식어로 포함시켰다. 국어는 국민의 98%에 의해 사용되어지고 있는 키룬디이다.[96] 같은 언어를 쓰고 있지만 인종적으로는 서로 달라 키룬디 화자의 84%는 후투족이고, 14%가 투치족이다. 동 아프리카 링

---

95) c.f. Cerwenka, et al. 1974.

96) 부룬디에서의 발화 행태 및 문화적 패턴에 대한 전반적인 논의는 E. Albert(1972) 참조.

구아 푸랑카인 스와힐리어가 도시 지역의 교통어로서 인구의 10~17%에 이해 사용된다(c.f. Morrison et al. 1972; 186).

A2.3 레소토(Lesotho)

세소토(Se-Sotho)가 공식어이자 국어이다. 국민의 95%가 모어로 사용한다. 그러나 영어가 중요한 기능을 수행하고 있다. 줄루어가 1% 정도 쓰이고 있다.

A2.4 말라위

말라위는 2개의 공식어가 있다. 하나는 영어이고, 다른 하나는 냔자(Nyanja)어 방언의 하나인 치-체와(Chi-Chewa)이다. 그러나 de facto 공식어는 영어라 할 수 있다. 기타 언어들의 분포를 보면 Yao(14%), Nguru(14%), Ngoni(9%), Tumbuka(6%)이다. 냔자 방언 중 절반이 치체와 이고 나머지 방언 중 중요한 것으로는 망안자(Mang'anja)가 있다. 말라위는 인구가 553만(1977년 기준)이고, 면적은 11.8만 평방 킬로이다. (1)중부 냔자 지방에서는 냔자어를 91.1%가 모어로 쓰고 있고, 제2언어로서 영어를 5.8%, 냔자를 5.6%가 습득해 쓰고있다. (2)북부의 툼부카 지역에서는 Rumpi, Mzimba지역의 경우 툼부카어가 각각 97%, 95% 모어로 쓰이고, (3)Fort Johnson과 같은 야오 지역에서는 야오어 모어화자가 79.7%나 된다. Mlanje 산(3000m)이 있는 (4)로음웨 지역에서는 Lomwe어 모어화자가 66.7%에 달하고 있다. 이 지역에서 영어를 제2어로 배워 쓰는 경우는 4.3%에 불과 하지만 냔자어를 제2어로 습득해 사용하는 인구는 87.4%로 높다.

A2.5 르완다

공식어는 불어와 키냐르완다어 이고, 국민의 90%에 의해 쓰이는 키냐르완다(Kinyarwanda)가 1965년 국어로 선포되기도 했다. 스와힐리어는 교통어로 쓰이고 있다.

B1. 외국어 우선정책 국가들

B1.1 케냐

국민의 16%에 의해 쓰이고 있는 영어가 공식어이다. 스와힐리어가 국어이고, 1974년 이후부터는 영어와 함께 의회언어이기도하다. 그 외의 언어를 보면, 키쿠유가 20%,

루오가 14%, 루이야가 13.3%, 캄바가 11%, 칼렌진이 10.9%이다.

> 케냐의 동부 해안지역 16Km까지는 1895년부터 1963년까지 68년 간 영국의 보호령(protectorate)하의, 잔지바르 오만 아랍의 지배 하에 있었고 내륙은 영국의 식민지역(colony)으로 분리되어 있었다. 1963년 독립직전 동부해안의 아랍계 스와힐리인 그리고 비-아랍계 케냐인들은 정치적 독립을 도모한 바 있다. 그러나 이 같은 기도는 성공하지 못했고, 1964년 잔지바르 혁명이후로는 더 이상 정치화되지 못했다. 케냐의 정당 KADU(Kenya African Dimocratic Union)는 소수부족 및 지역의 연방을 도모했었으나, 연방안에 반대하는 KANU가 집권하여 다수 부족인 키쿠유, 루오 중심의 중앙집권 체제가 구축되었다. 1963년부터 1978년까지 집권한 케냐타는 1당제로 국가의 통합을 추구했다. 해안의 스와힐리 무슬림들의 세력은 자연 약화됐고, 그들의 정체성은 흑인 전통 부족명(예컨대 인구조사에서 스와힐리인이 아니라, 디고, 미지켄다인으로 기재함)으로 나타났다. 1978년 집권한 아랍 모이는 본래 연방안을 바탕으로 한 소수부족의 이익을 대변했던 KADU의 중심 멤버였다. 그가 집권하자, KIKUYU, LUO 중심의 핵심부족으로부터 탈피하여, KALENJIN, SOMALI, SWAHII-MUSLIM 및 군부의 지지를 받게 되었다. 이로 인하여 해안 스와힐리인들과 중동의 하드라미, 오만 아랍과의 관계가 활성화되었고, 젊은 층들은 사우디아라비아, 쿠웨이트, 이란 등과의 일자리, 종교 등을 이유로 그 교류를 활발하게 가졌다. 한편 중동 이슬람권을 해안지역의 이슬람 학교 및 장학 사업 등에 지원을 확대했다. 케냐에 있어 스와힐리어의 위상은 중앙의 정치권력의 판도 및 상황과 묘하게 맞물려 있다 하겠다(Cf. Parkin 1994).

B1.2 말리

공식어는 불어이고, 다양한 내국어들이 있다. 만데어인 밤바라가 70%, 서-대서양어인 풀라니가 20%, 구르어인 세누포(Senufo)가 15%, 만데어인 소닌케가 8%, 나일-사하라어인 송가이어가 6%, 베르버어인 투아렉(Tamachek)이 6%이다.

B1.3 모리타니아

공식어는 불어이고, 아랍어가 국어이다. 1968년 이후로는 아랍어도 행정어로서 인정을 받고 있다. 국민의 3/4이 Hassania아랍어 방언을 사용하고 있다. 일상어인 아랍화된 베르버어가 81.5%에 의해 사용되어지고, 나머지 총 18.5%는 풀, 소닌케, 밤바라, 월로프를 쓰고있다.

B1.4 세네갈

불어가 유일한 공식어로서 총구사자는 약 15%정도이다. 44%의 모어화자를 갖고 있는 월로프는 30%가 제2어 화자와 함께 국민의 75~80%가 이 언어를 구사한다. de facto 국어라 할 수 있다. 이 외에 풀(Ful)이 23%, Serer(16.5%), Mandingo(12%), 디올라(5.6%), 소닌케(1.8%)이다. 언론매체는 월로프와 불어로되어 있고, 위에 열거한 모든 언어들이 라디오, TV 방송매체로 쓰이고 있다. 초등 교육에서는 월로프, 초중고 대학 교육은 불어로 이루어진다. 부족어 교육은 성인교육과정에서 이루어지고, 공식어인 불어를 제외한 다른 내국어들은 국어지위를 갖고 있다(Mann & Dalby 1987:197).

B1.5 서-사하라

공식어는 스페인어이고, 아랍어 방언인 핫사니아(Hassania) 형태가 쓰이고 있다.

B1.6 스와질랜드

영어와 Nguni그룹(줄루, 호사, 은데벨레)에 속하는 반투어인 시-스와티(Si-Swati, Swati)가 쓰인다.

B1.7 우간다

우간다의 공식어는 영어이다. 국민의 21%가 이 언어를 쓰고 있는데, 주로 행정어, 교육어로서의 기능을 하고 있다. 두개의 아프리카 교통어가 쓰이고 있는데, 그것은 스와힐리어와 루간다(Luganda)이다. 이디 아민(Idi Amin) 시절 스와힐리어는 국어로 선포되어 국민의 35%에 의해 쓰였고, 16%의 모어 화자를 보유하고 있는 루간다어는 전국민의 39%에 의해 쓰이고 있다. 영어와 스와힐리어가 전국적으로 퍼져 있는데 반하여, 루간다는 남부지역에 국한되어 있다. 기타 언어들과 전체 점유율을 보면 대강 다음과 같다. 테소(Teso 8,3%), 루소가(Lu-Soga 7.8%), 루냥코래(Runya-Nkore 8.1%), 루키가(Ru-Kiga 7.1%), 루뇨로(Ru-Nyoro 6.2%), 랑오-아촐리(Lang'o-Acholi 10%)등이 있다. 이중 테소, 랑오, 아촐리는 나일어이다.

B1.8 중앙아프리카

국어는 상고이다. 공식어는 불어이고, 기타 부족어로서 나이저-콩고어족의 우방기어

에 속하는 반다(Banda, 31%)와 바야(Gbaya 29%)가 있다.[97]

B2. 외국어 우선 정책 국가들

B2에 속하는 국가는 외국어 우선청책을 펴고 있으나, 하나의 주요언어(Dominant Language)를 갖고 있는 나라들이다. 여기서 '지배적인(dominant)'이라는 말은 전 인구의 30~60%에 육박하는 화자를 갖고 있으나, de facto 혹은 de jure 국어로 선포되지는 않은 언어를 말한다.

B2.1 앙골라

공식어는 포르투갈어이지만, 움분두(Umbundu)가 국민의 37%에 의해 쓰이고 있다. 이 외에 키음분두(Kimbundu) 22%, 쵸크웨(Chokkwe) 13%, 키콩고(Kikongo) 11% 순 이다.

B2.2 베넹(Benin)

에베(Ewe)그룹에 속하는 퐁(Fon)이 55%이고, 이외에 바리바/보르구(Bariba/ Borgu) 8~15%, 요루바(Yoruba) 6.5%, 풀(Ful) 5% 순 이다. 북부지역의 교통어로서 하우사어와 송가이어의 방언인 덴디(Dendi)어가 교통어로 발전되어 있다. 신문은 불어 판이 있다.

B2.3 가봉

불어가 공식어이다. 국민의 30~40%가 팡(Fang)을 쓰고 있고, 수도권 지역의 부족어는 퐁그웨(Pongwe)이다. 신문, 방송매체로는 불어가 주도적이다.

B2.4 감비아

공식어는 영어이고, 지역 행정어로서 네 개의 부족어가 쓰이고 있다. 만딩고 방언인 말린케(Malinke, 40%)가 이슬람교도들 사이에서 더욱 확산되고 있고, 13%를 점하고 있는 월로프가 세네갈의 교통어로서, 서부 해안지역에서 유력하다. 이외에 풀(Ful)

---

97) 사마린은 중앙 아프리카 공화국의 링구아 푸랑카인 상고어의 생성과 발전을 새롭게 도입된 신민언어 프랑스와 대비시켜 언어상황과 사용에 대한 논의를 상세히 하고 있다(W. Samarin 1986)

13%, 디올라(Diola) 7%이다. 다른 부족어로서 소닌케(Soninke: Serahuli, Serakole 7%)가 있다. Radio Gambia에서는 영어, 말린케, 월로프, 풀, 디올라어가 방송어로 채택되어 있다.

B2.5 가나

가나에는 총 40여 개의 언어가 있다. 공식어는 영어로서 행정 및 교육어 기능을 수행하고 있다. 영어 문어 해독자는 1963년 당시 10% 이내였다. 아프리카 토속어들을 점유율에 따라 나열해 보면 다음과 같다. 아칸(Akan: Twi & Fante)이 58%를 차지하고 이중 모어 화자는 44%에 달한다. 닥바네(Dagbane: Dagbani, Dagomba)가 16% 정도이고, 에베(Ewe)가 13%, 가앙-아당메(Ga-Adangme)가 8%정도이다. 일간지는 아크라(Accra)에 2개가 있고, 쿠마시(Kumasi)에 1개(영어)가 있다. 가나 방송공사에서는 아칸, 닥바네, 에베, 가앙, 은제마(Nzema), 하우사어 방송을 하고 있다.[98)]

B2.6 적도-기니

스페인어가 공식어이다. 리오 문디(Rio Mundi)지역을 중심으로 팡(Fang/ Pangwe)이 쓰이고, 페르난도 포(Fernando Poo)지역에서는 부비(Bubi)어와, 링구아 후랑카인 피진 영어가 쓰인다.

B2.7 나미비아

아프리칸즈어와 영어가 공식어이다. 국민의 12%가 사용한다. 1958년에는 독일어를 추가로 국어로 선포하기도 했다. 기타 주요 토속어를 보면 다음과 같다. 오밤보(Ovambo 45.9%)는 은동가(Ndonga), 쿠아냐마(Kuanyama)방언을 포함한 것으로서 고유 문자를 갖고 있다. 베륵다마(Bergdama) 8.7%, 헤레로(Herero) 6.6%, 나마/Nama(Hottentot) 6.4%, 오카방고(Okavango) 제 언어들(Kuangari, Bunja, Samiu, Dciriku, Mbukushu) 5.2%, 부쉬맨어 2.8% 등이다.

B2.8 니제르

불어가 공식어이다. 기타 토속어들의 분포를 보면 다음과 같다. 하우사어는 48~45%

98) 가나에서의 언어 사용과 언어 태도에 관한 것을 사아 코피는 특히 아칸어와 영어를 중심으로 논의하고 있다(K. Saah 1986).

의 모어화자와, 15%의 제 2어 화자를 포함하여 60%에 이르고 있다. 송가이 방언인 제르마(Djerma)가 22%, 풀(Ful) 13%, 투아렉(Tuareg: Tamachek) 11%, 한 때 보르노 제국의 언어로서 차드호 부근을 1000여 년간 지배했던 사하라어에 속하는 카누리(Kanuri: Kanoury)가 8%, 기타 구르마(Gurma), 아랍어 등이 통용되고 있다.

[표 23] 니제르 언어상황

	하우사	송가이	풀라니	투아렉(Tamashek)	카누리, 불어
m.(%)	46	21	14	11	7.6

B2.9 상아해안

불어가 유일한 공식어이다. 화자 수를 바탕으로 볼 때, 국민의 절반을 넘은 57%인구에 의해 쓰이고 있는 모레(Moore, More, Mossi)어가 국어적 의미를 갖는다고 말할 수 있다. 그러나 상아해안의 언어정책은 모레어를 특별히 대우하지 않고 있다. 다른 아프리카어들을 살펴보면, 보보(Bobo) 8%, 풀(Ful, Peul) 6%, 로비(Lobi, 5%), 구르마(Gurma 4%), 소닌케(Soninke 3%) 순 이다. 국민의 약 1/5에 해당하는 21%가 만딩고 방언인 듈라(Dyula, Dioula)를 제 1 혹은 제 2 언어로 말하고 있다.

B2.10 토고: 공식어는 불어이다. 주요(dominat)어는 국민의 44%(어떤 통계는 50%)에 의해 쓰이고 있는 에베(Ewe)어이다. 이 나라의 남부 절반지역에서는 표준 에베어와 그리 차이가 없는 에베 방언인 미나(Mina/ Ge)어가 교통어로서 널리 퍼져있다. 다른 중요한 언어로서는 북부에서 교통어로 쓰이고 있는 하우사어 이다. 이외에 부족어로서 카브레 (Kabre 14%), 밧사리(Bassari), 모바(Moba), 템(Tem, Kotokoli)등이 있다. 올림피오 대통령이 살해되기 직전 정부는 불어 이외에 에베어와 하우사어를 공식어로 쓰겠다고 결정하였으나, 이후 결코 시행되지 않았다.[99] 언론은 불어가 주도적이지만, 신문의 1면은 에베어로 할애되어 있다. 유일한 방송국인 'Radiodiffusion de Togo'는 불어, 에베어, 하우사, 카브레, 바사리, 모바(Moba), 템(Tem)어 방송을 하고 있다.

B2.11 챠드

불어가 국어이자 공식어이다. 불어는 정부, 행정 그리고 교육의 언어이다. 그러나 가장

99) Alexandre, P. (1967:119-120) 참조.

많이 쓰이는 언어는 아랍어로서, 주민의 절반이 주로 북부지역에서 사용하고 있다.[100) 이에 비하여 다른 토속어들, 예컨대 사라(Sara, 19%), 카넴부-카누리 (Kanembu-Kanuri, 13%), 마바(Maba)등은 극히 제한된 지역에만 분포되어 있다. 일간지는 불어 판이고, 방송의 45%도 불어이며, 나머지는 아랍어를 비롯하여, 사라, 카넴부, 마바, 고라네 (Gorane), 투푸레(Tupure), 문당(Mundang), 풀(Ful) 등이 있다.

B3. 여러 개의 주요어를 갖고 있는 나라들

B3.1 기니

공식어는 불어이다. 기니 국민들은 언어적으로 4개의 주요 그룹으로 나뉜다. 해안지역에서는 10%가 수수(Susu)어를 제 1어로서, 그리고 10%가 다시 제 2어로 이 말을 사용한다. 중부 기니의 산간 고지대에서는 풀(Ful)이 40.5%, 말린케(Malinke, Mandinka)가 22.2%가 쓰이고, 산림지역에서는 키시(Kisi) 6.4%, 펠레(Kpelle) 5.8%, 로마(Loma) 3.3%가 쓰인다. 화자수로 보았을 때에는 풀라니가 특별한 위치에 있지만, 언어 정책적 차원에서는 그에 걸 맞는 대우를 받지 못하고 있다. 오히려 수수나 말린케가 그와 동등한 지위를 갖고 있다. 특히 수수는 수도 코나크리(Conakry)의 주요 언어로서의 지위를 갖고 있다. 기니정부는 내국어 및 외국어 우선 정책을 혼합하여 사용하고 있다. 8개의 내국어들을 국어로 선포하고, 행정 및 교육분야에서의 사용을 도모했다. 주요 언어인 풀, 말린케, 수수 이외에도 덜 중요한 키시(Kisi), 펠레(Kpelle, Guerze), 로마(Loma) 그리고 두개의 소수민 언어들인 코니아기 (Koniagi, Wame), 밧사리(Bassari, Oneyan)를 이에 포함시켰다.[101) 신문 및 방송의 주요어는 불어이다. 국영방송인 'Radio Diffusion Nationale'는 불어 이외에도 영어, 포르투갈어, 아랍어 그리고 여러 부족어 방송을 하고 있다.

B3.2 (브라자빌) 콩고

불어가 공식어이다. 여러 개의 중요한 언어들이 사용되고 있다. 가장 많은 모어화자를 보유한 언어는 키콩고(Kikongo, 52%)와 테케(Teke, 20%)이다. 이외에 주요한 언어로서 교통어인 링갈라(Lingala)와, 키콩고의 피진화된 형태인 키투바(Kituba)가 있다. 이

---

90) 화자 수에 대한 백분율은 저자에 따라 46%(Okonkwo 1975), 54%(Roberts 1962)로 달리 나타나고 있다. cf. Roberts, J. (1962: 105-124). Okonkwo, C. (1975: 37-52).

101) Friedlaender, M. (1975: 298-310).

나라에서 발간되는 3개의 신문 모두 불어이다. 방송어는 불어, 링갈라, 키콩고어이다.

B3.3 나이지리아

헌법에 명시한 것은 아니지만 영어가 유일한 공식어이다. 영어는 국가차원의 정부, 행정, 입법, 대중매체 그리고 초등교육 초기 2년을 제외한 교육어이다. 그러나 전 국민의 10%정도만이 영어를 올바로 구사하고 있다.[102] 내전이 일어나기 전까지, 세 개의 주요 언어가 그 화자 수를 바탕으로 독특한 지위를 지켜왔다. 그것은 북부지역의 교통어인 하우사어와 남동부의 이보어 그리고 남서부의 요루바어이다. 내전이후 정치적 재편이후 이 세 언어들의 독점적 지위가 제한을 받게 됐다. 이후 9개의 내국어들이 국어로 도입되었는데 위 세 언어 이외에, 풀(Ful), 카누리(Kanuri), 에픽(Efik), 에도(Edo), 이도마(Idoma), 이조(Ijo, Ijaw)가 그것이다.[103] 남부지역에서는 피진영어가 상당한 정도의 중요성을 지니고 있다. 나이지리아에서 쓰이고 있는 언어의 총수가 어느 정도인지 분명히 알려지고 있지 않지만, 대강 150에서 400여 개에 이르는 것으로 보인다.[104]

[표 24] 나이지리아 언어상황

하우사	요루바,	이보	풀라니	이비비오-에픽	카누리	팁,	이조	에도	누페	이갈라	이도모
21	20	17	8.6	5.3	4.1	2.5	2.0	1.4	1.2	1.0	0.8
38	25	22									

B3.4 잠비아

영어가 유일한 공식어이다. 국어는 없다. 그러나 이 나라의 가장 중요한 내국어는 벰바어이다. 전 국민의 32%가 이 언어를 쓰고 있다. 구리광산이 있는 산업지구에서는 도시-벰바어(City-Bemba)어가 교통어로 쓰이고 있다. 화자 수에 따라 주요 언어들을

102) Bamgbose, A. (1971: 35-48).

103) Adekunle, M.A. (1972: 185-207). 이 외에 나이지리아 언어상황과 정책에 관한 논문으로는 Elugbe 1990, Fagborun 1991이 있다.

104) 아키나소는 나이지리아어들 natinal, regional, local language로 삼분하여, 하우사, 이보, 요루바는 국어로, 풀풀데, 데픽, 카누리, 팁, 이조, 에도, 누페, 이갈라, 이도마는 지역어, 그 이외에 380여개에 달하는 소수어들을 현지 토속어들로 구분했다. 전 국민 점유율은 각각 순서에 따라 53%, 27%, 20%이다. 그는 더 나아가 언어계획과 언어정책 이념등을 역사적 맥락에서 상세히 논하고 있다(Akinnaso 1990).

살펴보면 냔자(Nyanja) 13%, 로지(Lozi) 13%, 통가(Tonga) 13%, 일라(Ila) 11%이다. 이들을 다 합치면 모두 73%에 이르지만, 벰바어의 특권은 인정되지 않고 있다.105)

B3.5 시에라리온

영어가 공식어이다. 표준 영어이외에 영어로부터 발전된 크리올어인 크리오(Krio)가 수도인 프리타운 및 주변 지역에서 모어로 쓰이고 있다. 더 나아가 링구아 후랑카로 전국지역에 퍼져 있다. 이와 별도로 피진어인 'Sierra Leone Pidgin'어가 있는데 이는 모어로 발전 된 것이 아니다.106) 이 나라에는 두개의 주요어가 있다. 만데어에 속하는 멘데(Mende)어가 국민의 37%에 의해 사용되고 있다(다른 자료에 의하면 31%). 그리고 서-대서양어인 템네(Temne)어가 25%를 점하고 있다. 이 두 언어들은 교육 기관에서도 사용되어지고 있다. 이외에 다른 토속어들을 보면, 키시(Kissi) 10%, 불롬(Bulom) 9%, 림바(Limba) 8%로 2차적 중요성을 지니고 있다고 볼 수 있다.

B3.6 짐바브웨

영어가 공식어이다. 그러나 두개의 아프리카어가 국어적 의미를 지니고 있는데, 그 하나는 쇼나(Shona, Chishona)어로 전 인구의 78%가 이를 사용한다. 다음으로 13% 국민이 은데벨레(Ndebele, Isi-ndebele)를 쓴다.107) 짐바브웨는 쇼나어 화자수가 압도적이므로 4.3. 유형의 국가로 분류될 수도 있을 것이다. 그러나 쇼나어와 은데벨레어가 동시에 지역어(Regional Language)로 인정되어 있고, 이들 두 화자 그룹들 사이에는 정치적 사회적 대립이 존재하고 있다는 이유를 바탕으로 하이네는 4.4. 국가로 분류하였다. 일간지를 비롯한 거의 모든 신문들이 영어로 발간된다. 이중 쇼나와 은데벨레어로 된 것도 존재한다.

B3.7 남아프리카

1994년 이전 아파테이트 정부 아래에서는 영어와 아프리칸스어가 공식어였다. 그러나 다수지배 정부가 수립된 후 11개 아프리카어들을 공식어로 선포했다. 아프리칸스

---

105) 카쇼키의 연구에 의하면 벰바어 사용은 56.2%에 달하지만 도시 농촌간의 격차가 커서 도시지역에서는 83.8%가 사용한다. 영어는 평균 26.1%이지만 도시지역에서는 45.3%로 커진다(Kashoki, M. 1982).

106) Dalby, D.(1962: 62-67).

107) Doke, C.M. (1931). 그러나 Roberts(1962)의 자료를 보면, 쇼나가 60%, 은데벨레가 8%로 나와 있다.

어는 화란어로부터 나온 것으로 하나의 크리올 형태인 것으로 보인다. 보통 과거 식민자의 언어로 간주되곤 하지만 엄밀한 의미에서 식민자의 언어(Excolonial Language)는 아니다. 1652년 화란인들이 이주해 온 이래 화란의 군인, 선원들이 사용했으나, 이들 뿐만 아니라 코이코이 목축자들, 노동자들, 케이프의 노예집단 등 밑으로부터 이 언어 사용자집단이 형성되었다. 이리하여 화란어(Dutch)에 없는 언어적 특징들이 나타났다. 말레이 노예, 그리쿠아(Griqua)인 등을 화자로 포함함으로서 아프리칸즈어는 성질상 아프리카어라고 주장되고 있기도 하다(Webb: 39-40). 오늘날 600만 화자들 중 50%가 비 백인이다. 그러나 1948년 국민당이 집권하자 아프리칸즈어를 백인의 언어로 이끌어 나가면서 아파타이트 정책의 도구로 이용했다. 결국 1994년 다수 민주화 정부가 들어온 후 아프리칸즈어는 억압의 언어로서 다수에 의해 거부되기에 이르렀다. 사회언어학자들은 아프리칸즈어의 민주화를 요구하고 있다.

주요 아프리카 토속어들을 보면 다음과 같다. 줄루 25%, 코사(Xhosa) 22%, 북-소토(혹은 페디 North-Sotho or Pedi) 9%, 남-소토(Shoeshoe) 8%, 츠와나(Tswana) 6%, 총가(Tsonga) 4%, 벤다(Venda) 3% 순 이다. 두개의 주요어인 줄루-호사는 아주 비슷하므로 언어학적으로는 하나의 언어(Nguni)로 간주될 수 있다. 그러나 이들 두 그룹은 역사적으로, 그리고 언어 계획상 서로 다른 길을 걸어왔기 때문에 별개의 언어들로 발전되었고, 또 그렇게 간주되고 있다. 비슷한 방법으로 소토(Sotho)어도 남북으로 갈리고 있지만 이들은 츠와나(Tswana)와 함께 아주 가까운 관계에 있다. 영어와 아프리칸스어 이외에 이들 반투어들은 각각 지역에 따라 주요 아프리카어들이 배분되어 있다.

(1)꾸아-줄루 지역에는 줄루어가, (2)시스케이 지역에는 코사어가, (3)레보와(Lebowa) 지역에는 북-소토어가, (4)쿠와쿠와(Qwa Qwa)지역에서는 남-소토어가, (5)가잔쿨루(Gazankulu) 지역에서는 총가(Tsonga)어가, 그리고 (6)벤다랜드에서는 벤다(Venda)어가 쓰인다. 초등학교에서는 각각의 토속어가 쓰이고, 이외에 아프리칸스, 영어, 그리고 주요 아프리카어들과 인도어들(타밀, 힌디, 텔루구, 구자라티, 우르두어)이 유입되어 쓰이고 있다. 언론에서는 아프리칸스에 비해 영어가 주도적이다. 정기 간행물 중에는 아프리카어로 된 것들이 있는데 주로 줄루어와 호사어이다. 주요 방송은 남아프리카 방송국(South African Broadcasting Corporation)에 의해 이루어지는데 영어와 아프리칸스어가 쓰인다. SABC의 특별 프로로 주 592시간 7개 아프리카어(줄루, 코사, 북-소토, 남-소토, 츠와나, 총가, 벤다) 방송이 있다.

B3.8 자이르(콩고 민주공화국)

불어가 국가차원의 공식어이다. 즉 정부와 행정매체이다. 이는 동시에 의회어이기도 한데, 단 의회에서는 다른 언어들이 사용될 수도 있다. 1959년이래 불어사용이 교육기관에 도입되었다.[108] 그러나 식민지 시절부터 4개의 토속어들이 국어로서의 공식적 위치를 갖고 있었다. 그것은 루바(Luba, Tchi-luba, Luba Lulua, Luba Katanga), 키콩고, 링갈라, 스와힐리(Kingwana)어이다. 이들에 대한 화자 수에 관하여서는 저자마다 다르게 나오고 있는데, 타다제우(Tadadjeu 1977:32)의 연구에 의하면, 키콩고가 30%, 루바가 17%, 링갈라와 스와힐리어가 각각 25%로 되어 있다. 이외에 자이르에는 200개 이상의 언어들이 사용되고 있다. 6개의 일간지 모두가 불어로 발행되고 있다. 그러나 키콩고, 루바, 스와힐리, 링갈라로 된 것도 없지 않다.

B4. 주요어가 부재한 국가들

B4.1 상아해안

공식어인 불어가 정부, 행정, 의회, 교육어이다. 초등교육에서는 아프리카 언어들(주로 Dyula, Baule, Senufo)도 사용된다. 주도적 위치에 있는 언어는 없지만, 많은 아프리카 언어들이 있다. 몇 개 중요한 것을 나열해 보면, 아칸(Akan) 그룹에 속하는 것으로서, 아니(Anyi, Agni), 바울레(Baule/Baoule, 16,6%)등 이 두 언어만 국민의 20%를 점한다. 만딩고 방언인 듈라(Dyula, Dioula)[109]는 북부 상아해안에서 교통어로 쓰이고 있으며, 남부로도 펴져가고 있다. 이 같은 추세를 감안하면 상아해안은 4.4. 심지어는 4.3. 국가가 될 수도 있을 것이다. 듈라는 이미 국민의 50%정도에 의해 사용되어지고 있다.[110] 토속어 중에 어느 정도의 분포를 지닌 언어는 세누포(Senufo) 12%, 베테(Bete) 8%이다. 언론 매체들은 불어가 지배적이고, 방송에서는 토속어들이 10여 개 쓰이고 있는데, 듈라, 바울레, 세누포, 베테, 모레(모시)가 대표적이다.

B4.2 기니-비소

공식어는 포르투갈어이다. 이외에 크리올화한 포르투갈어가 쓰이기도 한다. 아프리카 토속어로서 중요한 것은 발란테(Balante, 30%), 풀(Ful, 20%), 만자쿠(Manjaku,

108) Polome, E. 1968.
109) Dyula는 서대서양어로서 세네갈과 감비아에서 쓰이고 있는 디올라(Diola)와 혼돈하지 말아야 한다.
110) Dumestre, G. (1970: 37-43).

14%), 만딩고(Mandingo, 13%) 정도이다.

B4.3 카메룬

1965년이래 불어와 영어가 공식어이다. 이외에는 주요어가 없다. 영어로부터 도출된 피진어인 웨스코스(Weskos)가 남서부에서 교통어로 쓰이고 있고, 피진 A70이 있으나, 북부의 교통어인 풀(Ful)과 함께 그 중요성은 별반 없다. 이 같은 상황은 토속어인 바밀레케(Bamileke, 12%), 두알라(Duala, 7%), 에원도(Ewondo), 불루(Bulu)에도 해당된다. 신문은 불어와 영어로 발행되고, 토속어인 에원도(야운데 지역), 불루어로 된 것도 있다. 방송도 사정은 비슷한 데, 다양한 토속어 방송이 있다. 밧사(Bassa), 바밀레케, 두알라, 에원도, 풀, 하우사 그리고 아랍어 방송이 있다.

5. 언어계획(Language Planing)

언어계획은 응용언어학의 한 분야라 할 수 있다. 어떻게 하면 효율적으로 언어소통을 가능케 할 것인가 하는 문제를 놓고 적극적이고도 인위적인 개입을 전제로 하고 있다. 그러므로 언어정책과도 긴밀한 관련이 있다.[111] 아프리카 언어들은 '뒤떨어진' 언어요 현대 과학기술이나 경제 등의 전문용어들을 표현하기 적합하지 않고, 표현하기에도 적절치 못하다는 편견이 존재하는 것은 이 같은 인위적 언어계획의 부족에 기인된바 적지 않다. 방언이나 전통 부족어 지위로 방치되어 있는 대부분의 언어들의 경우 언어계획의 가장 시급한 과제는 무엇보다 표준화작업(3.4 참조)이라 할 수 있다. 철자법의 확정, 이를 통한 언어의 문자화 작업, 문서작성 및 기록언어로서의 역할을 원활하게 수행하기 위해 필요한 규범화된 문법과 사전이 최우선적으로 필요하다. 표준화작업과 그 주요 내용에 대해서는 이미 3.4항에서 간단히 소개한 바 있다. 언어계획은 지위계획과 언어자체(Corpus)계획으로 대별되는데 전자는 사회적, 언어외적 계

111) 언어 정책과 마찬가지로 언어계획에 대한 일반 이론을 낸다는 것은 불가능한 일이며 이는 단지 다양한 이익 집단들 사이의 권력관계를 반영할 뿐이라는 주장이 있다(Ricento 2006: 3-9). 아프리카의 정치권력을 실상을 볼 때 국제적 기구나 외부 영향력의 작용을 과소 평가하기는 어려울 것이다. 이런 점을 인정한다면 아프리카의 언어정책 및 언어계획에 있어서도 그 같은 영향을 무시할 수는 없을 것이다.

획이고 후자는 언어 내적, 언어 자체적 계획이다. 언어계획의 내용은 1)선택(Determination: 변이형의 선택, 사전 및 문법의 고정화), 2)코드화(Codification, 기록할 수 있는 문자의 개발, 철자법 확정), 3)정교화(Elaboration: 어휘, 용어개발, 표현의 정교화), 4)수행(Implimentation, 언어정책의 지속적인 수행), 지속적인 문학 자료들을 산출해 내는 작업과 관련된 5)문화화(Cultivation), 방언들 사이, 혹은 국경 넘어 다른 변이형들과의 공통 철자법 모색 등을 모색하는 6)조화(Harmonization) 과정 등으로 구분되어 설명되기도 한다(Wolff 2000: 334).

5.1 지위계획(Status Plan)

언어외적, 제도적, 사회적 언어계획이다. 예컨대 표준어의 선택과 같은 작업이 그러하다.

5.1.1 분류방법

아프리카에 있는 모든 언어들은 특정 국가 내에서 그것이 수행하고 있는 기능, 확립정도, 법적 지위, 사용인구 등 사회학적 기준에 따라 분류될 수 있다. 이를 바탕으로 언어정책 수행자는 국가 차원의 가장 효율적인 소통과 이를 바탕으로 한 국가 발전을 위한 언어계획을 수립하게 된다. 그 중 가장 중요한 것은 위에서 지적한 바와 같이 표준화 작업이다.

5.1.2 측정방법

표준어 선정을 위해서는 주어진 언어(변이형)들의 1)사용지역, 2)확산 및 접촉, 3)화자의 태도, 4)역사적 관점, 5)경제적 요인 등을 면밀하게 사전 분석할 필요가 있다. 그리고 6)주어진 나라가 갖고 있는 특수 상황을 고려해야 한다.

5.1.3 공식어, 국어(6.2 참조), 연방어, 교육 매체어, 교육과목어의 지정

오늘날 아프리카 국가는 비-아프리카어들도 공존하고 있고, 그 역할 또한 적지 않다. 국가는 언어정책(6장 참조)의 차원에서 공식어와 국어, 혹은 연방어, 교육 매체어, 교육 과목어를 결정해야 한다.

5.2 내적, 언어자체 계획(Corpus Plan)

5.2.1 언어의 발전(문자/철자화, 표준화, 현대화)

아프리카 언어들 중 문자를 보유하여 기록 문헌을 지닌 언어는 10% 이내이다. 선교사와 서구 언어학자들이 도래한 이후 국제 음성기호나 국제 아프리카 학회에서 제안한 로마자에 기초되어 새로운 표기법이 도입되게 되었다. 문자어로의 변신은 언어 발달과정상 중요한 의미를 지니게 되었다. 사전과 문법의 기술에 의해 그 언어가 새로운 규범을 지니게 되었고 그와 함께 구어상태의 언어들이 갖지 못하는 독특한 특권과 명성을 갖게 되었다. 이 같은 배경은 후일 독립 아프리카 신생국가의 표준어 모태가 되기도 했다. 구어와 동떨어진 고정된 형태의 언어가 새롭게 등장하게 되었는데 이는 어느 정도 이상화된, 인위적 언어형태 모습을 했다. 표준어로 선정된 특정집단에 정치 경제적 이익이 돌아가고, 여기서 소외당한 다른 집단들은 불이익을 감수해야 하는 사태가 발생했다. 가나의 에베어나 짐바브웨의 쇼나어는 다른 언어그룹과 달리 문자화되고 표준화되어 혜택을 누리게 된 예이다.

최근 언어정책에 대한 비판적 주장들이 제기되고 있다. 예컨대 톨프손은 기존의 언어정책 연구가 주어진 언어 상황을 단순히 기술하고 그런 다음 그런 현실을 정당화하고 동시에 합리화하는 쪽으로 나아갔다고 비판했다. 그는 언어정책이 개선과 변화를 염두에 두어야 하는데 전통적 연구가 단지 '소통의 문제'를 해결해야 한다는 차원에 머물렀다고 주장했다. 더 나아가 아프리카와 같은 개발도상국들의 언어정책을 '현대화 계획'이라는 차원으로 만 접근했다면서, 결국은 소수집단들의 통합문제로 이끌어갔다고 보았다. 결국 이 같은 언어정책은 사회적 불평등을 야기시켰고, 그것을 오히려 유지시키는 결과를 낳음으로서 사회 주도의 이익만을 증진시키고 있다고 설명했다(Tollefson 2006: 42-59).

이어서 톨프손은 사회적 불평등이 자연스러운 현상도 아니고, 불가피한 것도 아니라는 점을 인식하여 학교 교육과 같은 제도 내부에서의 권력개념에 주의를 기울여야 한다고 역설한다. 아프리카 언어교육 강화와 자국 언어에 대한 자의식 고취(국어 및 공식어 선언 등)는 아프리카 정치 지도자들 및 지식인들이 능동적으로 결단을 내릴 때만 그 의미를 가질 것으로 보인다(cf. Brock-Utne 2008).

제 6 장

언어의 사용과 선택(Language Use and Choice)

지금 까지 1장에서 5장에서는 거시적 차원의 사회와 언어 관련 주제들을 다우었다. 사회 집단 내에서의 언어 지위와 발전, 혹은 집단 내에서 특정 언어가 갖는 기능, 아니면 특정 국가의 언어상황과 언어정책이 주요 논의 주제였다. 이 장에서는 미시적 측면으로 다가가고자 한다. 그것은 개인이라는 언어 주체를 바탕으로 그가 구사하는 언어, 즉 발화의 의미와 기능을 살펴보려 하는 것이다. 더 나아가 그 발화가 갖게 되는 개인의 의도나 그걸 통해 이루어지는 대화를 주제로 하고자 한다. 여기에는 개인의 언어능력과 지식, 그리고 코드의 선택과 전환 발화 자체의 구조 등이 핵심 주제가 된다. 코드의 형태와 내용에 대한 것은 전통 언어학에서 통사론 부분에 해당되지만 실제 화행상 수행되는 발화는 이 영역을 뛰어 넘는다. 문장의미를 넘어 발화의미에 주의를 기울이게 되었다.

1. 발화의미와 문장의미(sentence vs. utterance meaning)

아래 주어진 스와힐리/영어 사례를 살펴보면 전통적인 통사론 연구의 범위를 벗어나는 영역이 있음을 알게 된다.

[1] a. *Mimi, nitakuja kesho.* '나는 내일 도착하게 될 거야.'
b. *Juma ni mrefu.* '주마는 키가 커.'
c. *Jane's gift made her happy.*
'제인의 선물이 그녀를 행복하게 했지'
d. *Pembe iko wapi?* '상아는 어디 있지?'

문법은 언어구조만 다룰 뿐 소통정보 내용을 다 담지 못한다는 주장이 있어 왔다. (1a) 문장에서 우리는 내가 누구인지, 내일이 구체적으로 언제를 나타내는 것인지 알 수 없다. 시간, 공간, 대화 참여자와 같은 구체적 상황을 알아야 청자는 정확한 의미를 해독할 수 있다. 언어외적 상황은 발화행위를 전제로 한다. 문장만을 보면 불확정적인데 이를 특히 지시의 불확정성이라 할 수 있다. 통사를 넘는 영역을 화용이라 하는데 이때 화용이라는 말, 즉 '언어사용'이라는 말은 해석의 여러 가능성들 가운데 하나를 좁혀 그 하나를 선택한다는 것을 의미한다. (1b)에서는 주마가 누구인지 뿐만 아니라 크다는 것이 과연 얼마의 신장을 말하는 지 알 수 없다. 이를 특히 의미의 불완전성이라 한다. 크기의 규모가 모호하다는 것을 의미한다. 1c,d는 모두 어휘의 중의성에 의한 다양한 해석 가능성을 보여주고자 하는 예문이다. 'gift'가 예문에서는 '선물'로 해석되었으나 특정 맥락에 따라 '재능'으로 해석될 수도 있는 것이다. 스와힐리어의 'pembe'는 더 많은 의미를 지닌다. '뿔, 나팔, 모서리, 계절, 플라스크 병, 건물의 날개'가 그것인데 발화 맥락이 어떠하냐에 따라 그 어떤 해석도 가능해 진다. 결국 기호의 해석에는 맥락을 바탕으로 한 추론이 전제된다는 것을 알 수 있다.

발화의미는 맥락에 따라 달리 해석될 수 있으나 다른 한편으로는 화자의 태도에 따라 아주 다른 효력을 발생시킨다. 동일한 문장 내용이 단언, 명령, 질문, 추측 등 다양한 형태로 나타날 수 있는데 이를 언표외적 힘(illucutionary force)라 한다. 이런 형태를 통해 화자의 태도를 비롯하여 대화상대방에 대한 관계를 암암리에 나타내게 되는 것이다. 이런 것들은 모두 전통적인 문장의미를 벗어난 것들로 참여자를 포함한 사회적 맥락을 전제로 하고 있다. 아래 예들은 다양한 언표외적 힘을 표현하고 있다.

[2] a. *Unaondoka sasa!(You are leaving now!)* [확인, 추측, 통보, 분노?]
'너는 지금 떠나고 있다!'
b. *What an honest fellow Joe is.* [반어적 표현, 비유, 사실]
'조는 얼마나 정직한가.'

c. *Unajua saa ngapi sasa?*
(Do you know what time it is?) [질문, 힐책, 권유, 환기]
'너는 지금이 몇 시인지 아는가?'

d. Coffee would keep me awake. [진술, 거절표시]
'커피를 마시면 잠을 못잘 거야!'

위 (2)의 예문들은 문장 코드상의 화법 표현과 화자가 진심으로 원하는 것이 일치하지 않는 예들이다. (2a)는 떠난다는 사실을 확인하는 것으로 표현되어 있으나 이를 통해 화자의 실망이나, 슬픔 혹은 분노를 나타낼 수 있으며, (2b)는 조가 아주 정직하다는 것을 나타내지만 정 반대로 그가 정말 정직하지 못하다는 것을 표현할 수도 있다. 문장의미와 화용의미 즉 발화의미는 아주 다를 수 있으므로 이에 대한 구분이 필요하다.

2. 사회음성학과 언어적응(Socio-phonetics, linguistic accommodation)

언어소통과정에서 참여자들이 하는 말을 들으면서 가장 먼저 눈에 띠는 것은 그들이 하는 발음이다. 청자들은 상대방의 발음이 어딘가 낯설거나 특이한 특징을 지니고 있음을 안다. 낯설고 어색한 발음상의 특성을 '낯선 어투(foreign accent)'라고 하는데 이것은 본질적으로 화자의 모어발음에 기초된다. 특히 외국어를 발음할 때 흔히 나타난다. 같은 모어를 발음한다 해도 개인만이 지니고 있는 독특한 변이형이 나타나는데 이를 개인 방언(idiolect)라 함은 이미 지적한 바와 같다. 발음상의 특성은 종종 사회적 계층화와 관련된다. 이는 단순하게 말해서 고급변이형과 저급변이형(high vs. low variety)으로 나누어 생각할 수 있다. 표준어나 링구아 후랑카, 혹은 국제적 소통매체가 보통 고급 변이형이 된다. 화자들은 자신이, 주어진 사회 내에서 어떤 대접을 받고 싶어 하는 지에 따라 의도적으로 혹은 무의식적으로 이들 양극단 사이에 있는 언어 변이형들 선택하여 사용한다. 이를 언어적 적응(linguistic accommodation)이라 한다.

고급 변이형을 선택함으로서 사회수직 구조상의 상층을 지향하고 있음을 나타낸다. 혹은 상대방의 사회적 지위에 걸 맞는 변이형을 선택했다는 인상을 주기도 하고 고급형을 선택함으로서 상대방을 그렇게 대우하고 있음을 보여주기도 한다. 반대로 저급형을 선택할 경우도 있는데 이는 개인 방언, 지역방언, 토속어, 자국어(부족어)가 그 역을 보통 맡는다. 이때는 자신이 사회적 단결(solidarity)이나 집단의 결속(group cohesion), 혹은 평등(equality)을 강조하고 있음을 나타낸다. 언어적 적응과정에서 화자는 때로 과잉 수정어법(hyper-correction)을 구사하기도 한다(Wolff 2000:304).

3. 사회결속(social bond)으로서의 언어

언술행위는 대화 참여자들 사이의 사회적 결속이나 유대감을 나타내기도 하고 혹은 그 반대로 이들 사이에 존재하는 사회적 거리(social distance)를 나타낸다. 화자들이 의도하든 의도하지 않던 다양한 정도의 사회적 요인들이 화자의 말을 통해 나타난다. 사회적 관계에 관련된 화자의 의도나 태도의 내용을 보다 구체적으로 살펴보면 다음과 같다:

1) 친밀도(Intimacy)에 따른 거리(distance)
상대방에 대해 느끼게 되는 친밀감 혹은 낯선 감정(거리감 distance)은 두 사람 사이의 사회적 거리를 결정하는 요인으로 작용한다. 친밀감은 보다 가까이 다가가려는 방향으로 작용하고 낯선 감정은 거리를 더 멀게 한다. 친밀도를 나타내는 다양한 언어표현들이 있다.

2) 연대의식(Solidarity)과 수직구조
대화 참여자들 사이의 관계가 수평적일 때 연대의식이 나타난다. 권력(Power)의 대소에 따라 수직관계가 형성될 때 연대의식은 상대적으로 사라진다. 힘이 있는 경우는 이권이나 장점이 있게 되어 힘이 없는 참여자는 수직선상의 아래를 점한다 하더라도 이권이나 장점을 공유할 수 있는 기회가 크다는 점이 작용함으로 이 수직 관계가 유지된다.

3) 존경심(respect)의 정도
힘이 보다 구체적인 것이라 한다면 존경심은 무형적인 자산으로 인격이나 지혜 혹은 매력 등의 것들이 그 배경을 이룬다. 이런 요소들은 간격을 좁히는 요소로 작용한다.

4) 금기사항(taboo) 공유
친하지 않은 사이에서는 금기 상황에 대한 언급은 무례함이나 모독으로 나타나지만 이를 허용하거나 공유할 수 있는 사이는 상대적으로 친밀도가 높은 것으로 이해될 수 있다.

5) 배척과 제외(exclusion)
자신의 정체성을 강조하거나 부각시키는 일환으로 상대방을 배척하거나 공동체로부터 제외시키고자 하는 것을 말한다.

6) 차별화(discrimination)
개인의 정체성, 혹은 집단의 정체성을 확인하는 과정의 일환으로 타인 혹은 다른 그룹과의 차이점을 부각시켜 차별화를 도모하는 것을 말한다.

7) 담화의 진지성(seriousness of discourse)
주어진 대화를 진지하게 생각하느냐 혹은 장난이나 유희 정도로 여기는지에 따라 진지성의 정도가 달라진다.

위의 7가지 사항들은 정도(degree)의 문제로서 가장 극단적인 경우와 가장 그렇지 못한 다른 한 극단에 이르는 것을 상정해 볼 수 있다. 대화 참여자들은 이들 양극단 사이 어딘가의 자리에서 현 대화의 위치를 점하게 된다. 대화 과정에서 화자는 확인된 현재 위치를 바탕으로 자신이 원하는 위치로의 이동을 의식적으로 도모할 수 있다.

위에 제시한 다양한 사회적 정보들이 자신이 선택한 변이형이나 말투에 의해 은연중 간접적으로 표현된다. 이 같은 상황은 동일한 언어 내에서도 이루어지지만 다중언어 상용사회에서는 코드(code, lect, variety)의 혼합(code mixing)이나, 코드 전환(code shift)을 통하여 더욱 극적으로 이루어진다. 소속집단에서 쓰이고 있지 않은 변이형을 구사하게 되면 자신도 모르는 사이에 그 그룹에서 소외당하거나 배척을 당하곤 한다. 결국 언술행위는 사회적 거리를 의도적으로 넓혀가는 기능을 담당하기도 하고, 때로는 그 반대로 사회적 거리를 좁혀 관계를 더욱 촉진하는 방향으로 나아가기도 한다. 언술행위에 의해 나타나게 되는 사회적 메시지를 볼프교수는 위와 달리 아래 다섯 가지로 요약하여 그 척도를 만들었다(Wolff 2000:304-5). 이를 바탕으로 주어진 언술 내용의 사회적 의의를 분석할 수 있다고 보았다.

a) 사회적 거리(social distance)와 단결성 척도(solidarity scale): 친밀성(INTIMACY) vs. 거리감(DISTANCE, high vs. low solidarity)
친밀성이 증대하면 유대감은 증대되고, 사회적 거리감이 커지면 유대감은 감소된다. 언어적으로 고급변이형은 그룹 외적으로 거리감(차별화)을 과시하고, 저급형은 그룹 내적으로 상호 유대감(평등성)을 나타내곤 한다.

b) 지위척도
우월함과 열등함(superiority vs. inferiority, high vs. low status); 힘이 있는 그룹은 우월성을, 힘이 없는 그룹은 열등함과 연결된다. 권력(Power)에 유무에 따라 수직관계가 형성된다.

c) 공식성 척도(FORMAL vs. INFORMAL; high vs. low formality)
격식을 차리느냐 마느냐에 따라 공식성의 척도가 달라진다. 참여자의 환경과 상황에 따라 공식성의 정도가 결정된다. 화자의 의도에 따라 이 같은 정도가 결정되기도 한다.

d) 정보성 척도(high vs. low referential, informational content)
얼마나 새롭고, 유익하며, 중요한 정보를 담고 있는가에 대한 척도로서, 새롭고, 유익하며 중요한 정보를 담은 담화로부터 이미 알고 있으며 유익하지도 않은, 그러므로 중요하지도 않은 그렇고 그런 담화가 있다.

e) 애정성 척도(상대방에 대한 호의나 애정 그리고 주어진 화제에 대한 관심도, high vs. low affective content)
상대방에 대한 호의나 애정 혹은 존경어린 담화에서 적의나 경멸 혹은 멸시의 감정을 담은 담화를 상정해 볼 수 있다(cf. royalty, respect).

[표 25] 개인 정체성 자질과 사회결속 자질 사이의 상호관계

	RURAL (농촌)	FORMALITY (형식성)	INTIMATE (친밀성)	SERIOUS (진지성)	PROFICIENCY (언어능력)	
SOLIDARITY	+	-	+	-	-	(DISTANCE)
SUPERIORITY	-	+	-	+	+	(INFERIOR)
FORMALITY	-	+	-	+	+	(INFORMAL)
INFORMATIONAL	-	+	-	+	+	(PLAYFUL)
AFFECTIVE	+	-	+	-	-	(ROYALTY)

개인이 구사하는 언어가 나타내게 되는 정체성 자질들은 도농, 격식, 친밀성, 진지성, 구사력 등 다섯 가지이다. 개인과 개인 사이의 의사소통과정에서 사회적 관계를 나타내는 자질들은 연대감 척도, 수직성 척도, 격식성 척도, 정보성 척도, 애정성 척도로 나뉠 수 있다. 이들 상호간의 관계를 살펴보면 위 [표 26]에서 나타난 것과 같다. 연대, 애정 자질은 농촌, 친밀성과 관련되고, 반대로 우월, 격식, 정보는 격식, 진지성, 구사력과 직결되고 있음을 볼 수 있다.

[표 26] 사회 자질들의 함축관계

SOLIDARITY, AFFECTIVE	⟶	RURAL, INTIMATE
SUPERIORITY, FORMALITY, INFORMATIONAL	⟶	FORMAL, SERIOUS, PROFICIENCY

[표 27] 사회관계 자질이 담고 있는 주요 내용

SOLIDARITY SCALE	intimate vs. social distance, horizontal relation
SUPERIORITY	power, social status, vertical relation
FORMALITY	formal, informal context, environment, social setting
INFORMATIONAL	useful, new, importance(relevancy, interest, motivation)
AFFECTIVE CONTENT SCALE	royalty, respect, relevancy, interest

4. 언어 함축(Linguistic Implication, Implicature)

일찍이 언어철학자 오스틴(J. L. Austin 1962)는 화자가 말하는 것과 그들이 의미하는 것을 구분해야 한다고 제안함으로서 언어가 갖는 자구적 의미와 특정한 맥락에서 쓰임으로서 나타나게 되는 함축적, 내포적 의미 차이의 중요성을 인식했다. 후일 그라이스(Grice 1974)는 이를 표현된 의미층위와 함축된 의미층위(the level of expressed vs. implied meaning)라는 개념으로 문장의미와 특정 맥락에서 그 문장을 씀으로서 나타나게 되는 발화의미를 구별해야한다고 설명했다. 나중에 자세히 설명하겠지만 그는 대화 참여자들이 대화에 협력하고 있다는 전제하에 발화를 해석한다고 보았다. 이 같은 협력의 원리를 의도적으로 깨면 그에 따라 새로운 의미 요컨대 화자의 의도가 포함된 의미가 창출된다고 보았다. 이를 대화 함축이라 하는데 이는 추론(inference)과 맥락적 지식(contextual assumption)을 전제로 한다. 의미의 추론과정에 따라 텍스트의 의미가 달라질 수 있음을 의미한다. 그라이스의 협력의 원리는 후일 스페르버와 윌슨(Sperber & Wilson 1986)의 연구로 이어졌는데 그들은 적합성의 원리(the maxim involving relevance)가 다른 세 원리를 우선한다고 보아 이 개념을 중심으로 통합해 나갔다. 요컨대 다른 원리들은 위반될 수 있지만 적합성 격률은 대화 함축을 추론해 나가는데 항상 사용되어진다는 것이다. 추론과정에서 맥락의 중요성이 다시금 확인되어졌다(Pinkal 1985:36). 핀칼은 맥락을 보다 구체적으로 다음 네 가지로 요약했다.

[표 28] 맥락의 구성요소

a. 상호작용의 전체적 틀(the entire frame of interaction)
b. 참여자들의 개인적 경력(the individual biographies of the participants)
c. 물리적 환경(the physical environment)
d. 사회적 삽입(social embedding)

발화의 기능상 '화자와 청자 사이의 대화상황의 특유한 가정이나 대화의 원칙'에 근거한 추리를 바탕으로 화자는 실제로 의도하는 바대로 직접적으로 표현하지 않고, 둘러대어 표현하는 경우가 많다. 이 같은 간접적 암시적 언어표현을 함축이라 한다. 문장 자체 코드가 지닌 의미를 문장의미(Sentence meaning)이라 한다면, 발화(utterance)를 통해 나타난 화자의 의도(intention)을 '발화의미'라 할 수 있다. 전형적으로 문장의미는 의미론에서 다루고, 발화의미는 언어의 사용에 관한 문제이므로 화용론(Pragmatics)의 주요 관심사이다(Levinson 1983). 발화의미에 관심을 가졌던 그라이스(Grice 1975)는 '말한 것'과 '함축된 것'을 구분할 필요가 있다고 주장했다. 함축은 발화된 문장의 일부분도 아니요, 함의(entailment)도 아닌데, 그 문장발화에 의해 암시된 명제라 할 수 있다.

4.1 함축의 종류

4.1.1 관례화 된 함축(Conventionalized Implication)

관례화되었다는 말은 언어표현 속에 이미 함축적 의미를 지닌다는 것을 의미한다. 예컨대 발화에 동원된 접속사와 같은 단어나 구(phrase)는 관례화 된 자질에서 비롯된 함축이다(예컨대, lakini '그러나', kwa hivyo '그래서', hata hivyo '그럼에도 불구하고').

[1] Hadija alikuwa na mimba, *kwa hivyo* Mohamed alijifurahisha sana.
'하디자가 임신을 *했기 때문에* 모하메드는 무척 기뻐했다.'
⇒ [하다자와 모하메드는 서로 사랑하는 부부관계에 있을 것이라는 것을 암시하고 있다.]

[2] Hadija alikuwa na mimba, *lakini* Mohamed hakufurahish hata kidogo.
'하디자가 *임신했지만* 모하메드는 전혀 기뻐하지 않았다.'
⇒ [이들 둘 사이의 관계가 원만하지 않음을 암시하고 있다.]

[3] Hadija alikuwa na mimba, *lakini* Mohamed alijifurahisha sana. [의외성을 함축]
'하디자가 임신을 했지만 모하메드는 무척 기뻐했다.'
⇒ ['아이를 낳아 기를 형편이 아니지만 *그럼에도 불구하고* 기뻐한다'는 의미가 함축되어 있다.]

위의 문장에서 주문과 종속문의 의미는 동일하다. 그러나 이들 두 개의 절을 묶는 접속사에 의해 함축하는 의미는 아주 달라진다. (2)에서는 의외의 사실이라는 의미를 관례화된 반전(contrast) 의미의 대등 접속사 {lakini, 그러나, ~ 했지만}에 의해 표현되고 있다.

4.1.2 특수구문에 의한 함축

아래 문장들은 의문문 형태를 하고 있지만 실제 함축하는 의미는 상대방으로 하여금 특정 행동을 권유하는 공손 명령이다. 여기서 함축의미는 특정 어휘가 아니라 화법, 구문에 의해 표현되고 있다.

[1] Kwa nini husimami hapa? (Tusimame ~ !)
Why don't you stop here? (= *Let's stop here*!)
=왜 여기서 서지 않으세요?(= 여기서 섭시다!)

[2] Kwani hukimbilii? (Tukimbilie!)
Why not run? (= *Let's run*!)
왜 안 뛰니까? (= 뛰시다!)

위 문장은 자구적(literal) 해석과 함축적 해석이 동시에 가능하다. 자구적으로 해석하면 단지 이유를 묻는 의문 문장이 된다. 그러나 실제적으로 주어진 맥락이나 상황에 따라 화자의 요구나 권유를 우회적으로 표현한 명령의미로 해석될 수 있다. 이런 점에서 의미론과 화용론이 갈리게 된다.

4.2 대화상의 함축

인간은 언어소통을 바탕으로 사회관계를 맺고 유지하고 관리해 나간다. 언어소통은 여러 가지 양상으로 이루어지지만 가장 핵심적인 것은 두 사람 사이의 대화를 통해 이루어진다. 대화는 전형적인 소통 양상이라 할 수 있다. 대화가 원만하게 이루어져 나갈 수 있기 위해서는 참여자들 사이의 모종의 공동인식이 전제된다. 그라이스는 협력의 원리와 네 개의 격률을 중심으로 이를 체계적으로 설명했다.

5. 대화의 원리

5.1 화행과 발화

기호에 의해 나타내지는 문장의 내용은 실제 세계에서 나타난 사건을 완전하게 포함시키는데 한계가 있다. 화행(speech act)은 실제 세계에서 연출되는데 특정한 시간과 공간, 대화 참여자들과 그에 따른 주제가 주어진다. 문장 상에 나타난 코드만으로는 그 정황을 모두 전달하기 어려울 때가 있다. 코드 밖의 모든 상황을 포함한 내용을 문장의미와 구별하여 '발화의미(utterance meaning)'라 함은 이미 앞에서 지적한 바 있다. 지시의 불확정성, 의미의 불완전성, 낱말의 중의성에 바탕을 둔 발화의미의 특징을 담은 예들을 다시한번 살펴보자.

[1] *Sisi tutakuja mwaka ujao.* [지시의 불확정성]
'우리들은 다음 해에 올 것입니다.'

[2] *Halima ni mrembo.* [의미의 불완전성/ 크기의 기준이 불분명]
'할리마는 아름답습니다.'

[3] *Maziwa haya yamefurika.* [낱말의 중의성/선물 ~재능, ~독]
'이 우유가 흘러 넘쳤다. ~이 호수가 범람했다.'

문법은 언어구조만 다룰 뿐 소통정보 내용을 다 담아내지 못한다. 화용론은 화자가 의사를 소통하기 위해 문장 코드를 어떻게 활용하고 사용하는 지를 다룬다. 청자는 해석 가능한 여러 가능성들 중에 하나를 선택하게 된다. 발화는 사고 내용을 전달할 뿐 만 아니라, 더 나아가 표현된 사고 내용에 대한 화자의 태도, 관계를 드러낸다. 요컨대 명제적 태도를 밝힐 뿐만 아니라, 화행을 수행함으로서 언표외적 힘(illocutionary force)을 구사하게 된다. 다음은 문장 형식상 나타난 서법 형식과 실제로 화자가 의도한 메시지가 중첩되어 있는 사례들이다. 맥락을 이해한 청자는 문장상의 서법과 관계없이 화자의 발화 의도를 올바로 해석해 낼 것이다.

[4] *Umechelewa tena darasani!* [확인, 선언, 통보, 분노?]
'너는 또 수업에 늦었다!'

[5] *Jinsi kilivyo ajabu!* [진심인가, 반어적 내용인가?]
'얼마나 놀라운 일인가!'

[6] *Unajua yeye ni mtu wa namna gani?* [질문인가, 힐난?]
'너는 도대체 그가 누구인지나 알고 있니?'

[7] *Kahawa inanizuia kulala usiku.* [단순 서술인가, 거절표시인가?]
'커피는 밤에 잠자는 걸 방해해.'

5.2 주요 개념들

대화상의 함축은 '협력의 원리'를 전제로 한 것이다. 협력의 원리는 그라이스(Grice 1975)에 의해 개발된 것인데, 그는 대화에 있어 나타나는 원리를 다음과 같이 정리하여 설명했다. 대화를 할 때 참여자들은 자신의 발화가 주고받는 이야기의 목적과 방향에 맞게 나름의 이바지를 한다는 것이다. 그러기 위해서 그들은 다음 4가지의 격률(maxim)들을 지켜나가야 한다는 것이다.

5.2.1 그라이스의 협력 원리

1) 정보의 양(Quantity)
- 자신의 기여가 대화의 현재 목적에 필요한 만큼만 제보적이어야(informative) 한다.
- 자신의 기여가 필요이상으로 제보적이지 않도록 해야 한다.

2) 정보의 질(Quality)
- 자신의 이야기는 참된(true) 것이어야 한다.
- 본인 스스로 거짓이라는 것을 알면서, 그것을 말하면 안 된다.
- 자신의 주장에 적절한 증거(근거)가 없는 것을 말하면 안 된다.

3) 관련성(Relation)
자신의 말이 주어진 화제(topic), 대화상황(situation), 주어진 시점(perspective) 등과 연관이 있어야 한다. 엉뚱한 말을 하면 안 된다.

4) 태도(Manner)
- 가급적 명쾌하게 말한다.
- 모호한 표현이나 중의적인 말은 피한다.
- 불필요한 장광설을 떠벌리지 말고 간결하게 말한다.
- 말은 순서에 따라야 하고 조리가 있어야 한다[112].

의도적으로 위에 제시된 격률을 깨면 그것은 대화를 하기 싫어하거나 다른 모종의

112) cf. Grice(1975), Lavinson(1987), Sperber & Wilson(1986, 1987), 심재기 외(1984:177-178), 황적륜 외(1994:181-188).

의도를 표현하는 것으로 간주될 수 있다. 화자들은 보통 다음 5가지로 반응하게 된다:

1) 전적으로 준수하는 경우;

A: *Nimeishwa mafuta ya motokaa. Sina petroli.*
(자동차의 기름이 떨어졌어요. 나는 기름이 없어요!)

B: *Zungusha, kuna stesheni ya mafuta kule.*
(저쪽으로 돌면 코너에 주유소가 있답니다.)

A 화자는 진술하고 있지만, 기실 상대에게 주요소의 위치를 묻고 있다. B 청자는 상대가 주유소가 어디 있는 지를 묻는 것으로 이해하고 그곳을 알려준 것이다. 하지만 이와 달리

2) 한 가지만 위반하는 경우(일부러 거짓말을 함)와
3) 격률을 무시하는 경우(to opt out), 그리고
4) 격률들 끼리 상충하는 경우(양을 중시하다보니 질이 떨어지든가 혹은 그 반대)가 실제 대화 시 나타날 수 있다.

A: *Bwana Ali anakaa sasa hivi*? (알리씨는 요즘 어디에서 사나요?)
B: *Anaishi mahali iwezapo Kusini ya Afrika.*
(아프리카 남부 어딘 가에 살고 있지요.)

간단하게 대답을 했지만 내용이 애매하여 충분한 답이 되지 못하고 있다. 양과 질의 격률이 상충하고 있다.

5) 격률을 고의적으로 변형시키거나, 혹은 위반하는 경우(flouting)도 있다.

A: Miss Cho *sang* 'Home sweet home'.
B: Miss Cho *produced a series of sounds that corresponded closely with the score of* 'Home sweet home'.

B문장은 의도적으로 간단한 표현 '노래하다(to sing)'를 과도하게 정밀하고 세밀하게 말했다. 이는 간결하게 말해야 한다는 격률을 의도적으로 위반한 것이다.

앞에서 지적한 바와 같이 아프리카 사회와 같은 다중언어 상용사회에서는 여러 언어들, 혹은 변이형들 중에 하나가 매번 선택되어져 사용된다. 이 때 언어 선택의 기준은 다양하기 그지없고 이에 따라 나타나는 문제들 또한 다양하고 복잡하기 그지없다. 이 같은 문제들이 사회언어학자들의 주요 연구과제이다.

다음은 스와힐리어, 부족어, 영어 등 삼중 언어상용 구조를 하고 있는 동아프리카 내륙에서의 언어사용을 연구한 스코튼의 논문을 중심으로 언어들이 어떤 기준에 의해 어떻게 선택되어지고 있는지, 그것을 통해 참여자들이 자신의 의도를 어떻게 나타내는지, 그리고 궁극적으로는 자신의 정체성을 어떤 방식으로 과시하거나 혹은 교섭하는 지를 대화원리라는 사회언어학적 일반이론을 바탕으로 정리해 본 것이다(Scotton 1983).

5.3 대화에 있어 정체성의 교섭

스코튼은 대화를 '정체성의 교섭'이라는 개념으로 설명했다. 이는 그라이스가 제안한 '협력의 원리'와 대립된다. 협력의 원리는 주어진 사회 상황 요컨대 기존의 위계질서(Status Quo)를 수용하고 그 안에서 상호간의 협력을 바탕으로 대화를 이끌어 가는 것으로 설명된다. 협력의 의지가 약화되거나 사라질 때 대화가 끊기는 것으로 나타난다. 하지만 스코튼의 정체성 교섭은 사회적 위계질서나 서로 간 생각하는 정체성이 피차 수용되지 않을 때, 혹은 그 같은 사회상황에서 더욱 빈번히 나타나게 되는 제반 현상들에 주목한다. 이때에는 대화 참여자들이 서로간의 새로운 정체성을 교섭하는 양상으로 전개되는 경우가 허다하다는 것이다. 서로간의 언어를 모르거나 상대에 대한 지식이 결여되어 있는 아프리카 다중언어상용상황에서는 빈번히 정체성 교섭이라는 원칙에 따라 대화가 진행되곤 한다는 것이다.

대화는 주어진 상황, 대화 참여자 그리고 이들이 선택하게 되는 코드 등 세 가지 구성 요소들로 나누어 이해될 수 있다. 이 세 가지 요소들은 다시 보다 구체적으로 세분화 될 수 있다. 예컨대 상황은 관례화된 것과 그렇지 않은 것, 요컨대 비-관례화된 상황으로 구분하여 이해될 수 있다. 관례화된 상황이란 제도화된 틀 안에서 이루어지는 발화상황이고, 비-관례화된 것은 비교적 이 같은 틀로 구애받지 않는 상황이지만 이들 둘은 양분법적으로 확연히 구분되기 보다는 하나의 연속체를 이룸으로서 이 구분이 사실상 정도의 문제임을 알 수 있다.

참여자들은 나름의 의도와 목적을 갖고 대화에 임하게 되는데, 일반적으로 정보의 수집이나, 제공 혹은 교환이 일차적 목표이다. 그러나 여기서 더 나아가 대화 참여자들이 주어진 상황에서 유지하고 있는 자신의 정체성을 과시하거나 교섭해 나간다는 부차적인 목표도 있다.

마지막으로 매체는 주어진 상황에 따라 혹은 대화 참여자의 형편에 따라 무표- 혹은 유표매체로 양분된다. 미시적으로 보면 매체는 자구의미를 지니거나 함축의미를 지닌다. 이상 대화 구성요인과 이에 따른 상호 관계, 특징 그리고 주요 논의 주제들을 요약하면 다음 [표 29]과 같다.

[표 29] 대화 원리와 주요 요인들

<table>
<tr><td rowspan="10">대화/이야기
(conversation)
언어적 소통
(verbal interaction)</td><td colspan="2" rowspan="2">1. 상황/맥락</td><td>관례화된 상황(conventionalized Situation)</td></tr>
<tr><td>비-관례화된 상황(un-conventionalized S.)</td></tr>
<tr><td rowspan="4">2. 참여자
(Participant)</td><td rowspan="2">참여양상</td><td>협력원리(cooperation principle) ⇒ Status Quo</td></tr>
<tr><td>정체성 교섭(negotiation of identity)</td></tr>
<tr><td rowspan="2">참여의도</td><td>정보교환, 의사소통(referencial function)</td></tr>
<tr><td>친교, 사회관계 유지, 관리
(phatic/social function)</td></tr>
<tr><td rowspan="4">3. 매체</td><td rowspan="2">거시적 측면
(매체지위와 기능)</td><td>유표 매체(marked code)</td></tr>
<tr><td>무표 매체(unmarked code)</td></tr>
<tr><td rowspan="2">미시적 측면
(메시지)</td><td>문장의미: 자구적 의미(literal meaning)</td></tr>
<tr><td>발화의미: 함축의미(implicational meaning)</td></tr>
</table>

5.3.1 주요 기초 개념들

1) 교섭의 원리

이 원리는 대화 참여자(Participants)에 직접 관련된 사항이다. 발화(utterance) 혹은 언술행위(speech act)라는 용어로 표현된 내용은 실제적으로, 혹은 전형적으로 하나의 대화(conversation) 형태로 실현된다. 대화에는 화자와 청자가 참여하게 되는데 이들은 대화를 통하여 일차적으로 의사를 소통한다. 하지만 언어사회학적 측면으로 보면 대화가 의사소통만으로 그치는 것은 아니다. 소통의 이면에는 대화에 참여한 참여자들 사이에 사회적 교류가 이루어진다.113) 보다 구체적으로 이는 참여자들 각각의 정체성(identity)의 만남으로 이해될 수 있다. 이 정체성은 고정된 것이 아니라 상황, 상황에 따라 적절히 바뀌어 나갈 수 있는 것이다. 대화에 있어 '정체성 교섭(negotiation of identity, NI)'이란 무엇인가?114)

스코튼은 언어(코드, 스타일, 어투) 선택을 통하여 참여자들은 상호간에 정체성의 교섭활동을 벌이고 있다고 보았다. 요컨대 대화는 '교섭의 원리(Negotiation Principle, NP)'로서 설명되어질 수 있다. 교섭의 원리(NP)는 화자와 청자사이에 존재하는 '권리와 의무 조항(Right and Obligation Sets, RO-Set)'에 관련된 것으로, 이것이 대화함축을 만들어 내는 전제가 된다(Scotton 1983: 117-118).

2) 유표성 이론과 소통능력

스코튼은 더 나아가 코드선택의 메커니즘을 '유표성 이론'으로 설명되어질 수 있다고 보았다. 이는 주어진 사회 내에 존재하는 코드는 상황에 따라 유표적인 것과 무표적인 것으로 나뉠 수 있고, 화자는 의식적이든 무의식적이든 이런 상황을 감안하여 무표 혹은 유표 매체를 원하는 바에 따라 선택한다는 것이다. 이 같은 코드-선택은 언어외적 메시지나 의도를 담게 된다. 요컨대 화자들은 코드 자체에 대한 언어능력(Linguistic Competence)에서 더 나아가 이를 선택하고 사용할 수 있는 소통능력(Communicative Competence, Hymes 1972)의 일부로서 언어적 소통활동을 수행하고 있다는 것이다.

3) 발화의 본질: 이성적 선택

발화는 상황에 의해 조건 지어진 소통행위로서, 참여자들 사이의 상호 작용행위(interactional behavior)이다. 한편 언어가 주어진 순간, 순간 생성해 내야 한다는 측면으로 보면, 발화는 매 순간 '결정이 결부된 이성적 과정(a rational process involving decisions)'이라 할 수 있다. 결국 상황, 매체, 참여자라는 세 가지 요인들 중에서 대화를 주도해 나가는 것은 화자의 이성에 기초된 결정과 선택이다.115)

---

113) 대화는 본질적으로 사람들 사이의 접촉을 전제로 한다. 신체적 접촉, 심리적 접촉이 전제된다. 하지만 대화가 이루어지려면 여기서 더 나아가 코드가 공유되어야 한다.

114) 화자는 자신의 정체, 에고(Ego)를 과시하거나 주장하며, 대화를 통해 타자(the other), 즉 상대방의 인정을 받고자 한다. 화자는 다시 청자가 되어 상대의 정체성을 수용하고 인정할 때 두 사람 사이의 원만한 사회적 관계가 성립된다.

115) 실제 상황에서 화자는 자신의 의도나 이성적 판단과 다른 내용을 말할 수 있다. 이는 스스로 발화를 통제하지 못하는 상황으로서 말과 의도 사이에 간격(gap)이 있음을 암시한다.

4) 교섭의 원리와 협력의 원리

'교섭의 원리'는 그라이스(Grice 1975:45)의 '협력 원리'를 염두에 둔 것이다. 대화라는 것은 상호 승인된 목표와 방향으로 가기 위한 상호간의 공헌으로서 그라이스는 질, 량, 관계, 방식이라는 4개의 기본원리를 내 놓은 바 있다(위 8.3.2 참조). 그라이스는 대화의 중심목표가 정보를 교환하거나, 서로가 서로에게 영향력을 과시하기 위한 것으로 설명했다. 그리하여 '협력의 원리'가 최대한 적용된다면 주어진 대화는 최대의 효과를 낼 것이 분명하다. 그러나 대화는 의사소통이나 정보교환 이외의 기능을 수행하고 있다는 사실이 근간 학자들에 의해 부단히 제기되곤 했다. 예컨대 브라운과 레빈슨(Brown & Levinson 1980:60)이 지적했듯이 어느 집단이든 사람들이 정보성이 전혀 없는 '동일한 내용(saying the same thing)'을 말하는 표현들이 존재한다는 것이다. 인사말과 같은 것이 전형적인 예인데, 이는 소위 사회관계를 유지하거나(to preserve social relationships), 체면을 지키기 위한(to maintain each other's face) 것으로서 대화가 사회적 기능을 수행하기 위해 이루어지는 좋은 예라 할 수 있다.[116)]

스코튼의 논문에서는 '변이들이 왜 존재하는가'하는 문제와 더불어 '코드의 선택'이라는 것이 사회적 관계에 대한 참여자들의 요구를 반영하는 것으로 이해되었다. 요컨대 그라이스의 '협력 원리'와 더불어 사회적 '정체성의 교섭원리'가 함께 작용하고 있다는 것을 그녀는 주장했다.

5) 두 원리의 유사성

이어서 스코튼은 이들 두 원리들 사이에는 다름과 같은 네 가지 유사성이 있다고 본다:

① 이들은 모두 대화수행에 관한 원칙이라 할 수 있다,
② 둘 다 대화함축을 유발시킨다. 언어로 표출된 것과 화자의 의도나 목적 사이에 간격을 인정해야 한다. 언어로 직접 표현되지 않은 것들은 함축이라는 영역을 통해 전달된다.
③ 둘 다 문화와 상황에 의존한다. 주어진 문화와 상황은 보편성과 더불어 그들만의 독창성과 개별성을 지니게 되는데 대화는 이들 틀 안에서 수행되어 나간다.

---

116) 인간과 인간 사이의 관계를 열고, 이를 유지해 나가는데 필요한 언어행위를 야콥슨은 언어의 친교기능(phatic function)으로 설명했다.

④ 끝으로 이 원칙을 깨는 것이 또한 그에 맞는 대화함축을 유발시킨다.

6) 차이점: 유사성과 더불어 아래와 같은 차이점들이 지적된다.

- '협력의 원리'는 말하여진 내용에 관련하여, 그리고 화자들이 주어진 사회적 지위(status quo)를 유지하는 범위 안에서 이 원칙을 따르지만,
- '교섭의 원리'는 코드 그 자체에 관하여, 그리고 사회적 관계자체를 호소하거나 유지할 수도 있는 원리이다.

'관례화된 상황'에서는 협력원리가, '비-관례화된 상황'에서는 교섭원리가 더 선호되는지의 여부는 보다 많은 사례연구가 뒷받침되어야 할 것이다.

5.4 대화의 속성과 상위 격률들

상위격률이란 '정체성 교섭'이 구체적으로 어떻게 이루어지는 지를 설명하기에 앞서 대화 그 자체가 갖게 되는 본질적인 속성들을 설명한 것이다. 스코튼은 다음 7가지 내용으로 대화의 성격을 요약했다;

대화의 사회적 목적은 '권리, 의무 조항(RO-SET, Right and Obligation Set)의 교섭'이라 말할 수 있다는 것이다. RO-SET은 사회적 자질들(출신, 나이, 성별, 직업 등)로부터 파생되어 나온다. 대화 참여자가 상대방과의 관계를 지속해 나가고자 할 때 요구할 수 있는 최소한의 권리와 동시에 자신이 상대방에 대하여 수행하여야 할 의무조항을 바탕으로 이들 둘 사이의 관계가 구체화된다. 권리의무 조항의 교섭은 보통 다음 네 개 과정으로 이루어진다.

1) 설정(to establish): 처음 만났을 때 나름의 관계가 설정되게 된다. 비-관례화된 상황에서 낯선 사람을 만나게 되었을 때 사전 지식이 없이 불안정하고 모호한 관계가 즉각적으로 일어난다. 한시적인 정체성이 상대방에 의해 구체화 된다.
2) 확인(to affirm): 만남을 반복해 나가면서 처음에 설정된 관계가 재확인된다. 상대방에 대한 정체성의 모습이 처음 형성된 양식을 바탕으로 서서히 굳어져 간다.
3) 재조정(to readjust): 기존의 관계가 적절치 않거나, 상황변화에 따라 혹은 참여자의 의도에 따라 처음 설정된 관계가 재조정될 수 있다. 설정 시와 달리 재조

정 시에는 참여자의 적극적인 개입과 노력이 일반적으로 더 많이 요구된다.
4) 변경(to alter the RO-set): 마침내 관계가 재조정됨에 따라 그에 따른 권리-의무조항도 변경된다.

이는 대화를 통하여 만들어지게 되는 인간관계, 혹은 사회적 관계의 설정과 변경의 양상을 네 단계로 구분하여 설명한 것이지만, 그와 동시에 매 순간 순간 형성되는 개인 정체성이 어떻게 변화해 나가는가 하는 것을 보여주는 것이기도 하다.

코드선택과 교섭: '의사소통능력(Communicative Competence)'의 일환으로 화자는 자신이 특정 어투, 혹은 코드를 선택하거나 고집한다는 것이 교섭(Negotiation)을 의미한다는 것을 알고 있다. 그러므로 특정 코드의 선택(Code choice)은 그 코드를 화자가 나름으로 해석한다는 것을 상징한다.

5.4.1 관례화 된 상황과 비-관례화된 상황

관례화의 유무에 따른 상황 분류: 대화교환은 관례화 된(conventionalized) 것이거나 비-관례화 된 것으로 구분될 수 있다. 관례화 된 교환은 사회적 규범이 명백하게 특정한 권리 의무 조항을 화자, 청자에게 제시하고 있는 경우이다. 예컨대, 의사와 환자, 사용자과 고용인사이의 대화는 전형적인 관례화된 상황이라 할 수 있다. 비 관례화 된 경우는 그와 같은 특정한 규정이 미리 전제되지 않는 상황에서의 대화이다. 실제적으로 주어지는 상황은 이 들 두 양극단 사이 어딘가에 위치하게 된다.

5.4.2 무표 매체와 유표 매체

유표성 이론과 무표코드(매체): 사회적 규범이 무표적 RO-SET을 확인하고 있는 상황이라면, 거기에는 무표적 코드(unmarked code)가 존재하게 마련이다. 무표 코드란 그런 상황에서 당연히 선택되는 코드로서 모든 구성원들이 자연스럽게 받아들일 수 있는 매체이다. 이런 상황에서 화자에 의한 의도적 코드 선택이란 은유라는 말로 사용될 수도 있는데, 이는 화자가 RO-SET을 간접적으로, 다시 말해서 은유적인 코드전환으로 표현할 수 있기 때문이다.

5.4.3 참여자의 정체성 교섭과 권리의무 조항

권리의무조항(RO-SET)과 코드의 관계: RO-SET이 코드 선택을 결정하는 것은 아니지만, 코드의 유표성 여부(MARKEDNESS)는 결정한다. 주어진 RO-SET에 부응하면 무표코드이고, 부응하지 않으면, 다시 말해서 그것에 거스르면 유표코드가 된다.

관례화 된 상황에서는 화자가 대화되어진 것이 무표 매체인지, 혹은 유표매체인지의 여부를 바탕으로 대화함축을 계산해 낸다. 비-관례화 된 상황 하에서는 그 같은 계산이 규칙적이지도 않고, 즉석에서 이루어질 수도 없지만, 화자는 결국 특정한 코드에 특정한 함축을 부여하게 된다[117].

5.5 협상의 격률

대화를 구성 짓는 세 가지 요소(참여자, 상황, 매체): 대화가 이루어질 때 유의해야 할 세 가지 요소는 결국 상황과 참여자 그리고 매체이다. 상황(Situation)은 적든 크든 하나의 사회를 의미한다. 그것은 관례화 된 것일 수 있고 비-관례화된 상황일 수 있다. 참여자들은 의식적이든 무의식적이든 그 같은 상황에 대한 관례화 여부나 정도를 판단하게 된다. 두 번째 요소로서 참여자들(Participants)은 우선 권리-의무조항에 대한 것을 바탕으로 자신의 정체성을 주장하거나 드러내고 혹은 그것을 상대방에게 요구하게 된다. 사회관계의 본질은 참여자가 상대방과의 관계를 맺음에 있어 그 관계를 보다 더 가까이 하고자 하느냐, 아니면 거리를 두어 더 멀리 하고자 하느냐 아니면 현재의 상태를 지속해 나가느냐로 나뉜다. 화자의 의도와 목적에 따라 이 같은 것이 여러 가지 책략에 의해 구사된다. 관례화 된 상황에서 참여자들의 목적은 보다 전문화된 이해관계로 표출된다. 개인적이고 사적인 감정의 차원을 넘어 사회적, 혹은 개인적 이해나 목적에 따라 의도적으로 사회적 거리가 더 좁혀질 수 있다. 마지막으로 매체(Code)에 관한 것인데 이는 유표 매체와 무표 매체로 대별될 수 있다. 그 같은 구분을 바탕으로 선택되어지는 매체는 화자의 의도에 따라 다양한 기능을 수행하게 되는 것이다.

5.5.1 무표 선택 격률(the unmarked-choice maxim): 자신의 정체성을 과시하는데 있어 가장 일차적인 격률은 주어진 상황에서 무표매체로 인정되는 코드를 화자가 사용하는 것이다. 그러므로 화자는 불필요한 주의를 이끌지 않고 이미 자신에게 부여

117) 위와 같은 내용을 증명하기 위한 구체적인 사례로 스코튼은 다음과 같은 것들을 제시하고 있다. Lambert & Tucker(1976)가 연구한 캐나다의 어느 가족구성원들(아버지, 어머니, 어린 아들)의 불어 호칭의 문제; 아들은 자전거를 하나 샀으면 한다는 주장, 1) 사주는 경우는 상호동등(reciprocal)의 {tu}를 사용하고, 2) 거부하는 경우는 비-동등(non-reciprocal) 호칭 {tu/vous}를 서로 쓴다는 것.

된 정체성을 그대로 유지해 나갈 수 있다. 다음은 스코튼이 아프리카 사회에서 나타난 구체적인 사례들이다.

1) 라이베리아(Liberia)의 크루(Kru)어 화자의 경우

크루어를 알고 있지만 공식석상에서는 영어 쓰기를 고집함으로서 자신의 직위(Status) 및 정체성(identity)을 지켜 나가려는 한 고위공직자의 코드 선택 경우를 살펴보자. 교회에서 강연을 담당하는 맥락에서는 하나의 공식적인 영역으로서 영어가 무표-매체이다. 정부 관리인 화자는 코드의 선택을 바탕으로 사회행위를 수행하고 있다. 사회자가 크루어로 설명해 줄 것을 요청구한 것은 이 같은 무표-선택의 규칙을 위반한 것으로 간주되어 선뜻 수용되지 않는다. 영어를 아는 다른 참여자가 그것을 크루어로 통역하였는데, 그는 유표-매체를 선택함으로서 야기되는 정체성의 손상이라는 피해를 입지 않는 입장에 있다. 결국 상황은 그런 방식으로 원만하게 해결되어 나간다(Breitborde 1977: 398).

주요 변수들;

① Social Setting; 교회, 보고회/어느 정도 공식적인 모임
② Participants; 정부 고위 공직자(자신의 직위, 정체성을 지키거나 혹은 과시하고자 함), 자발적인, 즉흥적인 통역인(내용을 전달하고자 함), 사회자/목사(청자인 평신도들에 대한 배려), 청중들/신도들
③ Codes; 영어(공식어, 엘리트의 언어, 탈-부족 중립어, unmarked code), 크루어(부족어, 비공식, 일반 대중의 언어, marked code, -formal, -distance, -power differential)
④ 코드선택과 정체성 교섭을 주도하는 주요 사회적 자질들(Social features); +[formality], +[power differentical], +distance

2) 유표선택을 한 경우

케냐의 부쿠수(Lubukusu)인이 나이로비에 있는 고향출신 사무실에 와서 유표코드인 부쿠수 말로 말을 건다. 상대방은 그의 기대와 달리 무표코드인 영어로 대답한다. 자신이 처해있는 사회적 상황, 정체성을 간접적이지만 강하게 주장한 것으로 해석될 수 있다.

① 나이로비 현대식 건물 오피스 빌딩 내 사무실(여기서는 영어가 무표코드임)
② 출세한 사무직원(거리를 두고 싶어 함, 자신의 새로운 정체성을 주장, +formal, +distance, unmarked code choice)

③ 고향 친구(거리를 좁히고자함, 옛날의 정체성/관계를 복원하고자 함, marked code choice, -formal, -distance, +solidarity, +intimacy)
④ 부쿠수어(부족매체, marked code), 영어(새로운 중립 매체, 탈 부족성, 새로운 지성, 공식성, unmarked code in office

5.5.2 다른 교섭원칙들

1) **충성격률**(The deference maxim):
특정한 보상(special reward)이 주어질 경우 화자는 청자의 매체를 유표매체라 하더라도 수용한다.

예컨대 케냐 변방 지방도시(Kakamega)에서 사무를 보는 직원이 현지 고객과 업무상 대화 할 때, 무표 매체인 스와힐리어로 시작하지만, 상대방의 부족과 언어능력을 고려하여 직원은 유표매체인 상대방 코드(Luyia)로 전환한다. 이는 상대방을 배려하여 소기의 목적을 원활하게 이루려는 계산에 의한 것이다(Scotton 1983: 124).

2) **수용격률**(The virtuosity maxim)
상대방의 언어지식이 미치지 못할 때는 상대의 언어가 유표매체라 하더라도 그것을 의도적으로 받아들인다(cf. Foreigner talk). 저능아와 대화할 때 반말투의 단순화법을 사용하거나, 내국어가 서툰 외국인과 대화 할 때 문법적으로 문제가 있지만 단순한 어투를 일부러 사용하는 경우가 기교원칙이라 할 수 있는 수용격률에 해당된다.

3) **다중정체성 격률**(the multiple-identity maxim)
자신이 소지하고 있는 언어코드들을 의도적으로 제시하여 소통의 다양성을 과시하는 전략이다.

스코튼은 캐나다 몬트리올의 한 병원에서 벌어진 대화를 예로 들고 있다. 몬트리올 시에서는 영어와 불어가 각각 대등한 무표 매체이다. 환자가 직원에게 매점위치를 불어로 물었지만 상대가 즉각 대답하지 않자, 영어로 재차 묻는다. 상대방은 환자가 자기를 불어 이해 불능자로 보는 것으로 여겨 불어로 대답한다. 환자가 불어선택을 존중하여 불어로 말을 잇자 직원의 마지막 대답은 영어와 불어로 섞여 있다. 이는 자신이 영어, 불어 사용가능자로서의 다중 정체성을 과시하는 것으로 해석될 수 있다(ibid 127).

4) 위반 격률(Flouting the maxim)

관례화된 상황에서, 주어진 무표매체를 사용하는 대신 의도적으로 유표매체를 선택하는 것은 상대방으로 하여금 감정적 반응을 유발 시킨다. 이는 두 방향을 진행될 수 있는데 대개는 부정적 분노을 유발시킨다. 때에 따라서는 하나의 농담(joke)으로 받아들여질 수 있다. 스코튼은 루이다코(Lwidakho)어를 쓰는 두 젊은이들 중 하나는 스와힐리어나 영어를 구사할 수 있는데 다른 하나는 토착 농부로서 부족어만을 구사하는 사례를 들고 있다. 보통 이 언어가 무표매체이지만 상대가 짜증나는 이야기를 되풀이하자 이런 말이 듣기 싫다는 듯 코드를 상대가 잘 이해하지도 못하는 유표매체 스와힐리어, 영어로 전환하고 있다. 긍정적 방향으로 나아가는 경우로 나이로비 버스 안에서 차장과 승객 대화 예를 들고 있다. 차 요금이 얼마냐를 묻는 승객이 유표매체인 자신의 부족어를 큰소리로 말하는 것은 하나의 말 장난(조크)이라 할 수 있다.

5.6 코드 선택(Code Switching)과 정체성 표현

코드의 선택을 통하여 사회적 관계를 적절히 조정하고, 코드선택을 자신의 정체성을 표현하는 도구로 활용한다. 구체적인 사례로 스코튼은 케냐 서부 지방에서 흔히 나타나고 있는 3개 언어들 루히야(Luhiya), 스와힐리, 영어 사이의 코드전환 사례를 제시하고 있다[118].

(1) 화자의 의도와 목적; 상대에게 호의적으로 대할 필요가 있을 때 루히야어로 말을 해야하지만 상대가 루히야족인지가 확실하지 않을 때에는 스와힐리어로 접근한다. 특정한 목적 하에 다가가야 할 입장인 경우 루히야어에서 스와힐리어로 코드가 전환된다. 반대로 상대방으로부터 거리(Distance)를 두어야 할 때에는 스와힐리어에서 영어로 코드가 비뀌고 있다.

(2) 이해관계나 특정한 목적이 없을 때에는 자신의 정체성을 코드를 통해 나타내게 된다. 영어는 국제어, 스와힐리어는 중립적 소통어, 루히야어는 지방적 기능이나 정체성(Luhiya > local function vs. identity)을 나타내게 된다.

118) Scotton (1983:122-123), 권명식(1977:27).

5.6.1 유표 매체와 무표 매체(cf. Markedness Theory)

대화를 시작할 때는 중립적인 무표매체로 시작한다. 점차 의도와 목적에 따라 매체는 유표매체로 바뀌게 되고 그것을 통해 화자의 의도와 정체성 표현은 구체화된다.

5.7 화자의 의도에 따른 거리(distance) 조정 전략으로서의 코드전환

코드전환(Code switching)은 다중언어 상용사회에서 한 화자가 하나의 언어 즉, 하나의 코드를 사용하여 대화를 하다가, 적절한 순간 다른 코드로 바꾸어 대화를 계속해 나가는 현상을 말한다[119]. 이 같은 현상은 화자가 적어도 두 개 이상의 언어를 어느 정도 구사할 수 있다는 점을 전제로 하지만, 때로는 자신의 모어(Mother Tongue)는 유창하게 구사하지만 다른 외국어, 혹은 타 부족의 언어를 충분히 구사하지 못하더라도, 필요한 어휘나 관용구 혹은 문장 이상의 표현을 끼어 넣어 사용할 수 있다. 아프리카라는 독특한 맥락 아래서 이와 같은 코드 전환이 특히 대도시 같은 지역에서 빈번하게 나타나고 있다. 화자는 왜 이와 같은 코드전환을 실제 담화맥락에서 활용하고 있는지, 혹은 이 같은 소통방식이 갖는 의의는 무엇인지, 그리고 코드전환이 이루어지고 있는 언어자료들의 언어학적 구조는 과연 어떻게 이루어지고 있는 지가 학자들의 많은 관심사가 되어 왔다.

다음에 주어진 예는 케냐의 수도 나이로비의 한 술집에서 이루어진 대화중의 일부이다. 부족어인 루히야(Luhiya)어, 케냐의 국어이자 교통어인 스와힐리어, 외국어이지만 공식어 지위를 갖고 있는 영어사이의 코드전환이 이루어지고 있다. 코드전환의 효과 및 전략이 어떤 식으로 설명될 수 있는지 살펴보자.

A: [스와힐리어] Bwana Isiaho, sema habari ya kushinda.
(이시아호, 요즘 어떻게 지내나?)

B: [스와힐리어] Habari ya kushinda njema kwangu. Labda wewe una la kuniambia.
(나는 잘 지내는데, 자네 뭐 할 말이 있는가 보지?)

---

119) Myers-Scotton(1990:3)은 코드전환을 다음과 같이 정의하고 있다. “Codeswithing is the selection by bilinguals/multilinguals of forms from an embedded language in utterances of a matrix language during the same conversation.”

A: [스와힐리어] Sina bali ni kukungojea uniagizie chupa moja ya Tusker humu ndani.
(별일은 없네, 다만 자네가 맥주 한잔 사주기를 기다리는 중이지.)
B: [스와힐리어/영어] *Forget*, Bwana.
[루이야] Inzi khunyoli munu. Khuiri nivi ungulilakhu kwanza.
(잊어줘 이 사람아, 자네가 여기 먼저 있었으니, 술 살 사람은 자네야!)

C: [스와힐리어] Topoka, bwana.
[루이야] Ndulilamu shindu khali inzi. Khuzi khunyola aluranze bwana khuli ivi vava.
(정신차리게 이 사람아, 나한테도 한잔 사야 되, 나는 자네처럼 봉급을 미리 받지도 못했단 말일세.)

A: *You men, don't joke with life in Nairobi. Even if someone earns thousands, once you visit such a place with your thousand, they get finished within two weeks. I think you all have experience maisha ya town.* [스와힐리어] *Kila kitu kinahitaji pesa. Chakula pesa, taa za umene pesa, kuenda kazini pesa, mahali pa kulala pesa, hata kwenda chooni pesa.* [영어] *You see what life in Nairobi town is like.* [루이야] Muhulila vutsa vu mundu wamenya Nairobi nu town. (자네들 나이로비 생활에 대해 제발 농담하지 말게. 수천을 번다해도, 그걸 가지고 나가면 두 주일도 못버티지. 자네 모두 나이로비를 잘 알텐데, 모든 게 돈이잖아! 먹는 것도 돈, 전기도 돈, 일하러 가는 데도 돈, 잠자는 데도 돈, 심지어는 화장실 가는 데도 돈이지 않은가! 자네들도 나이로비 생활이 어떤 것인지를 알아야 되요.)[120]

코드전환은 여러 가지 형태로 이루어질 수 있는데, 위에 주어진 예는 대체적으로 문장이라는 언어단위에서 이루어진 경우이다[121]. 이런 경우는 대체적으로 주어진 세 가지 언어 구사력이 주어졌을 때 가능하다. 여기에 참여한 화자들은 각각의 세 언어를 어느 정도 잘 구사할 수 있음으로서, 특정한 계기가 주어지면 이들 구사 가능한 코드들 중에 하나를 선택한다. 그리하여 암암리에 자신의 의도를 언어외적 방식으로 상대

120) Scotton, C.M. (1983:122-123)이 수집한 것을 인용한 것임. 밑줄친 부분은 루이야어이다.
121) 마이어스-스코튼은 문장외적코드전환과 문장내적 코드전환을 구분하였다.("Stretches of codeswitched material may be intersentential, i.e. switches from one language to the other between sentences, or intrasentential, i.e. seitches within the same sentence, at the word level or higher levels."(Myers-Scotton 1990:3).

방에게 전달하는 것이다. 이것은 언어학적 차원의 정보전달이 아니라, 코드의 선택행위 자체를 바탕으로 자신의 의도를 표현하는 행위로서, 화용적(pragmatic) 차원에서 설명되어질 수 있다.

위의 예에서 A라는 인물은 상대방에게 중립적인 입장에서 대화할 때, 스와힐리어로 이야기를 시작하고 있다. B라는 인물도 같은 코드로 응답하고 있는데, 이는 스와힐리어가 케냐의 수도 나이로비 같은 다중언어상용 환경에서 중립적인 매체, 즉 무표적 코드라는 것을 의미한다. 그러나 B라는 인물이 술을 사라고 요구했을 때, 이를 거절하는 입장에 있는 A는 돌연 영어로 코드를 전환한다(*Forget*, bwana). 이때 영어는 감정적인 요소를 배제한 매체로서 기능하는 외국어이자, 케냐의 공식어로서 아주 냉정하게 자신의 입장을 청자와의 거리를 유지하면서 표현할 수 있는 적절한 코드이다. 그러면서 이제 자신이 공세적 입장, 요컨대 술 살 사람은 바로 당신이라고 주장하는 대목에 와서는 자신들의 부족어인 루히야말로 되돌아가는 것이다. 이때 루히야 말은 상대방에게 무엇인가를 요청할 때 자주 선택되는 코드로서, 대화참여자간의 격의 없는 관계, 혹은 각별한 사이, 유대감를 암시하는 매체로서 해석되고 있다.

6. 코드선택과 언어능력(언어지식)

단일 언어 상용사회에서 외래어 수용은 엄격한 언어경계를 전제로 하고 있다. 이 언어경계를 뚫고 들어온 외래어들은 기존 언어의 다양한 언어규칙의 제재 하에 놓이게 되고 궁극에 가서는 하나의 차용어로서 사전목록에 수록되게 된다. 그러나 오늘날 동아프리카 스와힐리어 사용지역의 대부분은 여러 개의 언어가 공통으로 사용됨으로서, 어휘차용이라는 기존의 상황을 뛰어 넘어 코드의 전환이라는 형식으로 나타나고 있다. 이 같은 코드전환은 당연히 다중언어상용이라는 현상을 바탕으로 한 것이다.[122)]

다중언어 상용사회에서 화자의 언어능력이 매체선택에 우선적으로 작용하는 경우

122) 아프리카에서 다중 언어상용이 일반적으로 사용되고 있기는 하나 도시와 농촌간의 차이는 지대하다. 예컨대 케냐의 루이야어 화자들 중에서도 나이로비, 카카메가 같은 대도시, 혹은 소도시에서는 스와힐리어나 영어 등의 교통어가 사용되지만 Shiveye같은 농촌지역에서는 전적으로 토속어인 루이야어만 쓰인다(Scotton 1982: 126).

가 허다하다. 예컨대 탄자니아 다레살렘 대학에서 쓰이고 있는 스와힐리 변이형인 캠퍼스 스와힐리(Campus Kiswahli)의 경우 다레살람 시내, 혹은 시장 거리에서 쓰이는 '거리의 스와힐리어(Kiswhaili cha Mitaani)'와는 크나큰 차이를 내 보이고 있는데, 이는 전적으로 언어구사력에 기인된 것이다. 이 같은 현상은 영어구사에도 그대로 적용된다. 화자에 따른 코드의 언어 구조적 차이에도 그대로 영향을 끼친다. 다음은 블로메르트와 기젤(Blomaert & Gysels 1990)이 제시한 스와힐리 변이형 자료들이다. 위에 말한 캠프스 스와힐리어와 거리의 스와힐리 사이의 구조적 차이를 살펴보고 그 원인이 어디에 있는 지 생각해 보자. 화자의 영어습득정도에 따라 코드전환 및 혼용의 양상은 극적인 대조를 내보이고 있다. 우선 거리에서 쓰이는 스와힐리 속어(Swahili cha Mitaani)의 경우 영어가 어떻게 혼용되고 있는가 살펴보자.

[1] Wewe unaji-*praudipraudi*.123)
(너는 너무 뽐낸다, 잘난 척 한다.
/you are in vain, showing off.)

영어의 {proud}라는 단어가 {praudipraudi}로 실현되고 있다. 스와힐리어 구문에 등장한 영어 코드의 언어학적 특징은 여러 차원으로 설명될 수 있다. 우선 음성적 측면을 보면 표준 영어가 스와힐리 CV-음절구조 법칙에 따라 끝음절이 모음으로 끝나고 있다(-praudi). 이는 영어의 음성규칙에는 저촉되는 것이다. 다음으로 어근을 반복해서 쓰는 중첩(reduplication)현상이 나타났는데 이는 음성모사(ideophone)의 일종으로 그것 자체가 지시기능을 갖기 보다 강조의미의 부사적 기능을 수행하는 것으로 아프리카어에 흔히 나타나는 것으로 알려져 있다. 특 위 단어의 중첩은 영어에 나타나지 않는다. 리듬의 효과를 나타낼 지는 모르지만 어휘 자체 의미전달과는 무관하다. 의미적 측면으로 보면 '자부심을 갖다'라는 형용사적 의미에서 '뽐내다, 잘난 척하다'라는 동사적 의미로 변용되어 있다.

SWAHILI CHA MITAANI:

[2] No *swet dali*, *ai* rav yo. no sweat.
(걱정마라, 괜찮다, 간단하다, 힘든 일이 아니다)

123) (< *proud, adj. be proud of, n. pride*), *-vuna, -sifu, kujisifu, -ona fahari,*

[3] Sasa *blaza*, tuseme wakati yote haya yanatokea na wewe ulikuwa huko huko *ablodi*?
(그래 형씨, 내내 나가있었단 말이지, 해외에 있었단 말인가?)

[4] Mambo *fresh*.
fresh, *adj*. *새로운 신선한*, (속) *건방진*, *뻔뻔스러운*
(난 괜찮아/ I am all right!)

[5] kupiga *fix*.
fix, *v*. *고정시키다*. (속) *매수하다*, *포섭하다*, *미리 짜고 하다*.
(~를 놀리다, 속여먹다)[124)]

코드전환은 문장단위보다 큰 차원(inter-sentencial)에서 실현될 수도 있지만, 동일한 문장 내(intra-sentencial)에서 자유롭게 발생할 수도 있다. (1) ~(5)까지의 예는 스와힐리어와 영어의 혼용 예들이다. 이들 화자는 탄자니아 도시지역의 무교육자들로서, 이들의 영어구사력은 공식적인 교육과정을 거치지 않고, 다만 거리에서 즉흥적으로 동료들의 발화음을 자동적으로 반복하는 과정에서 이루어진 것들이다.[125)] 이들에게는 영어 문법이 내재화되어 있지 않다고 볼 수 있다. 그러므로 이들 스와힐리어에 내재된 영어어휘 및 구(Phrase)들을 살펴보면 우선 음성적으로 표준영어와는 동떨어져 있다. 예컨대 스와힐리어의 음절화 규칙을 따르고자 자음으로 끝나는 어휘에는 모음이 첨가, 혹은 탈락되고 있다(proud > praudi, darling > dali). 대체적으로 음성적 차원뿐만 아니라, 의미적으로도 크나큰 차이가 존재하고 있음을 볼 수 있는데, 예컨대 {fresh}라는 단어의 원래의미와 위 (4)예에서의 의미가 {신선한}에서 {괜찮은}으로 변해 있다. 그리고 화용적 측면에서도 뒤틀려있다는 것을 알 수 있다. 영어의 관용적 표현이나 의미가 새롭게 재구성되지 않고 그대로 원용되고 있다고 볼 수 있다(5).

이와 달리 다레살람 대학 내 구성원들 요컨대 학생들이나 연구원에 의해 구사되고 있는 소위 캠퍼스 스와힐리어는 아주 다른 양상을 보여주고 있다.

---

124) Blomaert & Gysels(1990:90).

125) 최근 로이스터-얀과 키슬링은 탄자니아 수도인 다르에스살람에서 쓰이는 스와힐리어 변이형인 '거리의 스와힐리어(Lugha ya Mitaani)'의 생성 배경과 사회적 특질 그리고 어휘적 특성및 표현양상에 관하여 기술하고 있다. 그들은 이 변이형이 갖는 시적기능및 사회언어학적 의의를 새로운 시각에서 논의하고 있다(Reuster-Jahn & R. Kießling 2006). 한편 비슷하지만 약간 다른 나이로비 스와힐리어 영어 혼종 변이형인 셍(Sheng)어에 대한 연구가 있다(Abdulaziz & Osinde 1997).

CAMPUS KISWAHILI:

[6] waka*discourage* (그들은 실망하게 됐다.)[126)]

[7] zilizo*run* (달리고 있는)

틀어의 문법 규칙에 따라 주어진 공간에 와야할 요소가 동사인데 그 규칙에 따라 영어의 동사 to discourage, to run이 오고 있다.

[8] Kwa upande huo kidogo I can see .. your .. the logic behind.
(이런 측면으로 보면, 뒤에 있는 논리를 볼 수 있겠군.)

[9] a. shule zilikuwa nationalized karibu zote.
(학교들은 최근 들어 모두 국유화되었다.)
b. lakini zilizo*taifishwa* ni nyingi.
(허지만 국유화된 것이 많다.)[127)]

위의 예들이 '거리의 스와힐리 속어'와 다른 점은 스와힐리어 문법과 영어문법에 벗어남이 없다는 점이다. 요컨대 두개의 문법이 그대로 포개져 있다고 볼 수 있다.[128)] 우리는 여기서 화자의 영어구사력의 정도에 따라 코드전환이라는 현상이 얼마나 다양하게 실현될 수 있는가를 확인해 볼 수 있다.

126) cf. -shusha moyo, punguza tamaa, nia, kusudi.
127) Blommaert & Gysels (1990)에서 재인용한 예들임.
128) cf. "the English elements remain infunction, i.e. they are in a way superimposed on a Kiswahili grammatical frame while maintaining their own grammmatical subcategorization as verbs of motion, of emotion etc./.../ Gumperz(1982: 66) describes as 'meaningful juxtapositon of wht speakers must consciouly or subconsciouly procerss as strings formed according to the internal rules of two distinct grmmatical systems'" Blommaert & Gysels (1990:90).

6.1 코드전환[129] 현상의 의의

스코튼이 지적한 바와 같이 코드의 선택이 다중언어상용사회에서 담화-참여자들간의 정체성교섭이라는 사회현상으로 이해할 수도 있겠으나, 이는 화자들이 주어진 모든 코드를 완전히 이해하고 있다는 것을 전제로 한 것이다. 그러나 아프리카의 담화현실은 항상 그런 것만은 아니다. (8)에서는 언어처리과정이 끊기, 지체형식으로 나타내고 있는데, 코드전환이라는 것이 하나의 언어처리형식[130]이라는 것을 암시하는 부분이다.

6.2 주제/논평(topic-comment) 그리고 초점(focus)구조에 따른 담화-화용적(discours-pragmatic) 설명

특히 영어로의 전환이 차용의 경우와 마찬가지로, 틀어(Matirix Language)에 대응하는 어휘가 없어서가 아니라, 다른 화용적 의의[131]때문에 코드전환이 이루어지고 있다고 설명되기도 한다. 요컨대 같은 내용이라 하더라도 화용적 목적, 이를테면 주제, 논평 혹은 초점에 따라 어떤 때는 스와힐리어로((18)의 -taifishwa), 또 다른 경우는 영어((17)의 nationalized)로 나타날 수 있는 것이다.

---

129) 코드 전환의 요인인 언어지식과 같은 언어학적 요인도 있으나 사회-경제적 요인이 작용하는 경우도 허다하다. 특히 어머니가 자식들에게 모어가 아닌 다른 언어를 쓰는 경우는 강한 모티브가 개재된다. 케냐 나이로비 시내 종족간 모어전수 양태를 비교해보면 키쿠유, 루오, 캄바 등 케냐 원주민들은 82~88%대에서 모어로 소통하며 오진 9~11%정도가 영어를 쓰는 것 같다. 하지만 구자라티, 스와힐리, 힌디인들은 오히려 58~43%만 자신의 모어를 쓰고 9~16%가 다른 언어를 함께 쓰고 있는 것으로 나타났다(Lieberson & McCabe 1982:87). 종족 및 이주 집단에 따라, 그리고 거주 지역에 따라 언어 선택의 양태가 다르다는 것을 알 수 있다(cf. Abdulaziz 1982).

130) 코드전환이라는 현상이 다중언어상용사회에서 화자에 의한 즉석의 언어처리과정(on-line language processing)으로 설명한 학자도 있다. 마이어스-스코튼과 아주마는 2단계 모형을 제시했는데, 1단계에서 체계형태소와 어순으로 특징지어지는 틀(frame)이 형성되고, 그 다음 단계에서 다양한 요소들이 그 틀 속에 삽입되어 나간다는 것이다(Myers-Scotton 1990:4).

131) Blommaert & Gysel(1990)은 코드전환이라는 것이 담화구조를 일반적인 특성, 즉 담화가 주제와 논평이라는 부분으로 이루어지게 되는데, 강조(focus) 혹은 주제(topic), 논평(comment) 부분을 의도적으로 다른 삽입어(embedded language)를 사용하므로서 청자로하여금 담화의 이해, 즉 소통 효용성을 상승시키는 효과가 있다는 것이다. 이같은 주장은 스코튼의 이론과 대조를 이루고 있다.

6.3 정체성교섭과 사회학적 의의

이 같은 언어학적 의의 이외에도 언어외적, 즉 사회학적 측면으로 보면 캠퍼스 스와힐리어를 구사함으로서 이들 다레살렘 대학의 지식인그룹은 독특한 사회집단 정체성을 확인하고, 일반 스와힐리어 화자는 물론, 외국인들과의 거리를 유지함으로서, 독특한 사회학적 의의를 지켜나간다는 것이다.

7. 코드전환의 언어 구조적 특징

7.1 문장 내적 코드전환, 외적 코드전환, 틀어, 삽입어, 섬부분, 언어교체

코드전환이 이루어지는 범위에 따라 문장 내적 코드전환(inter-sentential)과 문장 외적 코드전환(intra-sentential CS)으로 나뉠 수 있다. 틀어와 삽입어(Matrix vs. Emmbedded Codes/ Island); 틀어는 언어의 문법부분을 담당하고, 삽입어는 대체적으로 어휘에 해당되게 된다. 그러나 혼용의 범위가 확대됨에 따라 어휘 및 구, 절 차원의 차용이 대규모적으로 이루어질 수 있으며, 이는 어느 순간 문법의 전환, 요컨대 틀 언어의 변화를 야기 시킨다. 이를 궁극적으로 언어의 대체, 교체(Shift)의 전조라고 볼 수 있다. 다음은 케냐의 수도 나이로비의 한 쇼핑센터에서 파업에 관련된 대화를 모은 것이다. 이를 바탕으로 코드전환의 구조를 살펴보자.

A: Ujue watu wengine ni FUNNY sana. wa-na-CLAIM hati mishahara yao iko LOW sana.
(아시다시피, 어떤 사람들은 참 웃기더군요. 그들의 봉급이 적다는 거예요.)

B: Unafikiri IT IS EASY! Kutafuta kila mtu?
Ujue hao watu wako TRAINED, AND THEY HAVE EXPERIENCE.
(그게 쉽다고 생각하세요? 사람을 구하기가? 이 사람들은 숙련공이고, 경험자들이란 말입니다.)[132]

132) Myers-Scotton(1990:4)에서 인용한 것임. 대문자는 영어임.

위의 자료도 앞의 것과 마찬가지로 스와힐리어와 영어로 구성되어 있다. 코드전환이 이루어지고 있는 이 같은 자료를 분석함에 있어 우리는 단순히 영어와 스와힐리어로 구분하는데 만족하면 안 된다. 마이어-스코튼의 분석과 마찬가지로 위 구문들은 선형구조로 그치는 것이 아니라, 하나의 수직구조를 이루고 있다. 예컨대 {wa-ko TRAINED}는 하나의 동사구를 형성하고 있는데, 두개의 언어로 이루어져 있기 때문에 마이어-스코튼은 ML-EL구성성분이라 칭했다[133]. 이외에 하나의 코드로 이루어진 부분은 섬(island)이라 할 수 있겠는데, 틀어로 된 섬(ujue watu wengine)과 삽입어로 된 섬(they have experience)이 있게 된다.

두개의 언어들 중에서 어느 것이 틀어가 되느냐 하는 문제는 심리학적, 그리고 사회언어학적 기준으로 결정될 수 있는데, 무엇보다도 화자가 높은 구사력을 구사할 수 있는 언어가 틀어가 된다. 두 번 째로는 주어진 상황 하에서 무표적 매체 역할을 하는 언어가 틀어가 될 확률이 크며, 동시에 사용빈도수가 많은 언어가 틀어가 된다. 주어진 케냐의 경우 대부분의 화자에게 스와힐리어가 구사하기가 더 용이한 매체이며, 무표매체이고 동시에 사용빈도수도 더 많은 코드라 할 수 있다. 체계형태소, 즉 문법요소를 바탕으로 문장구성의 기본 틀은 스와힐리어가 되며, 어순과 같은 통사적 장치에 있어서도 스와힐리어가 담당하게 되는 것이다. 틀어가 바뀌는 경우는 아주 드물다. 그러나 이 같은 전이현상이 나타날 수 있는데 예를 들면 언어교체(Language Substitution), 혹은 언어죽음(Language Death)와 같은 극한 상황이 벌어질 때, 그 전 단계로서 틀어의 변화가 나타나는 것이다[134].

7.2 틀어의 변화와 언어교체

다음은 콩고(자이르) 동부의 루붐바시에서 프랑스어의 영향을 지대하게 받고 있는 샤바-스와힐리어의 예이다.

133) ML이란 matrix language의 준말이고, EL은 embedded language의 준말이다. 위의 자료에서 스와힐리어가 틀어이고, 영어가 삽입어이다. 코드전환의 구조를 유형별로 보면, ml+el constituent가 하나의 유형을 이루고, 하나의 언어로 이루어진 구성성분을 섬(island)이라 칭했다. 결과적으로 el-섬과 ml-섬이 있게 되는 셈이다.

134) 케냐의 경우 언어교체 및 죽음이 광범위하게 나타나고 있는 것이 작금의 현실이다. 케냐 동북부 엘몰로, 무코고도어가 삼부루 및 마아사이어로 교체되어 가는 현상에 관한 논문으로는 Brenzinger (1992), 권명식(1997)을 참조할 것.

[1] Unajua ya kama *theatre* nilianza tangu zamani wakati ningali kumasomo. Nikafanya miaka mitatu ku-*Don Bosco*, ku-*ecole technique*. Nilikuwa kama vile mwanafunzi wa *ecole* ya *menuiserie*. *Mais* nikafanya miaka tatu, nikafukuziwa. Sababu ya nini? Juu ya kupenda ku*dessiner* na kufanya ba*personnages* wakati wa masomo.
(내가 아직 학교에 다닐 때부터 이미 연극을 시작했다는 사실을 아실 겁니다. 기술학교에서 나는 돈보스코를 3년간 했지요. 나는 당시 목공기술학교의 학생이었습니다. 그러나, 3년 후에 쫓겨 났지요. 왜 그랬는지 아십니까? 수업시간에 대본을 쓰거나 연극하기를 좋아했기 대문이었답니다.)[135]

위 예문은 다수의 불어어원 어휘들 혹은 불어 그 자체가 포함되어 있는데, 과연 우리는 이를 차용어라 해야 할 지, 아니면 불어어휘를 그냥 삽입하여, 혼용한 것이라 해야할 지 모를 어려운 상황에 처해 있음을 본다. 적어도 {theatre, ecole, menuiserie, dessiner, personnage} 등의 어휘들은 스와힐리어 사전 어휘목록에 수록되어 있지 않으므로, 차용된 스와힐리어라 할 수 없다. 이들은 분명 프랑스 어휘의 지위를 여전히 지니고 있다. 그러나 이들 외래 어휘들이 변화의 단계에 접어들었음을 알리는 표시들이 있다. 그것은 {ku-}와 같은 동사 부정사(ku-dessiner), 혹은 비지정 소격 {ku-}이라든가(ku-ecole), 명사와 명사를 묶어 소유구문을 형성할 때는 여전히 {ya}와 같은 연결사가 사용된다든가(ecole ya menuiserie), 혹은 {ba-}와 같은 명사 부류접사가 도입되어 있다는 점(ba-personnages)이 그러하다. 이들 단어들은 이제 프랑스어로만 구성되어 있지 않고, 스와힐리어 문법요소와 함께 어우러져 새로운 단어를 형성하고 있는 것이다. 그러나 이런 요소들이 하나의 어휘로서의 지위를 획득해 나갈 것인지의 의문은 여전히 남는다.

7.3 틀어와 삽입어 기능의 전환

[1] “Miliingia mu-*groupe* hivi *parce que* ilini*interesser* sana. Hivi balini*engager* huku ku-*'orientation nationale', specialement affecte* ku-*'La voix du Zaire', c'est pourquoi* nili*preferer group M. parce que* ma-*programme* yote ilikuwa *occupe*.”
(나는 이 그룹에 들어왔는데, 그것에 크나큰 흥미를 느꼈기 때문이었어요. 그들은 나를 국립 자이르 방송국에 고용했는데, 그렇게 된 것은 내가 특히 M-그룹을 선

135) 위 예문은 W.Schicho(1980:31)에서 인용한 것이다. 밑줄친 부분은 프랑스어에 해당된다.

호했지만, 모든 프로그램이 이미 꽉 차 있었기 때문이었지요.)

앞의 예문 6.2.의 [1]과는 달리 이 예문에는 더 많은 프랑스어, 혹은 프랑스어부분이 삽입되어 있다. 이 같은 현상은 화자의 외국어 지식이나 소통의도, 기타 여러 가지 사회언어학적 변수에 따라 항상 나타날 수 있는 것이다. 루붐바시의 한 젊은이가 왜 이 같은 변이형을 구사하고 있는가에 대한 물음에는 다양한 심리적, 혹은 언어사회학적 해석이 가능할 것이다. 여기서 문제가 되는 것은 이 같은 언어 혼용현상을 어떻게 이해할 것인가 하는 문제이다. 이 같은 자료에서 우리는 더 이상 '차용어휘'라는 개념으로 설명할 수 없음을 알 수 있다. 학자에 따라서는 이 같은 현상을 '코드 전환(Code switching)'이라는 개념으로 파악하고 있지만, 쉬효(Schicho 1980)는 위와 같은 변이형은 하나의 독자적인 어형태로 간주하여 '루붐바시-스와힐리어'라고 칭했다.[136] 이 명칭은 이 같은 변이형이 더 이상 표준 스와힐리어가 아니며, 더더욱 표준 프랑스어도 아닌 제 3의 언어일 수 도 있음을 암시하는 것이다.

8. 담화-화용적(Discours-Pragmatic) 설명: 주제와 논평 구조(Topic and Comment Structure)

앞의 5.2에서 코드 전환의 이유를 설명하는 과정에서 이것이 담화-화용적 원칙에 의한 것일 수 있다는 것을 언급한 바 있다. 현대 통사 이론에서 문장의 주요 문법 기능인 주어와 술어 그리고 목적어 관계는 그 것이 언어구조의 본원적인 것이라기보다는 보다 구체적인 발화 요컨대 구어체 상의 담화원칙으로 부터 진화된 것이라는 시각이 있다. 담화-화용구조로 부터 통사구조가 진화되어 나온 것이라는 설명이 그것이다.

136) 프랑스어권 스와힐리어의 변이형에 대한 총체적인 명칭으로 Kingwana(Liesenbourgh 1938, Polome 1963, Whiteley 1969, Heine 1973), 카탕가-스와힐리어(Polome 1971), 혹은 루붐바시-스와힐리어(Schicho 1980, 1982), 샤바-스와힐리어(Fabian1982, Polome 1983, Kwon 1984), 자이르-스와힐리어(Gilman 1976)라는 명칭들이 있다. 이런 명칭들은 문법 틀을 스와힐리어로 하고 어휘 및 구를 하나의 삽입어로서 프랑스어가 끼어 들어옴으로서 정당화 될 수 있다. 그러나 이 같은 언어자료들은 여기에서 접근하려는 바와 같이 '코드전환' 혹은 '언어혼용'이라는 새로운 각도로 이해될 수도 있을 것이다. 그렇게 함으로서 이 같은 변이형이 갖는 화용적, 그리고 구조적 특성을 보다 더 적절하게 설명할 수 있을 것이다.

이 장의 내용은 기본(Talmy Givón 1984, ch. 7)에 전적으로 의존한 것으로 코드 전환이 이루어지는 담화 텍스트 구조도 바로 이 담화-화용적 차원에서 분석되고 이해되어야 한다는 입장이다. 앞의 5.2에서 코드혼합 및 전환에 대한 설명과 분석에서 언어외적 요인을 주 설명대상으로 삼은 경우와 그 반대로 언어내적 요인으로서 정보처리 과정의 일환으로 설명한 경우를 소개한 바 있다. 이는 언어 현상에 대한 다양한 시각의 일부를 보여주는 것이라 하겠다. 사회언어학 입장에서 보면, 화자의 의도, 코드 선택의 심리적 배경, 정체성 교섭 전략 등 외적 요인을 바탕으로 한 설명이 나름의 장점들을 지닌다. 언어학적 측면으로 보면 주어진 데이터의 혼합 양상은 틀어와 삽입어, 섬으로 구분하고 이들이 바뀌어 나갈 때 언어혼용에서 교체로의 문법 변화과정을 과학적으로, 요컨대 언어처리 과정의 일환으로 설명할 수 있다는 장점이 없지 않았다. 담화-화용적 접근의 화자의 언어 행위와 언어사용이라는 측면을 고려한 것으로 언술 행위의 또 다른 측면을 보여주는 것이라 하겠다.

8.1 신-정보와 구-정보의 기능[137)]

구-정보는 이미 처리된 담화에 적절한 관련성과 시종일관함을 가능케 하는 연결고리를 제공한다[138)]. 담화구조를 형성해 나가는데 있어 구-정보는 소위 주제와 밀접한 관계에 있다. 주제는 화제(topic)라 불리기도 한다. 반면에 신정보는 완전한 잉여, 혹은 내용의 중복을 면하게 한다. 이 개념은 담화 및 문장을 분석할 때 기초적 사항으로 간주되는 바, 다르게 표현하면 전위와 후위로 표현될 수도 있다. 요컨대 담화는 축적적(cumulative)으로, 일반적 후위적 지식(generic background knowledge)을 전제로 한다. 이것은 두뇌의 두 가지 능력을 전제로 한 것이다. 정보의 두 가지 유형인 '일반 정보'와 '특정 정보'는 각각 어휘와 문장, 혹은 개념과 명제에 해당되는 것으로, 인간의 두뇌작용, 요컨대 인지작용과 긴밀한 관련이 있다. 다시 말해서 '고정적 일반 정보'는 어휘의 장기적 기억[139)]과 관련된 것이고, '특정 정보'는 장기적 기억능력과 동시에 단기적 기억 능력[140)]을 전제로 한 것이다. 명제의 산출을 위해서는 기억에 바탕을 둔

---

137) T. Givón 1984: 249, Ch. 7.3.2 참조.

138) "to insure its linkage to the coherence network of the already-transacted discourse". Givón. 1984: 241.

139) "long-term memory/storage of stable generic information/LEXICON" ibid.

140) "long-term and short-term memory/storage of specific/episodic information" ibid.

추론과정이 전제되어야 한다. 위 두 가지 지식이 전제되지 않으면 결코 시종일관된 담화체계(coherent system)를 실현시킬 수 없다.

8.2 담화의 주제구조: 일관성의 원칙[141)]

설화체 담화의 수직구조[142)]로서 담화 혹은 텍스트는 이야기, 단원/장, 부분, 단락, 명제로 하위 구분될 수 있다. 위에서 설명한 명제들 사이에 존재하는 '일관성 있는 관계(coherence relation)'는 다음과 같은 두 측면으로 관찰된다. a) 이전 담화와의 일관성(청자는 이전의 담화와 관련하여 듣는다), b) 이후 담화와의 일관성(화자는 이전 담화와 관련하여 어떻게 이후의 것을 발화 할 것인가를 생각한다). 한편 담화는 다음 세 가지 변수에 의해 '고정된 일관성의 관계'가 중계된다.

1) 명제사이의 시간적 간격(Temporal distance)
2) 명제의 수직적 위치(Hierarchic positions)
3) 명제들 간의 특수한 주제적 관계(specific Thematic relations i.e. Sequenciality /계속, Temporality/시간, Causality/원인, Conditionality/조건, Contrast/대조 etc. 등인데 *and/na, or/au, but/bali, when/-po-, if/-ki-, because/sababu, before/mbele, after/baadaye* 등과 같은 접속사로 문법화 되어있다)

언어구조의 두 측면인 계열관계와 통합관계는 언어단위의 크기와 무관하게 두루 적용된다. 단어 내 음운 배열, 단어 배열을 통한 문장 구성을 물론 텍스트 구성에서도 그러하다. 명제들 사이의 시간 간격은 언어의 선형성을 반영하고 명제들 사이의 수직적 위치는 하위 단위들이 모여 상위 텍스트로 수렴되는 과정을 함유한다. 명제들 사이의 독특한 의미적 관계는 보통 접속사를 통해 명시적으로 표시되는 것이다.

8.3 주제구조와 네 가지 기초 구성요소(Thematic Structure and the 4 Unities)

시간의 통일(Unity of Time), 장소(Place)의 통일, 행위(Action) 그리고 참여자

141) "the Thematic/Coherence-Structure of the Discourse"에 대하여서는 ibid. p.245, Ch. 7.2.4 참조.
142) cf. Longacre 1976:79., Hinds 1979, Givón 1984: 241에서 재인용.

(Participants)의 통일 원칙으로 표현되는 이 법칙은 시간, 장소, 행위, 그리고 참여자가 텍스트 안에서 일치하여야 함을 의미한다. 이는 한 문장 내에서 술어부인 동사에 시제와 상, 법과 인칭, 태 등의 동사범주들이 나타나는 것과 대응된다. 텍스트 상에서는 이에 상응하는 것이 바로 위 4가지 요소들이라 할 수 있다.

위에 제시한 원칙은 텍스트(Text) 및 담화(Discours)분석을 위한 중요한 지침이 되고 있다. 언어학 영역을 넘어 문학텍스트의 분석에 활용할 수도 있고, 실제상황에서 주어진 대화 및 연설형식을 띤 담화의 성격을 규명하는 언어사회학이나 텍스트 언어학, 혹은 담화 분석에도 활용될 수 있다. 기존 언어학 연구단위인 문장(Sentence)의 범위를 벗어난 새로운 연구 영역이라 할 수 있다.

8.4 코드 전환의 담화 화용적 설명(주제, 논평, 초점)

혼용된 언어사용은 특이하게도 언어처리의 기본 과정을 그대로 반영하고 있는 것으로 알려졌다. 담화는 주제와 논평구조로 엮어져 나가게 되는데, 구-정보에 해당되는 부분이 흥미롭게도 차용어, 삽입어로 나타날 수도 있고, 강조점의 유무를 나타내는 초점(focus)부분이 삽입어로 나타나고 있음이 밝혀졌다. 케냐의 스와힐리어/영어의 코드전환 담화상황에서 종종 영어가 틀어를 담당하는 경우가 아주 드물게 나타난다. 이는 화자의 독특한 목적이나 태도, 요컨대 담화상의 새로운 주제(Topic)를 청자에게 내보이고자 할 대 나타나는 것으로 파악되었다(Myers-Scotton, 1990: 5).

[1] If a custormer has any MALALAMIKO, NI WAJIBU WANGU KUMSAIDIA ILI APATE service.
(만약에 고객이 불만을 제기하면, 그가 서비스를 받도록 지원하는 것이 나의 과제이다.)

위 예문 [1]에서, 앞부분의 틀어는 영어이다. 스와힐리어는 삽입어로 실현되고 있다. 그러나 문장의 후반부로 가면, 틀어와 삽입어의 지위가 다시 뒤바뀐다. 앞의 경우 새로운 담화주제를 청자에게 환기시키고자 할 때 틀어가 바뀌고 있음을 볼 수 있다. 만약에 이 같은 전환이 아주 빈번하게 이루어진다면, 이것은 언어의 교체를 암시하는 징후로 해석할 수도 있을 것이다. 더불어 영어를 틀어로 한다는 것은 적어도 이 화자에게는 언어구사력에 있어서 영어가 더 용이하며, 주어진 맥락 하에서, 청자 및 화자,

그리고 모든 대화 참여자들에게 영어가 무표 매체화 되어 있음을 의미하는 것이다. 코드전환이 이루어지고 있는 상황에서 틀어가 더 중요한 기능을 담당하고 있음을 알 수 있다. 다음으로 언어구조상의 특징으로는 어순에 관한 것인데, 비록 삽입어가 틀어 속으로 끼어 든다해도 틀어가 갖는 어순규칙에 엄격히 순응하여야 한다는 것이다. 두 개 이상의 어휘들이 모여 하나의 구성성분을 형성함으로서 언어의 수직구조가 실현되는데 이 때 중요한 것은 틀어의 어순이다.

[2] Tena huwa mtu mmoja STINGY sana yeye hubania pesa zaka, huwezi kunnunulia mtu hata DRINK.
(게다가 그는 대단히 인색한 사람이다. 그는 자기 돈에 몹시 집착하여 음료수 한잔 사지 못한다.)

{mtu mmoja STINGY sana}는 비록 두개의 코드로 이루어져 있지만, 하나의 명사구를 형성하고 있다. 이럴 경우 스와힐리어가 틀어이기 때문에 스와힐리어 어순을 따른 것이다. 결국 틀어가 갖는 문법과 어순은 언어처리를 하기 위한 공간을 제공하는 것이고, 이 공간 안에 삽입어의 어휘들을 끼어 넣는 형식을 취하고 있다. 이와 같은 메커니즘은 비단 코드전환이라는 독특한 상황에서만 나타나는 것이 아니라, 일반 단일 언어 처리에 있어서도 보편적으로 나타나는 언어처리 과정이라는 것이다[143].

143) 인간의 언어처리 메커니즘에 관련하여 Brown & Yule(1983:239)는 공간(slot)이라는 용어와 이것을 채워 가는 '끼어 넣는 것(filler)'라는 용어를 사용하여 설명하고 있다("Both frames have obligatory elements(wall/nominal or pronominal) and optional elements(decorarions on the walls/ a numerical determiner). The basic structure of a frame contains labelled slots which can be filled with expressions, fillers(which may also be other frames.)".

제 7 장
언어접촉과 구조변화

1) 차용 이론; Necessity, Prestige, Connotative meaning, Poetic function, 외래어, 2중 언어상용

2) 언어혼용과 코드전환

(1) 언어외적 요인들에 바탕을 둔 이론들; Grice의 협력의 원리, Scotton의 정체성 교섭이론

(2) 대화분석의 세 가지 요인과 관련 특질들

ㄱ. 상황(conventionalized vs. unconventionalized S.)

ㄴ. 매체(marked vs. unmarked code)

ㄷ. 참여자(Identity; Right & Obligation Set)

(3) 언어 내적 요인들에 바탕을 둔 이론(Myers-Scotton 1990, 1993, 2002)

ㄱ. 즉흥적 언어처리(On line Language Process) 이론

ㄴ. 화용론적 설명(Topic/Comment Strucrue)

ㄷ. 언어지식의 유무(Matrix vs. Embedded Language)

2. 문법 변화

1) 통사화 이론(Givón 1979, 1984)

2) 문법화 이론(인지·화용적 접근 vs. 언어습득 Lehman 1982, Heine et al. 1991)

3) 언어변화의 유형들(Welmers 1973)

접촉은 여러 각도로 이루어진다. 언어 외적인 접촉이 먼저 이루어져 그에 따른 결과가 언어변화라는 양상으로 나타난다. 사회집단간의 접촉은 소규모 집단을 중심으로 오랜 세월에 걸쳐 점진적으로 이루어져 왔으나 오늘날 아주 빠르게 그리고 대규모적으로 이루어지는 경우가 빈번해 졌다. 그에 따른 언어적 결과 또한 지대하다. '문화 창출' 및 '전파'라는 측면으로 인류학에서는 이 문화 집단들 간의 접촉을 다루지만 언어학에서는 이런 결과가 다른 개념으로 설명되어진다. 접촉과 차용이 갖는 의미를 유사한 다른 문화 창출행위와 함께 도식화 하면 다음과 같다. 요컨대 차용은 새로운 개념을 만들어 표현하는 여러가지 방식들 중 하나라고 할 수 있다.

[표 30] 새로운 개념 창출의 방식

1) 발명(invention): 이전의 것을 고려하지 않고 형태와 의미를 새롭게 최초로 만듦. ⇒ 고비용, 드묾, 고전 어휘형태를 고려하는 경우가 허다함.
2) 보수적 방법(합성과 파생): 주어진 규칙을 따라 이전의 자료를 변형하거나 그것에 첨가하여 새로운 개념을 유도함. 어느 정도 비용이 들지만, 효율적임, 표현의 현저성(saliency)와 새 개념의 신선도는 차용에 떨어짐.
3) 차용: 다른 언어/문화권에 존재하는 형태를 빌어다 씀. 의미의 변용이 흔이 일어남. 저비용, 고효율, 용이함, 기존의 것과의 충돌이 예상되지만 새로운 의미영역을 확보해 감(정교화/세분화).

언어접촉에 따른 변화는 점진적이고 소규모적인 것으로부터 급진적이고 대규모적인 것으로 구분하여 이해될 수 있다. 다음은 언어 접촉에 따른 결과를 온건한 것으로부터 대규모적인 것으로 나누어 배열한 것이다. 차용은 전통적으로 오랜 세월을 두고 점진적으로 이루어진 접촉현상으로 이해될 수 있다. 다음의 코드 전환은 접촉의 강도가 보다 심하고 범위 또한 대규모적이고 포괄적이라 할 수 있다. 이는 문법과 어휘의 구분에 따라 틀어와 삽입어로 분석되고, 혼용된 언어 자료의 구성양상에 따라 문장내적 코드전환과 문장외적 코드 전환으로 구분될 수 있다. 세번 째 양상으로 나타나는 언어전이와 교체는 엄청난 언어 압박 속에서 마침내 자신의 언어를 포기하고 다른 언어로 옮겨가는 현상을 말한다. 이는 자발적으로 이루어질 수도 있으나 때로는 원치 않는다해도 어쩔 수 없는 대세에 따라 수행될 수도 있다. 언어혼용과 피진어-크리올은 자체적 인구를 바탕으로 새로운 소통매체를 생성해 내는 방식이다. 대개는 기층어 화자수가 많고 상층어의 압박이 교체의 경우보다 적을 때 나타난다. 언어사멸은 언어교체 및 전이의 마지막 결과로서 나타난다. 언어교체 및 사멸은 언어 자체만의 현상이 아니라 문화, 사회 그리고 개인 심리적 차원에서의 극심한 변화들을 수반한다.

[표 31] 언어접촉에 의한 언어변화양상

1) 차용(음운구조, 문법구조, 어휘 차용): 차용어와 외래어
2) 코드 전환(다중 언어상용과 언어구사 능력을 전제로 함):
① 틀어와 삽입어 구조(matrix vs. embedded code)
② 문장내 코드전환과 문장 사이 코드전환(inter vs. intra-sentential CS.)
3) 언어전이와 교체(language shift & substitution)
4) 언어 혼용(language mixing)과 피진-크리올어
5) 언어 사멸
6) 사회 변화, 문화 변동, 의식의 변화

1. 언어접촉에 의한 언어혼합(Language Mixing)

탄자니아 다레살렘 대학의 캠퍼스 키-스와힐리어의 경우(Blommaert et al. 1991)는 위 8.5.1에서 이미 다룬 바 있다. 캠퍼스 키스와힐리어는 사회적으로 정체성을 나타내는 수단으로 활용되고 있지만 언어학적 측면으로는 언어접촉에 의한 하나의 혼합(mixing)현상으로 볼 수 있다. 주제 논평구조 혹은 코드 전환된 언어매체의 구조적 특성에 대해서도 이미 다룬 바 있다. 아프리카 언어학에서 언어 혼합과 혼용은 아주 조심스럽게 쓰이고 있으나, 가장 전형적인 사례는 탄자니아 우삼바라 지역에서 쓰이고 있는 음부구-마아어이다. 반투어 집단으로 둘러 싸여 오랜 세월 고립되어 살아온 쿠쉬어 일파들이 어휘, 문법, 음성 등의 차용 단계를 넘어 두 개의 언어를 혼합한 혼종 형태를 내보이고 있는 것으로 알려져 있다(cf. Mous 2001). 피진어는 진정한 의미에서 혼합어라기 보다 어휘 제공어인 상층어의 자극을 받고, 기층어 문법이나 발음을 토대로 하나의 새로운 언어가 생성된 사례로 볼 수 있다. 하지만 그 정확한 성격에 관해서는 좀 더 연구를 해 보아야 할 것 같다.

2. 언어접촉과 어휘 차용144)

언어차용은 주로 어휘를 중심으로 이루어진다. 어휘가 들어옴에 따라 자동적으로 음성도 함께 들어온다. 스와힐리어의 경우 3개의 아랍어음이 음운지위를 확보하고 있고 다른 몇몇 음이 변이음으로서 사회언어학적 의의를 지닌다.

<스와힐리 아랍-차용음>

/ɣ/	*ghali* '비싼', *lugha* '언어'
/θ/	*theluji* '눈(雪)', *thelathini* '30, 서른'
/ð/	*dhani* '생각하다', *ridhi* '만족하다'
[ʔ]	*alla* '알라'
[ʕ], [X]	*habari* '소식'

하지만 스와힐리 차용음은 단지 차용어에만 나타난다. 문법 규칙도 차용되긴 하지만 주로 어휘차용을 바탕으로 함께 들어온 것들이다. 예컨대 차용어의 파생과 굴절 규칙은 반투 규칙과 사뭇 다르다. 다음은 스와힐리 차용어의 파생, 굴절 양상이다.

[1 *safiri* v. '여행하다' > *safari* n. '여행'	[어근의 모음변이]
[2] *raha* n. 'peace, comfort' >	
sta-rehe 'be at rest, be comfortable'	[접두사+어근 모음변이]
[3] *hamali, ma-* n. 'porter, 하물, 짐' >	
hamili v. 참다, 임신하다	[의미 확장]
sta-himili v. '참다, 견디다'	

2.1 스와힐리어의 어휘 차용

스와힐리어의 기초어휘는 반투어이며, 문법의 주요 구조도 반투어 틀을 그대로 유지하고 있다. 이는 음성학적145), 형태론적 측면은 말할 것도 없고, 통사론적 특징도

144) 권명식(1977:29-23).

145) 스와힐리어를 다른 반투어와 비교해 보면, 다른 선진 문화권(페르시아, 아랍, 인도)과의 빈번한 접촉

대부분 반투어적 특성을 그대로 유지하고 있음으로서 간간이 제기되곤 했던 혼합어 가설에 반하여 엄연한 반투어 임을 말해 주는 것이다. 그러나 문화적으로 선진화되었다고 볼 수 있었던 당시 인도, 페르샤, 아랍 문화권으로부터, 미처 개념화되어있지 않던 수많은 문화어휘들이 스와힐리어권으로 흘러들어 왔다.

1939년 처음으로 편집된 스와힐리어 영어사전에 수록된 어휘목록 중 외래어원의 차용어 수는 3,006개인데, 차용 언어권별로 나누어 그 점유율을 살펴보면, 아랍어권이 80.9%로 가장 많고, 다음이 페르시아어권이 5.3%, 영어권 4.4%, 힌디어권이 3.4%이고 그 나머지는 터키어, 포르투갈어, 독일어, 불어 등의 순이다[146]. 물론 이 순위는 오늘날에 와서는 스와힐리어 사용국가에 따라 많은 차이를 내 보일 것이다. 영어 및 불어차용이 급격히 증대되었음을 알 수 있다. 품사별로 이들의 점유율을 보면 이들 3,006개의 차용어휘 중, 명사가 73.75%를 차지하여 가장 많고, 다음으로는 동사 17.86%, 형용사 3.82%, 부사 2.56% 그리고 감탄사 등 기타, 다른 주변품사가 차지하는 비율은 1.96%에 그쳤다. 문법요소의 차용은 양적으로 극히 제한된 범위 내에서 이루어졌을 것이라는 사실을 짐작할 수 있다.

차용된 어휘들은 스와힐리어의 문법구조 속에 새롭게 편입되어 갔다. 특히 차용어의 주종을 이루고 있는 명사들은 반투어의 특징인 명사부류체계 속에 편입되었다. 그러나 이 편입과정은 어휘들마다 아주 다른 방식을 취하고 있다. 차용 명사들 중에는 특히 {ma-}로 시작되는 명사들이 많이 있는데 이들 어휘들이 스와힐리어의 명사부류에 분류되어 가는 것을 보면 다양하기 그지없다. 예컨대 malaika (천사), malaya(창녀)는 ma로 시작되었음에도 불구하고, m-/wa-부류로 분류되어 있고, maskini(가난한 자, 극빈자, 거지 mwombaji, mnyonge, fukara), malkia(여왕, mkewe mfalme), mahbusi (수감자, 죄인), majnuni(미친 사람, 광인)은 n-부류, 혹은 ji-/ma- 부류로 편입되고 있다. 참고적으로 ma-, m-, mi-, ki-, ch- 로 시작되는 차용어와 그 의미들을 살펴보자.

[1] *malaika (ji/ma-)* a. 몸에 난 털, b. 천사
makala(n-) 원고, 논문[147]

을 바탕으로 언어 구조상으로 많은 변화가 이루어졌다. 음운론적으로 보면 가장 눈에 띠는 것은 반투어의 유형학적 특징으로 꼽히는 성조가 사라졌다는 점이다. 대신 규칙적인 강세구조가 새롭게 형성되었다. 아랍어의 영향으로 몇 개의 음운이 새롭게 반투 음운체제 안에 자리 잡게 되었고, 몇 개의 음성은 지유변이의 지위를 누리기는 하지만, 사회언어학적 기능을 수행하는 수준에서 나타나고 있다. 형태-통사적 특징은 본문에서 다룰 것이다.

146) Zawawi (1979: 37). 참조.

[2] *mi-sumari(m-sumari)* 못
mi-suaki(m-suaki) 칫솔
[3] *kitabu* 책. *kibiriti* 성냥. *kiasi* 양, 정도
kimo 높이. *chandarua* 모기장

위의 차용명사들은 우연히 전통 반투 명사들의 부류접사와 같은 형태를 지닌 것들로서 대개는 그것과 같은 부류로 편입되고 있다. 그러나 많은 어휘들이 반투 어휘의 부류접사와는 상관이 없는 형태를 지니게 되는데 이들은 대개 부류접사가 실현되지 않는 n-부류나 (ji-)/ma-부류로 들어간다.

[4] *safari* 여행, *bikira* 처녀, *kaburi* 무덤

이들 어휘들은 주로 아랍어로부터 차용된 것들이어서, 셈어가 갖는 단어구조적 특징들[148]을 그대로 지니고 있다. 예컨대 이들은 3-음절 자음구조를 하고 있고, 이들 세개 자음들 사이로 다양한 모음이 실현될 수 있다. 모음변이를 통하여 품사가 바뀌기도 하는데 이는 반투어 문법이 아니라 셈어의 파생규칙이다. 예컨대 {safari, 여행}의 동사형은 {-safiri, 여행하다}가 되고, {fikira, 생각}의 동사형은 {-fikiri, 생각하다}가 된다. 이들 차용어의 형태론적 특징은 반투명사가 갖는 부류(Class)접사가 없다는 사실 외에도, 동사로 변했을 때, 반투 동사가 갖게 되는 종결모음(Final Vowel) {-a}가 없다. 이 같은 형태적 차이는 화자로 하여금 특정 단어가 순수 반투어인지, 차용어인지를 금방 식별할 수 있게 해 준다. 순수 스와힐리어의 동사들은 종결 어미 {-a}를 수반한다(-sema/말하다, andika/쓰다, -nunua/사다, -toka/나가다).

형용사인 경우에도 차용어인 경우는 호응규칙의 적용을 받지 않고 단독으로 문장 중에 나타남으로서, 반투어원의 스와힐리어 형용사와는 전혀 다른 통사적 특징을 내보이고 있다. 다음은 차용형용사의 예이다. 명사 차용어에서와 같이 기존언어에 이미 다양한 표현들이 있다.

147) 원어로는 mjumbe (wa Mungu) 천사, 사자 sehemu ya andiko 논문.
148) 아랍어를 비롯한 셈어의 단어구조적 특성은 단어들이 본질적으로 세개의 자음을 중심으로 이루어졌다는 것이다. 그리고 그 사이에 모음이 첨가되면서, 소우 모음전이 현상이 나타나게 되는데, 이에 따라 단어의 파생이 이루어진다.

[5] *bora* '좋은'	*cf. -ema, -zuri, heri, faida*
maalumu '중요한, 알려진'	*kubwa, kuu, -enye amri, -enye nguvu, -a maana, muhimu*
rahisi '쉬운'	*-epesi, -a mara moja*
safi '깨끗한, 청결한'	*-eupe, bila waa, bila hatia, nakawa*
[6] *mtu bora* '좋은 사람'	*mtu mwema*

3. 어휘 차용의 의의

3.1 필요와 명성

어휘를 차용하는 이유에 대하여, 일반적으로 필요성(Necessity)과 명성(Prestige)이라는 용어를 바탕으로 설명되고 있다[149]. 요컨대 두개의 언어권이 서로 접촉하게 될 때, 일반적으로 문화적으로 잘 발달된 언어로부터 문화적으로 낮은 언어로 어휘가 이동하게 되는데, 어휘를 받아들이는 입장에 있는 언어에서는 그러한 개념을 표현할 적절한 어휘를 갖고 있지 않기 때문에 자연스럽게 이미 개발된 선진언어의 어휘를 그대로 빌어쓰게 된다는 것이다[150]. 위 예에서 제시한 malaika(천사)라는 어휘는 아랍어로부터 스와힐리어로 차용된 것인데, 당시 스와힐리어권에서는 이슬람교와 같이 고도로 발전된 종교적 문화가 존재치 않았다. 그러므로 신과 천사 등, 이슬람권에서 개발된 종교적 개념들이 스와힐리어권에는 없었기 때문에 이후 이슬람이 스와힐리어권에 전파되어가는 과정에서 자연스럽게 이 어휘들이 차용되게 됐다는 것이다. 이 같은 설명의 밑바닥에는 언어변화, 특히 어휘 확장, 발전에 관련된 보편적인 현상[151]을 암시하고 있다.

149) 이에 관련된 지적과 문헌으로는 Nkulu, K.(1986:169) 참조!

150) 예컨대 로빈스는 다음과 같이 어휘차용현상의 의의를 '개념의 공백을 메꾸는 것'으로 설명하고 있다. "Whenever there are cultural contacts of any sort between the speakers of different languages, and this means virtually everywhere, speakers will make use of words from other languages to refer to things, processes, and ways of behaviour, organization, or thinking for which words or phrases were not available or convenient in their own language hitherto."(Robins 1971:235).

151) 이에 관한 것으로 최근 '문법화이론'을 들 수 있다. 보다 상세한 설명으로는 권명식(1995, 1996) 참조.

3.2 개념 공백 채우기

한 언어를 구성하고 있는 수없이 많은 어휘들은 동등한 지위를 갖는 것이 아니다. 그 언어를 사용하는 집단이 문화를 창조해 나가는 과정에서 어떻게 새로운 개념들을 만들어 갔는가 하는 것이 어휘 분야에 그대로 반영되어 있다. 그런 의미에서 소위 어휘통계학에서 말하는 '기초어휘(Basic Word)'는 변화에 가장 덜 영향을 받는 어휘군으로 말 그대로 어휘부분의 기초를 이루고 있다. 이를 바탕으로 새로 형성된 개념을 표현하기 위한 새로운 어휘들이 지속적으로 창출되어 나간다. 파생(Derivation), 합성(Composition) 등의 어형성 방법이 기존의 어휘 및 문법을 활용한 것이라면, 차용(Borrowing)은 기존 언어 밖으로부터 새로운 표현을 만드는 방법이다. 새롭게 형성된 개념을 표현하기 위한 필요성때문에 어휘차용이라는 방식을 쓰게 된다는 설명은 기존 언어에는 그 같은 개념을 표현할 단어가 없음을 전제로 하고 있다. 이것은 어휘공백, 혹은 의미공백이라 표현할 수 있음으로, 이에 따르면 어휘 차용은 개념공백 메우기 과정이라 할 수 있다.

3.2.1 내포 의미와 시적 기능

위에 제시한 차용어들 중에 '시체'를 의미하는 {maiti}라는 단어가 있는데, 사실은 기존 스와힐리어에 '이미 죽은 사람', 즉 '시체'를 의미하는 단어로서 mfu (=mtu, aliyekufa)와 kimba(vimba)가 있다. '죽은 사람'이라는 개념은 그렇게 추상적인 것도 아니고, 전문적인 것도 아니다. 요컨대 아무리 단순하고, 원시적인 문화권이라 해도 이 의미를 나타내는 표현이 반드시 있는 보편적이고, 일반적인 개념이다. 스와힐리어원의 {mfu}는 세 가지로 분절되어 설명될 수 있는데, 첫 {m-}은 부류접사로서, '사람'을 의미하고, {f-}는 '죽는다'는 의미를 지닌 동사 {-fa}의 어간이며, 마지막 파생명사어미 {-u}는 '상태'를 나타낸다. 그러므로 이 세 가지 의미를 종합하면 '죽어있는 상태의 사람'이라는 의미이다. 결국 '시체'를 의미하게 되지만, 표현 그대로 이 두 표현들 사이에는 미묘한 차이가 존재한다. 묘사성(descriptivity)이라는 측면으로 보면, {mfu}는 그 효과가 극대화되어 있다. 세 가지 문법 상황이 그 표현 안에 드리워져 있어 동기 부여된 표현이라 할 수 있다. 동기 부여된 것은 추론을 가능케 한다. 이는 다시 언어처리 상의 비용을 의미한다.

이와 달리 차용어인 {maiti}는 분절이 불가능한 단일한 어휘로서 묘사성이 극소화되어 있다. 상징성 혹은 개념화 과정의 추상성이라는 척도를 바탕으로 이들 둘을 비교해 본다면, {mfu}는 구체적이고, {maiti}는 추상적이고, 극도로 상징적이라 할 수 있다. 상징적이라 함은 의미와 형태 사이의 관계가 자의적이어서 추론 가능성이 배제되어 있다. 이는 기억이라는 인지작용을 통해서만 습득되어야한다. 추론에 비해 처리 비용이 낫다고 볼 수 있다. 이같은 내용들은 아래와 같이 요약될 수 있다.

[표 32] 동일 개념 표현 차이에 따른 효과 비교

	mtu aliyekufa '죽은 사람'	m-fu '죽은 자'	kimba(corpse)/ mzoga(carcas /human) '주검, 사체(corpse)'	pinda(animal)	maiti (cf. mwili)
표현방식	관계문	파생어(CL.1-die-STATE) -ANI, TREE, +ANI ROOT			
descriptiveness/ PREDICATION high	◀──▶	[형태와 표현의 자의성/ symbolic/REFERENCE]			
motivation [표현의 동기 부여]	◀──────▶		memory [기억]		
iconic[도상성], 추리	◀──────────▶			형태의 현저성,	-[RULE]
inference/rule [규칙에 의한 추론]	◀──────────▶			-[COST/처리 속도가 빠름]	

여기서 우리는 어휘의 차용이라는 것이 단지 개념의 공백을 메우기 위한 차원으로 끝나는 것이 아님을 알 수 있다. 외연적 의미(denotative meaning)를 표현하는 차원을 넘어 내포적(connotative)의미를 표현하기 위한 방편으로서 차용이라는 절차가 활용되고 있음을 알 수 있다. {chombo, 배}라는 스와힐리어가 이미 존재함에도 불구하고, 힌디어로부터 {mashua, 배}라는 용어가 차용된 것은 어휘공백을 메운다는 차원을 넘어, 스와힐리인들이 사용하는 배와는 다른 인도인들의 배를 의미하는 것이다. 이 같은 차용어를 바탕으로 문화적 차이가 표현되기도 한다.

CHOMBO, vy- a native sailing boat, vessel; *jahazi, merikebu, mtepe, betela, bedeni, gingi*

MASHUA (Hind.) boat, not hollowed out, built of boards

4. 피진어와 언어변화 양상

언어변화는 내적인 것과 외적인 것이 있다(Welmers 1973: 3, 권명식 1988: 51-56). 정도의 차이는 있지만 비교적 안정된 사회에서는 언어외적 요인으로 야기되는 급격한 언어 변화는 대체적으로 일어나지 않는다고 할 수 있다. 이런 사회에서는 주로 세대 간에 나타나는 언어차이가 가장 중요한 변수인데, 이는 언어습득과 언어 전수과정 상에서 생겨난다. 이때 나타나는 언어변화는 규칙적이고 점진적인 특징을 지닌다. 이들은 규칙적인 음성변화로 나타난다.

언어접촉에 의한 변화는 언어외적(language external)인 것으로 가장 일반적이고 빈번한 것은 어휘의 차용이다. 이웃 언어권에서 먼저 개발되거나 전문적으로 분화된 개념들이 그 형태 및 의미와 함께 수입되어 내국어의 음성규칙에 맞게 변형되어 어휘목록에 수록된 후 문법규칙에 맞게 사용된다. 지속적이고 광범위한 접촉과정에서 언어차용은 어휘차원 뿐만 아니라, 음성, 문법분야에서도 나타난다. 급격하고 광범위한 사회집단간의 접촉과정에서 나타나는 피진이나 크리올어에 대해서는 이미 살펴본 바 있다(3.7). 사회적 변수에 따른 언어변화 내용을 요약하면 아래 표와 같다. 핵심 변수는 개개인의 창의력과 사회 변화에 있다.

[표 33] 사회적 변수와 그에 따른 언어변화 주요 내용 언어 변화 변수:
개인의 창의력(cognition) vs. 사회 변화(discourse/communication)

변화 구분	사회적 배경	변화 요인	언어 구조적 결과
1. 내적 변화 (internal)	안정된 사회 규칙적, 점진적, 서서히 개념영역 확대	언어습득 세대 간 언어전수 표현의 필요성 증대	규칙적 음성대응 문법 범주의 정교화(문법화) 어휘의 확장(합성/파생법)
2. 외적 변화 (external)	사회적 격변 (전쟁, 식민화, 정복교류, 수입, 이입)	1) 접촉 (교류, 지속적, 평화적 제한적 접촉)	어휘(음성) 차용 다중언어 사용, 코드혼용 언어교체, 언어사멸
	이주	2) 피진-크리올 (급진적, 대규모적)	문법 붕괴, 맥락 의존 새로운 문법 탄생, 진화

앞 장에서는 대개 언어외적, 사회적 변수들을 주로 살펴보았으나 이번 장에서는 주로 언어 내적(language internal), 요컨대 언어 구조적 변화 메커니즘에 초점을 맞추려 한다(3.7.2 피진어 구조적 특징, 3.7.6.2 피진어 발전 단계 참조).

4.1 피진 스와힐리어의 구조적 특징[152]과 화행의 유형

기본(Givón, T. 1990)은 담화의 양상, 요컨대 소통의 방식(mode of communication)을 두 가지 유형으로 구분하였다. 그 하나는 '조작적(manipulative) 소통 모형'이고, 다른 하나는 '정보 제공적(informative) 화행'이다. 조작적이란 화자가 청자에게 무엇인가를 요구하거나, 질문하는 식의 화행을 뜻하는데 언어 구조적으로는 법(mood)이라는 문법 장치로 구조화 된다. 명령법이나 의문법이 바로 그것이다. 정보-제공적 모드란 청자에게 무엇을 요구하는 것이 아니라 화자가 알고 있는 정보를 상대방에게 그냥 제공하는 방식의 소통이다. 보통 서술법(Declarative Mood)로 나타난다.

그런데 담화는 원칙적으로 '조작적인 것'으로부터 '정보 제공적' 성격을 띤 것으로 발전해 나간다는 것이 탈미 기본의 주장이다(권명식 1997:186-189). 이들 두 가지 화행모드는 각기 장점과 단점을 갖는다. 조작모드가 상황과 맥락(context)에 전적으로 의존하여 실용적으로 소통이 이루어진다는 점이 장점인데 반하여, 맥락을 떠나면 기호 자체로서 메시지를 완벽하게 전달하지 못하는 단점이 있다. 후자의 '정보제공 모드'는 고도의 형태 통사적 문법장치가 개발됨으로서 맥락을 떠나 완벽하게 독립된 자체 메시지를 구성할 수 있다는 장점이 있다. 하지만 그같이 난해한 문법적 장치를 인위적으로 습득하여 구사하는 데는 많은 정신적, 심리적 비용이 필요 된다는 단점이 있다.

4.1.1 통사화(syntacticization) 이론과 언어진화

피진-크리올 스와힐리어 구조를 분석하는데 사용되는 일반 이론적 틀로 탈미 기본(T. Givón 1979, Ch. 5)의 '통사화(Syntacticization)이론'이 있다. 이는 언어변화의 양상을 '통사화'라는 개념으로 설명한다. 요컨대 언어는 통상 '구어(spoken language)'와 '문어(written language)'로 구분될 수 있는데, 문어가 사회적 권위를 지니고 있기는 하지만, 엄밀히 말하면 구어가 문어보다 더 본질적이다. 흔히 문자로 나타내지는

152) Scotton, C.M. (1979), 권명식(1996) 참조.

문어는 통사화 과정을 통해 인위적으로 형성된 어형태라 할 수 있다. 구어는 나름의 '담화 법칙(cf. Garcia 1975)'을 따르고, 문어는 문어체 나름의 '통사 법칙'을 따른다. 요컨대 구어로 대표되는 담화(discourse)에서 문어체를 대표하는 통사(syntax)로의 언어구조 변화과정을 '통사화'라 한다. 통사화의 구체적 내용을 명시적으로 설명하는 것이 언어변화 연구의 주요 과제라 할 수 있다. 일례로 통사화 과정은 어린아이의 언어 습득과정에서 되풀이된다. 소위 개체발생은 계통발생을 반복하듯 언어구조 진화를 대변한다는 것이다.

[표 34] 조작적 vs. 정보제공적 소통 모드 비교(Givón 1979)1)

	〈원시 부족사회~ 어린 아이〉	〈지식 산업사회~성인〉
1. 담화 길이	짧다(단일명제) (어휘 중심 단문)	길다(다층명제) (문법이 수반된 종속문)
2. 전형적 화행 유형	조작적(명령, 지시, 질문)	정보 제공적(설명, 기술)
3. 맥락(context) 역할	주도적(참여자, 사건, 배경) 전적으로 맥락에 의존	비-주도적
4. 기호(code)의 풍부성	부족함(impoverished)	정교함(elaborated)
5. 언어집단의 성격	폐쇄적, 동질적	개방적, 다양함
6. 문화적 복합성	낮다(단순, routine)	높다(전문화, 복잡다단)
7. 문화 변화속도, 지식의 축적	늦음, 정체적	빠름, up-grading

4.1.2 문법화 이론: 인지-화용적 접근

피진 크레올어 구조를 설명함에 있어 위의 '통사화 이론'과 달리, '문법화 이론'을 바탕으로 설명하는 학자들이 있다. 문법 구조의 핵심은 문법 요소들로서 그것들에 의해 언어가 어떻게 구조화되느냐가 언어연구의 핵심이요 동시에 언어변화연구의 핵심이기도 하다. 그러므로 한 언어에 있어 보다 문법적인 요소들이 언어변화 과정에서 어떻게 생성되어 나가는 지를 살펴보면 언어구조 변화의 실체를 이해할 수 있게 된다. 크레올화 과정은 문법요소들의 진화과정으로 이해된다. 요컨대 어휘 중심으로 배열된 피진어 구조가 제 2 세대를 맞아 새롭고 다양한 문법 장치들을 만들어 자연어에서 볼 수 있는 고도의 문법체계를 구축해 나가는 것이 크레올어라는 것이다. 그러므로 크레올은 문법화 과정의 결과로 이해할 수 있으며 동시에 크레올어의 형성과정은 문법화 이론을 바탕으로 설명될 수 있다는 것이다. 피진 크리올의 한 형태라 할 수 있는 '내륙 스와힐리어(Up-Country Swahili)'에서 과연 구체적으로 이 같은 문법화 현상이 어떻게 진행되고 있는지를 살펴보자.

4.2 내륙 스와힐리어(Up-Country Swahili)153)

4.2.1 맥락에 의존된 소통

내륙 스와힐리어는 맥락(context)에 전적으로 의존된 소통 방식이다. 그 구조적 특징은 문법 요소들이 최대한 생략된다는 에 있다. 결국 어휘요소들의 배열로 구성된 발화들이라 할 수 있다. 아래 피진 스와힐리어 예를 표준어와 비교하여 그 특징을 정리해 보자!

[1] a. 피진어 *Kamata mpira wapi sisi cheza.* LEXICAL APPOSITION
Take the balls to the tennis court.
'우리가 운동하고 있는 곳으로 공을 가져 와라!'

b. 표준어 *Uletee mpira mahali ambapo tunacheza*! GRAMMATICAL CONS.

(1a)에서 문법 요소는 없고 오로지 어휘요소들만이 병렬되어 있다. 그러므로 주어진 언어자료만 가지고서는 엄밀한 해석이 불가능하다. 주어진 명제의미는 주어진 상황과 맥락을 고려하여 유추되어야 한다. 상황에 대한 지식이 없다면 단일한 해석은 불가능하다. 이와 같은 소통은 상황을 바탕으로 한 '화용적 소통'이다. 주어진 시점 상황을 벗어난 정보에 대한 것을 전달하기는 어렵다. (1b)는 같은 내용을 표준어로 옮긴 것이다. 관계구문이 수반된 명령문이다. 주어진 어휘들 사이의 종속관계, 통사관계들이 관계부사, 호응, 명령법 어미 등 문법 요소들에 의해 명시적으로 표현됨으로서 긴밀한 통사관계가 주어져 있다. 이 같은 코드는 주어진 맥락이나 상황에 무관하게 별개의 메시지, 정보로서 독립이 가능하다. 그것을 가능하게 하는 것이 문법요소들인 것이다. 언어가 일반적으로 담화에서 통사로, 어휘에서 문법으로 변화해 간다는 이론은 각각 통사화 이론 혹은 문법화 이론으로 소개한 바 있다.

153) 내륙-스와힐리어의 구조적 특성에 대한 상세한 논의로는 권명식(1996)을 참조할 것. 거기서는 1) 피진-스와힐리어의 생성 배경, 2) 캄팔라, 나이로비 화자의 스와힐리어 형태, 3) 통사구조에서 담화구조로의 변화, 4) 문법화 과정으로서의 언어변화와 변이, 5) 언어구조의 형태적, 그리고 통사적 특성이라는 주제가 논의되고 있다.

[2] a. 피진어 *Piga bacon mingi sana, lakini hapana piga mingi sana.*
Cook a lot of bacon but don't burn it to a cinder.
'베이컨을 잘 구어라, 그렇지만 태우지는 말아라!'

b. 표준어 *Choma nyama, lakini usiuguze mingi sana*!
burn meat but 2.SG-NEG-burn-SUBJ.
~Teketeze nyama ya nguruwe, lakini usiuguze mingi mno/sana!

(2a)에서 piga '때리다'는 pika '요리하다'를 염두에 둔 것으로 음운의 불안정함을 내보인 다(k~g). '굽다'라는 구체적이고 상세한 단어(-choma, teketeza)라는 단어를 구사하는 대신 보다 일반적이고 의미 적용 영역이 넓은 {-pika}가 선정된 것은 이들의 어휘 구사력이 크게 한정되어 있음을 의미한다. {mingi}라는 단어의 의미는 '많게'라는 의미인데, 여기서는 '잘, 적절히'라는 의미로 쓰이고 있다. 일반적 의미를 지닌 단어가 세세하고 보다 세분화된 의미에도 일률적으로 사용된다. 무엇보다도 부정을 나타내는 방법으로 다시 {hapana} '없다'가 어휘적으로 쓰이고 있다. 표준어에서는 부정을 나타내는 문법형태가 {ha-, si, -i, ku}등 다양하다. 무엇보다 이들은 인칭, 시제, 법, 부류에 따라 무수히 다르게 실현된다. 이 같은 문법적 차별화가 피진어에서는 나타나지 않고 있다. 소통이라는 단순한 목적만 생각한다면 이 같은 문법적 장치가 오히려 과도한 비용이라 볼 수도 있다. 그러나 맥락으로부터 독립된 메시지를 코드화한다는 차원으로 보면, 이는 문법화을 통한 정교한 코드화 장치라 할 수 없다.

4.3 캄팔라 스와힐리어[154]

우간다의 수도 캄팔라에서 쓰이고 있는 스와힐리 변이형의 언어 구조적 특징은 다음 세 가지로 요약될 수 있다:

1) 음성변화 및 음운구조의 불안정
표준어와 다른 발음들이 자주 나타난다. 이들의 실현에는 규칙성이 없어 자유변이음이라 할 수 있다(s~z). 이는 음운체계의 불안정성으로 이해될 수도 있으나 본질적으로는 어형태의 통시적 변이(synchronic variation)를 나타내는 것이라 할

154) C. Scotton (1979. 1982) 참조.

수 있다.

2) 간섭(interference) 현상

토속 모어의 영향을 받은 듯한, 변칙(anomaly)들이 종종 나타난다(mtoto > mutoto '아이'). 자신의 언어(i.e. 스와힐리어)가 아닌 다른 언어에서 표현을 가져온 경우 특히 혁신(innovation)이라 하는데(Lehmann), 보기에 따라 차용으로 규정될 수도 있을 것이다.

3) 표준 문법체계의 붕괴

표준어의 문법체계 핵심인 호응이나 기타, 다른 규칙들이 전혀 지켜지지 않는다(*mutoto yangu chidogo < mtoto wangu mdogo 'my small child'). 대신 표면상 극히 임의적인 것으로 보이는 배열이 나타난다.

[1] US We najua *yule mu-toto y-angu ch-idogo.* -AGREEMENT
CL.1 CL.9 CL.7
ST We, najua yule m-toto w-angu m-dogo.
CL.1 CL.1 CL.1
'나는 저 작은 내 아이를 안다'.

[2] US *Sunguka pande hii*!
Zunguka upande huu!
'이쪽으로 돌아라!'

내륙 스와힐리어(Up-country Swahili)의 특성을 단일하게 묘사한 다는 것은 용이한 일이 아니다. 동일한 사람도 상황에 따라 아주 다르게 사용하고 있기 때문이다. 그 특징을 요약해 보면 대강 다음과 같다. 가) 굴절적, 첨가적 요소는 고립적, 분석적 구조로 대치된다;

[3] *Wapi Njuguna*? (Njuguna yuko wapi?/ 은주구나는 어디 있니?),
Iko juu. (Yuko juu./ 위에 있어요.)
Kwenda ita mimi yeye. (Nenda nimwitie!/ 가서 그를 불러라!)

[4] *Ameenda*? *Basi ntaona yeye kesho*
(Amekwenda? Basi, nitamwona (yeye) kesho.)
그는 갔니? 아니, 내가 내일 그를 보게 될 텐데.

4.3.1 담화-화용적 소통의 장단점

[1] *baridi mingi, maji mingi, watu mingi*
(= baridi nyingi, maji mengi, watu wengi)

[1]에서 볼 수 있는 것 같이 명사의 부류관계를 고려하지 않은 채, 일률적으로 단일한 형태가 두루 쓰이고 있다. 표준어에 나타나는 15개 부류에 따라 정교한 호응을 하는 것이 의사소통이라는 일반적인 과제를 염두에 둘 때 과연 어떤 이점이 있을까? 주어진 명제의 메시지를 코드화 할 때, 이 같은 호응체계는 문장의 구조를 명시적이고 완벽한 코드로 체계화하는데 공헌하고 있다. 이는 외부의 상황이나 맥락에 무관하게 특정한 의미를 독립적으로 표현하는 장점이 있다. 그러나 피진 화자들은 이 같은 코드를 기피한다. 제2 어 언어습득자로서 이 같은 정교한 시스템을 학습하여 구사하는 데는 엄청난 노력이 필요 되기 때문이다. 피진화자들이 출현하게 되는 상황이 이미 암시하듯이, 피진 상황에서는 언어외적, 정황적 지식이 소통에 있어 상당한 역할을 한다. 그러므로 소통에 있어 언어코드 자체가 담당하게 될 역할을 그에 상응할 만큼 줄어든다. 소위 화용적 소통방식에 크게 의존한 코드가 주류를 이루게 된다. 이는 문법 요소들보다는 가급적 어휘요소들을 단순히 배열하는 방식에 바탕을 둔 것이다.

[2] *Siku ngine kama mwua pana yiko, naweze kwenda na muguu.*
(= Siku nyingine, kama mvua haiko, naweza kwenda kwa miguu./
언젠가 비가 오지 않으면, 나는 도보로 가겠다.)

[3] *Si na-fanya kazi tu.*
(Sisi tunafanya kazi tu./ 우리들은 일만 했다.)

{na} 요소는 본래 1인칭 단수 {a}-시제를 나타내는 것이었으나 그같은 문법적 정보는 더 이상 기능을 발휘하지 못하고 있다. 문법기능은 중화되고 하나의 단순한 문법적 표지자로 일반화되어있다. 요컨대 단순히 술어부를 표시하는 요소로 기능하고 있다.

[4] *Jana mimi na-pata vikombe yote na-kuwa chafu.*
(= Jana mimi nilivyovipata vikombe vyote vilikuwa na chafu./
어제 내가 수령한 모든 컵들은 더러운 것들이었다.)

4.3.2 샤바 스와힐리어[155)]

차용, 언어접촉, 코드 전환을 다룬 난에서 구체적인 샤바 스와힐리어 데이터를 참조할 것!

155) 권명식(1983, 1984, 1997:25-26, 2005) 참조.

제 8 장

언어변화의 유형들[156]

다른 모든 것과 마찬가지로 언어도 끊임없이 변화하고 있다. 언어변화의 요인이나 원인으로서 학자들은 언어습득과정에서 본질적 언어변화의 요인이 발생한다는 주장이 있고, 이와 달리 언어변화의 요인을 인지적 과정에서 구하는 학자들도 있다. 언어 외적 요인과 내적 요인이 있지만 이 장에서는 주로 언어 내적 요인과 그에 따른 변화의 양상을 살펴보고자 한다. 언어변화의 핵심은 두 가지 상반된 힘들에 의한 것이다. 하나는 가급적 말을 쉽게, 편리하게 하려는 생리적 욕구에 기인된 것이다. 힘을 덜 들이고 용이하게 발음하려는 것은 경제의 원리(principle of economy)에 속한다. 그 반대의 끝에는 그러한 '힘 듬'에도 불구하고 표현하지 않으면 안 되는 상황에서 의사 전달의 필요성 때문에 명료하게, 분명하게 그리고 명시적으로 언어화하려는 표현(expressiveness)욕구가 그것이다. 이는 언어를 보다 상세하게 분별(distinctiveness)시

[표 35] 언어 변화의 두 원리

	경제 원리(Principle of Economy)	분별원리(P. of Distinction)
소통양상	언어지식; 상황과 맥락에 의존	지식, 창의력/ 혁신, 코드에 의존
비용	학습비용, 편리함	정보화, 언어세계 구축, 확대
형태	최소 형태> 의미 추상화	+비용, 수고, 노력, 형태 수용
변화	진적, 단방향적 문법화점	표현욕구, 지식세계 구축, 어휘
음성/양상	침식, 동화, 탈락	어휘화, 재생, 혁신

156) cf. Heine/Reh(1982).

키는 효과가 있다. 이들 두 가지 상반된 힘을 바탕으로 그 중간에 다양한 변화의 양상들이 나타나게 된다.

언어변화의 전모는 언어구조의 층위에 따라 다음과 같이 유형화하여 이해 될 수 있다.

(a) *음성변화(적응, 침식, 융합, 상실),*
(b) *형태-통사적 변화(교체, 복합, 분철화, 접사화, 화석화),*
(c) *의미적/기능적 변화(탈의미화, 의미확대, 단순화, 통합).*

1. 음성, 음운 변화

언어는 형태와 의미라는 양면을 이루어져 있는데 학자에 따라 구조변화가 의미변화를 주도한다는 이도 있고 반대로 의미변화가 음성과 같은 형태변화를 주도한다는 주장도 있다. 형태변화중 음성 음운적 차원의 것들을 유형화하여 변화의 양상을 살펴보자.

1.1 음운침식(Erosion)

"형태소의 음운 실체가 감소[157]" 될 때 이를 음운 침식이라 한다. 이는 경제 법칙에 기초된 것이지만 어휘의미가 문법화하여 보다 추상적인 기능을 빈번하게 수행하게 될 때 이 같은 음운 침식이 일어나는 것으로 보인다. 샤바-스와힐리어에서 [j] 자음의 실체가 사라지고 반모음 [y]로 변한다(*maji* > *mayi* '물', *juu* > *yuu* '위', *jambo* > *yambo* '일', *Kwon* 1984:24). Heine/Reh(1982)는 이를 다시 다음과 같이 하위 구분했다.

1.1.1 음절적 침식(Syllabic Erosion)

다음절이 단음절로 축소되는 경우이다.

157) "phonological substance of morpheme is reduced" ibid.

[1] a. KIKONGO *Muny imene* kwenda. > *Mu-me*-kwenda.
'I haven gone(나는 갔다).'

b. SWAHILI *Nimekwisha kula chakula.*
'나는 밥 먹는 것을 끝냈다.'
> *Nimesha kula chakula.*
'나는 이미 밥을 먹었다.'

(1a)에서는 5음절이 두 개의 음절로 축소되었다. 두 개의 단어는 두 개의 접두사로 변하였다. (1b)에서는 {kwi}라는 음절이 침식되어 사라지고 보다 단순한 형태 {-sha}만 남게 되었는데, 결과적으로 어휘적 의미인 '끝내다'라는 뜻은 더이상 찾아보기 어렵다. 대신 완료라는 문법적 기능이 새롭게 등장하고 있다.

1.1.2 연접 침식(Junctural Erosion)

두 개의 형태소 경계에 나타나는 음운들 중 하나가 사라질 때 연접침식이라 한다[158]. 아래 에베어 예에서는 '오다'의미를 지닌 {vá} 어휘 요소가 앞에 인칭대명사 요소와 함께 문법화 된 미래 표지자 [-a]로 변화하였다.

[2] EWE *vá* (to come) > *-á-* {Future Tense}
me-vá-yi > *m-á-yi* 'I shall go(나는 갈 것이다).'

1.1.3 변방 침식(Peripheral E.)

단어의 맨 마지막 음운이 사라질 때 특히 변방 침식이라 한다. 이 이외에 비-분절적 침식(Non-segmental E.)이 있다.

1.2 융합(Fusion)

두 개의 형태소들을 분리하는 경계가 없어질 때, 이들 형태소가 축소되어 하나의 음운 단위가 될 때 이를 융합이라 한다[159]. 아래 예에서는 여격, 3인칭, 목적격대명요

158) "Phomes occuring at the boundary between two morphemes of which at least one is a bound morpheme may be lost." ibid.

159) "Fusion is present when the boundary separating two morphemes disappears, these morphemes

소가 하나의 형태소로 나타내지고 있다.

[3] a. EWE *ná* (DAT) + *e* (3P. object pronoun)
> *nɛ^* 'to him'

b. SWAHILI *pa* + *ingi* > *pengi*
CL16 many

1.3 적응/동화(Adaptation)

이웃한 언어단위들이 그들의 음운적 모습에 있어 다른 것에 닮아갈 때 이를 공시적으로는 동화, 통시적으로는 적응이라 한다[160]. 문법서에서 흔히 모음조화(Vowel Harmony), 비음동화(Nasal Assimilation), 이음동화(Dissimilation)로 소개되고 있다. 아래 예에서는 모음사이의 무성음이 유성화하고 있다. 4b는 스와힐리어 9-부류 비음동화, 행위자를 나타내는 파생명사, 그리고 지향형 동사 형태에서의 동화를 보여주고 있다.

[4] a. KINYARWANDA iki-raro, 침대, *igi*-koko, 야생동물
k > g / ____/ -VOICE

b. SWAHILI *n* + *buzi* > *mbuzi* '염소'

m + *lip-* + *i* > *mlifi* '지불인'
CL1 pay AGENTIVE

pik- + *E* + *a* > *pikia* '...에게 요리해주다'
cook APPL IND

thus being reduced to one phonological unit." ibid.

160) "neighboring linguistic units tend to assimilate to one another in their phonological shape(9)." ibid.

1.4 탈락(Elision, Loss)

음운 단위로서의 형태소가 사라질 때 이를 탈락이라 한다. 이는 침식의 특수형태라 할 수 있다[161]. 5b에서 모음이나 비음이 모음 앞에서 혹은 무성음 앞에서 탈락하고 있다.

[5] a. ZULU > FANAGALO *iliganda* > *ganda* \`egg\`

b. SWAHILI *ku* + *o* > *ko* 'be at'
CL17 REFERENCE

n + *simba* > *simba* '사자'
CL9 linon

샤바-스와힐리어에서는 프랑스어의 영향으로 단어 첫음의 [h]가 탈락되고(*hata* > *ata*, *hapana* > *apana*), 모음 사이에서도 탈락된다(*kusahau* > *kusaabu*, *sahani* > *masaani*, Kwon 1984:24-25).

2. 형태-통사 변화

2.1 유추(Analogy)

유추란 규칙을 일반화하는 것으로 규칙의 적용범위가 확대된다. 일반적으로 재분석(reanalysis)이 통합적 측면(syntagmatic axis)에서 이루어지는 반면 유추는 계열적(paradigmatic) 측면에서 이루어진다. 영어의 shoe '구두'의 복수는 본래 shoen이었으나 유추에 의해 다른 명사들과 같이 shoes가 되었다. 재분석이 문법의 변화를 가져오는데 반하여, 유추는 규칙의 확대, 혹은 극대화라 할 수 있다(Hopper & Traugott 1993: 56f). 아래 예에서 스와힐리 {ile}는 본래 원칭 지시 대명사였으나 피진어에서

161) \`the disappearance of morpheme as phonological unit, it is special instance of Erosion." ibid.

는 일률적으로 관계절을 이끄는 요소로 일반화되어 사용되고 있다.

[6] KENYA PIDGIN SWAHILI
miti *ile* kubwa > miti kubwa ile na-anguaka
저 큰 나무 > 넘어진 저 큰 나무(`the big tree which has fallen down`)
DEM > REL (형용사와의 어순이 바뀌었다).

결국 유추(Analogy)는 불규칙적인 것들이 기존의 규칙에 순응해 가는 현상이나 변화라 할 수 있다. 규칙이 일반화되어 나가는 크리올어에서 흔하게 나타난다.

[7] Shaba Swahili
a. *ku*-kuja (< kuja), '오다', *ku*-kwenda (< kwenda) '가다'
b. *mu*-re'gion, '지역에서', *mu*-Bulaya, '불라야에서' *Locative Class 19.*
ku-kilome`tre, '..*킬로메터 거리*', *ku*-TIFCO, *Locative Class 18.*

{kuja, kwenda}는 이미 부정형 ku가 붙어있는 것이지만 이를 어간으로 간주하여 단음절을 회피했고 다른 다음절 동사처럼 여기에 일률적으로 다시 {ku-}를 첨가시켜 불규칙적인 것을 규칙적인 것으로 유도했다. (7b)에서는 장소, 혹은 공간(거리)을 나타내는 개념에는 {mu-}, 혹은 {ku-}를 붙이고 있다.

[8] mu-mwaka 1953 1953년에[TEMPORAL]
Mi-sina. (< Sina) [1P, SG.] '나는 갖고 있지 않다.'

자립형 인칭대명사가 다시 붙어있다. 굴절에서 분석적 형태소로 되돌아간 경우이다. 문제는 화자가 기존의 형태를 모르기 때문에 이는 자연스럽고 연속적인 변화라고 할 수는 없다. {sina}를 [NEG+ HAVE]정도로만 알고 있었던 것으로 이에 인칭을 나타내는 {mi-}를 첨가시켜 규칙화했다.

2.2 문법화

어휘요소에서 문법요소가 진화해 나가는 현상을 문법화(Heine et. al. 1991, Hopper

& Traugott 1993)라 한다. 어휘요소가 문법요소로 변하면서 문법범주가 바뀌고 이에 따라 통사관계로 재분석된다. 스와힐리어에 나타난 몇몇 문법화 사례들을 살펴보자.

2.2.1 동사(V)에서 동사범주인 시제, 상-표지(Tense-Aspect Marker)로의 변화

'끝내다'라는 어휘 의미를 지닌 동사 {kwisha}가 완료를 나타내는 동사 범주 표지 {sha}로 문법화되었다. 이에 따라 통사구조도 {AUX + V}에서 {perfect + V}로 보다 농축된 구문으로 바뀌었다.

[9] ku-isha(kwisha): Wa-me-*kwisha* *ku*-sahau. >
3PL-PERF-finish INF-forget

Wa-me-*sha* (*ku*)-sahau. (VERB > Perfect TENSE)
3PL-PERF-PERF (INF)-forget
'그들은 이미 잊었다. 그들은 잊어버렸다.'

2.2.2 '하늘, 땅'과 같은 지형물을 나타내는 명사로부터 위치를 나타내는 명사, 혹은 공간전치사로 변한 경우

주요 어휘 범주로 부터 주변범주로 바뀌어가는 것이 보편적으로 나타나고 있다. 예컨대 자연의 지형물을 나타내는 명사들은 흔히 방향이나 위치를 표현하는 낱말인 부사로 종종 바뀌어 간다. 이들은 맥락에 따라 명사로 쓰일 수도 있고 동시에 부사로 쓰일 수도 있다. 부사로 쓰인 이 요소는 위치 개념을 지시점을 바탕으로 보다 상세하게 표현하고자 할 때 전치사로 변해 간다. 그 이전 단계로 소위 명사와 명사를 묶는 명사적 소유구문(nominal possessive construction) 형식을 거쳐 간다. 스와힐리어 등 반투어의 소위 '복합 전치사'는 이 같은 진화 과정상에 나타난 표현이다. 다음은 '땅, 아래, 아래에서'에 해당되는 스와힐리어 형태이다.

[10] SWAHILI (n)chi(땅, earth, OBJECT, NOUN)
> chi+ni `아래, 밑`(SPACE, ADVERB)
> chini ya (밑에/under, PREPOSITION)

2.2.3 동사에서 전치사로의 변화

전치사는 명사에서만 진화해 오는 것이 아니라 동사로부터 진화해 올 수도 있다. 보통은 동사를 일단 명사화한 동명사 형태를 전치사적으로 쓰거나 혹은 동사 어근 형태를 그대로 전치사적으로 쓰기도 한다. 다음은 스와힐리어의 '...로부터 오다'라는 동사로 부터 원천이나 출발지를 나타내는 공간 전치사, 혹은 시간전치사가 진화된 사례이다.

[11] -toka (< -toa), v. `나오다` >
kutoka~ toka, prep. `...로부터, from, since,

2.2.4 동사(verbs of saying)에서 보어사, 혹은 관계사로 변한 경우

SVO 어순의 언어에서는 종속절을 수반한 복문이 형성될 때 이를 표시하는 표지를 필요로 한다. 왜냐하면 목적절이 술어 뒤에 나타나기 때문이다. 이때는 보어사나 관계사가 미리 나타나 종속절이 뒤따른다는 것을 예고해야 한다. 보통 보어사나 관계사는 기존의 동사로 부터 진화해 오는 데 스와힐리어의 경우 '말하다'라는 의미의 amba가 문법화의 원천개념이다.

[12] amba `말하다, v. >
kw*amba* (*inf.* + *say*) that, COMPLEMENTIZER,
amba-ye (say + REL.PRON) who, RELATIVIZER

2.3 재생(Renovation, Renewal)

기존의 형태나 구조를 본래의 의미나 기능이 아닌, 다른 용도나 기능으로 쓰는 현상을 재생이라 하는데, 피진어에 흔히 나타난다.

[13] <u>kitabu</u> <u>*ile*</u> nilinunua
'그 책(을) 내가 샀다(Topic Sentence).' 혹은 '내가 산 그 책'

< kitabu ni-li-cho-ki-nunua
`내가 산 책`(표준어: Syntacticized Sentence)

{ile}의 기능은 본래 원칭 지시대명사였으나, 피진어에서는 다른 기능으로 쓰이고 있다. 요컨대 관계구조 표시사로 기능하고 있는데, 표준어에서 볼 수 있는 명시적인 장치가 허물어져 있다. 주어진 상황으로부터 청자에 의해 재해석되어져야 하지만 그것을 가능케 하는 것은 어순과 {ile}라는 요소이다.

[14] kiti *ky-enye* kuangua < kiti amba-cho ki-na-anguka '넘어진 의자'
chair Cl.7-having Inf-fall chair REL-Cl.7 Cl.7-T.-fall
넘어짐을 가진 의자(소유) > 넘어진 의자(행위)

[14]의 {-enye}라는 요소는 표준어에서는 명사를 보어로 한다(i.e. chumba chenye giza/어두운 방, watu wenye maarifa/지식인, -enye baridi/joto, 추운/더운). 피진어에서는 {ku-}부정사와 더불어 관계 구문에 해당하는 기능을 수행하고 있다.

[15] *wakati* alikwenda '그가 갔던 시간' < (wakati) alipokwenda, '그가 갔을 때'
time 3P-T-go (time) 3P-T-REL-go

{wakati, 시간}이라는 명사가 접속사적 기능을 독점적으로 수행하고 있다. 이는 특정요소의 점진적인 변화가 아니라 기존언어에 있는 형태를 새롭게 쓴 것에 불과하다.

2.4 혁신(Innovation, 새 창조/Novel Creation)

기존어휘가 문법형태로 발전되어 나간 것도 아니고, 기존 어휘의 용법을 색다르게 변형하여 쓴 것도 아니다. 형태의 기원은 대개 기층어나 발명에 의해 나타난다. 이럴 때 혁신이라 한다.

[16] Ha-tembe-la-*ke* (< Ha-tembe-i).
그는 가지 않는다.

{ke}라는 요소는 표준어에는 존재치 않는 요소로서 기층어에 있는 문법 요소가 차용된 것이다. 이는 어휘요소도 아니고, 기존의 어형태에 기원을 둔 것도 아니다. 공시적 입장에서 보면 아주 새로운 형태가 등장한 것이다. 그런 의미에서 혁신

(Innovation)이라는 용어가 쓰였지만 다른 측면으로 보면 기층어로부터의 문법형태의 차용이라고 할 수도 있다. 상층어로부터의 문법요소 차용은 보다 광범위하게 이루어진다.162)

2.5 통사 변화(Syntactic Change)

통사구조의 변화는 여러 가지 관점에서 이해될 수 있다. 다음은 통사변화를 설명하는 중요한 이론적 틀이다. 언어는 담화구조(화용적 방식)에서 통사구조로 변화해 나간다는 것이 '통사화 이론(Givon 1979)'이다. 이는 언어외적 상황에 기초한 화용적 소통방식(Pragmatics)에서 순수한 기호체계에 의존한 통사 중심의 소통방식(Syntax)으로의 변화라 할 수 있다. 무인도와 같은 단순한 사회, 혹은 주인의 의도를 잘 아는 충직한 개, 말을 배워 쓴 지 얼마 안되는 어린 아이, 피진어 화자, 이민자의 소통은 전형적으로 주어진 상황에 의존된 화용적 소통을 하게되어 있다. 이들 소통의 특성은 상황에 직접 영향을 받는다는 점에서 조작적(manipulative)이라 할 수 있다. 반면에 성인들, 전문가의 소통양상은 정보-제공적(informative)이다.

언어변화의 두 측면: (1) 언어의 내적 변화: 점진적이고, 연속적이며, 규칙적(구성원의 점진적인 교체)이다(Welmers 1973). 언어의 구조변화가 핵심인데, 이를 주도하는 것은 문법화이다. (2) 언어의 외적 변화: 전쟁, 정복, 언어의 인위적 교체, 피진-크레올은 언어외적, 사회적 요인에 의해 언어들이 변화해간 경우이다. 언어구조화과정 상, 새로운 시작을 의미한다. 통사에서 담화로의 변화가 아니라, 언어구조화과정의 첫 단계를 새롭게 시작하는 것을 의미한다. (3) 문법구조의 붕괴는 통사에서 맥락, 혹은 상황으로의 변화라고 볼 수 있다. 그러나 이것은 연속적 과정으로 이루어지는 것은 아니다. 언어 차원이 아니라, 언어 사용자 개체의 입장을 고려되어야 한다. 다음은 피진 샤바 스와힐리어 자료이다. 표준어와의 차이점이 어디에 있는지 살펴보자.

[17] *mu*-mwaka ya *ma*-kumi tano na tatu '1953년에'
(< mi-aka ya kumi tano, hamsini na mi-tatu),

162) 은쿨루는 자이르 구리 광산 지역에서 쓰이는 스와힐리어의 경우 상층어인 프랑스어 영향을 받아 특히 친족어휘 명칭에서 어떤 혁신이 일어나고 있는지, 그리고 그 같은 혁신이 갖는 언어학적, 사회-경제적 요인들을 상세히 논하고 있다(Nkulu, K. 1986).

부류(miaka > mu-mwaka, kuma > makumi), 복수, 호응 규칙(tatu > mitatu)이 피진어에서는 적용되지 않고 있다.

[18] *mu*-gini *wa* Zaire
(< m-jini mwa/ pa Zaire) '자이르 시에서'

음성적 변이(mjini ~mugini), 음운 첨가, 부류의 오류가 나타나고 있다. 과거 완료 부정이 굴절요소(si-ja) 대신 어휘 요소(bado)가 쓰이고 있다.

[19] *mu*-region ya Shaba
(< m-jimbo wa Shaba), '샤바 지역'

[20] Kama si-ja-jua bado kabila lake,
> Kama *bado jua* kabila yake,
(나는 아직도 그의 부족을 모른다.)

제 9 장

언어교체(Shift)와 언어사멸(Death): 언어집단의 변동사례

1. 다중언어 상용사회에서의 언어경쟁

언어장벽, 문화장벽 안에서의 안주, 보호막으로서의 언어경계, 타 언어의 침입, 언어경쟁, 이들 언어들에 대한 화자의 태도

단일언어가 사용되는 집단은 비교적 동질적인 그룹으로서 외부 집단과의 교류가 비교적 제한적이다. 과거 무수한 부족집단들이 그 같은 상황에 있었다. 그러나 교통의 발달과 인구증가, 주민들의 이주와 통신이 발달함으로서 오늘날 아프리카 대부분의 사회집단들은 다중언어상용사회로 변모해 가고 있다. 이는 한 집단 내에 여러 언어들이 공존함을 의미한다. 이로서 각각의 언어들은 나름의 독특한 언어기능을 수행하게 되었고 그에 따른 언어의 기능상의 분류가 이루어지기도 했다. 그리하여 이들 언어들은 서로 상보적 역할을 수행함으로서 공존을 계속해 나갈 수 있게 됐다. 그럼에도 불구하고 또 다른 지역이나 특수한 경우에서는 이들 언어들간의 경쟁이 불가피하게 되었다. 그 요체는 사용의 증감이다. 사회구성원들이 그 어떤 이유에서든지 특정한 언어를 선호하든지 혹은 그 반대로 기피하게 되는 현상이 나타나게 된 것이다. 이에 따라 어떤 언어들은 그 지위와 기능이 더욱 강화되게 되었고, 반대로 또 다른 어떤 언어들은 기존의 지위가 약화되거나, 그 기능이 점점 사라져 그 언어자체의 존재기반이 취약해지고 마침내는 사멸의 위기를 맞게 되었다.

2. 언어압력(Language under Stress)과 언어 교체(Shift), 언어 유지(Maintenance), 언어 사멸(Death), 화자의 태도(Attitude)와 결정

언어/문화압력의 정도, 1) 극심한 경우, 전쟁이나 학살에 의해 언어와 문화가 파괴되는 경우, 타 언어 문화와 공존하게 되는 경우(multilingual, multiculturalism; 구성원들의 선택 ㄱ) 이를 거부하고 기존의 언어문화영역 안에서 제한된 삶을 지속해 나가는 경우(tribal, ethnic level), ㄴ) 개인의 노력과 사회, 국가의 도움을 바탕으로 이 문화, 언어들 수용하는 경우(학습과 적응훈련과정이 요구됨), ㄷ) 적극적으로 대처하는 방안; 이주, 이민 등의 방식으로 스스로 기존의 언어문화를 포기하고 이 언어문화를 수용한다. 구체적인 행동으로 그 집단으로의 이주를 감행, 소수 명석하고 똑똑한 그룹에 의해 보통 수행됨, 오늘날에는 금융, 기술, 정보의 세계화와 혁명으로 이 같은 선택의 가능성이 더욱 확대됨(두뇌 유출/Brain drain, cosmopolitanism, globalization). 아프리카의 경우는 사회, 국가의 지원이 부족하여 건전하고 평화적이라 할 수 있는 두 번 째 방안의 실현이 용이치 않음, 양극화 현상으로 처음 것과 마지막 방안이 빈번함.

다중언어상용 상황이라 해도 실제 상황은 언어의 상대적 안정성(stability)에 따라 제 각각 다르다. 안정적이냐, 불안정적이냐 하는 것은 언어의 지배력(dominance)에 관한 사항인데 이는 구체적으로 사용빈도, 언어효용성의 정도, 언어가 누리고 있는 명성(prestige)과 관련되어 있다. 소위 주도적인 언어는 위의 기준을 높게 충족시켜 주는 언어들이고 그렇지 못한 언어들은 지위가 약화되어 사멸의 압박을 받게 되는 것이다. 현재 아프리카 대륙에는 100여 개의 언어들이 사멸에 직면해 있다(Brenzinger 1992, 1998). 언어가 사멸해 가는 이유는 화자에 대한 학살 때문이지만 평화적인 상황에서는 언어전이에 의해 이루어진다. 1652년 이래 유럽인들이 남아프리카에 도래한 이래 많은 코이산인들이 학살당했고, 그로 인하여 수많은 코이산어들이 소멸되었다. 언어전이의 경우는 소수집단들이 타 그룹으로 이주하여 그들 자신의 언어를 포기하고 다수의 언어를 새로이 받아들일 때 나타난다. 새로운 언어들 받아들이고 자신의 언어들 포기할 때에는 화자들이 이들 언어를 대하는 태도와 중요한 관련이 있다. 아래 구체적인 사례를 바탕으로 언어교체 및 사멸에 관련된 다양한 사회언어학적 주제들을 살펴보자.

3. 사례연구; 케냐산 인근의 무코고도의 경우[163], 도로보 야쿠족의 문화변동,

브렌찡어는 그의 논문(Brenzinger 1992)에서 동아프리카 언어사멸의 사례를 연구했다. 두 부족 집단들 즉 엘몰로와 무코고도의 언어전이를 연구한 것이다. 이 두 집단 모두 마사이어로 완전히 언어교체(Shift)를 했는데, 옛날의 언어는 사라져, 오늘날 예전의 언어를 사용하는 집단은 더 이상 존재치 않고 있다[164].

3.1 무코고도-마사이에 의한 야아쿠인 교체

야아쿠와 무코고도: 언어전이가 일어나기 전에 무코고도인들은 자신을 야아쿠라 불렀다. 야아쿠어는 아시아-아프리카어족의 동부 쿠쉬어로 인근의 동아프리카 반투 언어들과는 아주 다른 언어이다. 수렵 채집문화로부터 목축문화로 바꾸어 나가면서, 무코고도인들은 그들의 언어를 포기하고, 동-나일어인 마아(Maa)의 한 방언인 무코고도-마사이어를 받아 들였다. 야아쿠어는 20세기 초반에만 해도 모어로서 사용되어졌다. 1930년대 초 야아쿠인들은 공식모임에서 그들의 언어를 포기하고 어린아이들에게 마사이어를 가르치기로 결정했다. 이후 야아쿠의 후예들은 자신을 무코고도라 불렀는데, 이는 그들이 쓰는 마사이어의 명칭이었다. 이 같은 전이 기간 동안 야아쿠와 무코고도는 동일한 사람들을 지칭하는 명칭으로 함께 쓰였다. 지리적으로 이곳은 리프트 계곡 라이키피아(Laikipia District) 행정 단위의 가장 동편으로, 케냐 산 북부 60Km 지점이다. 1979년 케냐 인구조사에 의하면 11,585명이 살고 있고, 대부분이 소, 염소,

163) Brenzinger, M. (1992a), 권명식(1997a: 187-188).

164) 하이네는 1969년부터 1974년까지 무코고도와 야아쿠에 대한 연구를 했다. 1989년 하이네는 브렌찡어와 무코고도 영역에 대한 민속 생물학적 조사를 행했다. 무코고도인들의 문화 변화에 대한 사항들은 Lee Cronk(1987)에 의해 출간되었다. 그는 1985년부터 87년까지 현지조사를 행했다.

당나귀, 약간의 낙타를 치는 목축업에 종사하고 있다.

3.2 무코고도 지역의 민족사

오늘날 무코고도 지역은 5개의 그룹으로 나뉘어 있다; 무모놋, 티키리, 응구웨시, 레와소, 무코고도. 이들 모두는 각기 다른 기원을 갖고 있다. 사냥과 벌꿀 수집으로 살아왔던 이들은 식물들을 모으고 벌을 쳤다. 식민기간동안 사냥은 밀렵으로 간주되었지만 영국인들이 1936년까지는 이곳에 오지 않았다. 그리고 영국인들은 주로 큰 동물 사냥을 금지 시켰는데, 야아쿠인들은 아주 작은 동물만을 사냥했다. 이들은 마사이인들에 의해 '도로보(Dorobo)'라 불리었는데, 소를 치는 목축민들은 사냥꾼(수렵민)들을 `가난하고, 원시적이고, 동물처럼 산다'고 간주했다. 이 같은 부정적인 인식이 '도로보'라는 말에 함축되어 있다. 동아프리카의 목축민들 중에는 사냥꾼들이 '가장 낮은 사회-경제적 지위'를 누리고 있어서, 그들의 민족사와 관련하여 혈거인(Cave-man)이라 불리곤 했다[165].

3.3 야아쿠(쿠쉬어)에서 무코고도(나일어)로의 전이

야쿠인들은 무코고도 산림지역의 동굴에 살았던 최초의 집단으로 수렵 채집생활과 양봉을 했다. 야쿠인들은 본래 케냐 산 북부, 남부지역에 살았으나, 반투민들의 침입으로 1650년경 이곳으로부터 밀려난 것으로 보인다. 20세기초까지 이들은 자신들의 언어를 사용해 왔는데 적어도 응구웨시와 레와소 그룹이 그러했다. 크롱크(Cronk 1987:5)에 따르면 수렵-채집문화를 영위하던 야아쿠인들이 소를 치는 무코고도로 전향하게 된 시기는 1925년에서 1936년에 이르는 시기이다. 그러나 이전에 이미 야쿠인들은 가축들을 소지하게 되었는데 이로 인한 조용한 변화가 야기되기 시작했다. 텐 라아(Ten Raa 1986: 361-374)는 이 같은 문화 변화를 산다웨를 바탕으로 다음과 같이 설명하고 있다. 산다웨인들은 소를 갖게 되자 침략자들로부터 이를 보호하기 이해 우리를 짓기 시작했다[166].

---

165) '도로보'라는 말은 마사이 말로 일반적으로 수렵 채집민들을 일컷는 말이다. 이 말은 경멸적 의미가 함축되어 있으므로 학술적 용어로는 적절치 않다.

166) "As soon as they [the Sandawe] had acquired only one single head of cattle they needed to construct a kraal to defend it against predators.(Ten Raa, 1986:373)".

야아쿠인들도 비슷한 상황에 처하게 된 것으로 보인다. 그들의 언어를 포기하기로 결심한 후 그들은 마사이인들의 생활양식을 채택했고, 그들의 동굴을 떠나 마사이 양식의 집과 정착지를 만들었다. 그들은 가축들을 관리하기 위해 정착지를 마련해야 하긴 했지만, 어느 정도의 양봉(beekeeping)을 지속해 나갔다. 왜 그들이 기존의 경제 형태를 포기했는지에 대한 설명을 크롱크는 다음과 같이 설명하고 있다. 야아쿠 처녀들이 이웃한 목축민들과 결혼하게 되자, 그들 부모들은 신부 값으로 야아쿠 관습에 따른 꿀통이 아니라, 가축을 받게 됐다[167].

이제 야쿠인들도 다른 부족 여인들을 맞아드리기 위해서는 그만큼의 신부 값을 지불해야 했다. 39% 야쿠 처녀들이 타 부족들과 결혼했다. 메루투롯/타레토 연령 집단(1903-1917) 이후 야쿠 총각들은 다른 부족으로부터 아내를 구하기 위해 가축을 보유해야 했다[168].

야쿠 총각들이 가축을 얻는 방법은 가축 돌보기(herding)였다. 이 같은 사례들이 식민 행정 당국에 의해 보고되고 있다. 오늘날 무코고도 사회에서 우리는 이웃한 마사이와 동일한 풍습을 살펴볼 수 있다. (1)여성 할례, (2)동일한 결혼의식, (3)연령집단 명칭도 마아어에서 따오고 있다. 산다웨인들은 소 목축에 관련된 용어들만을 남 쿠쉬어에서 차용하고 있지만, 야아쿠인들은 그들의 언어자체를 포기했다. 모어를 포기하게 된 원인에 대하여서는 다양한 요인들을 함께 고려해야 한다. 요컨대 주어진 총체적 환경 여건의 변화에 대한 반응으로 이해될 수 있겠다. 이 같은 변화는 마아어를 쓰는 이웃 집단들과의 경제적, 사회적 접촉이 증대됨으로서 자기 자신들의 언어는 상대적으로 제한적으로 쓰이게 된 것이다. 한편 마사이인들의 생활 양식과 그들의 언어를 보다 우등한 것으로 여기고, 보다 높은 프레스티지를 지닌다고 여김으로서, 상대적으로 자신들의 언어는 '수렵 채집민의 언어'로서 그들 사이에서의 수용성을 상실하게 되었다. 야아쿠인들과 결혼한 마사이 여인들은 야쿠어를 배우지 않음으로서, 그들 가족의 야쿠어 사용능력도 감소되었다[169].

---

167) "payments in beehives began to decline early in the century, and the last marriage in which beehives were part of the bridewealth took place in about 1931. /.../ The timing here is important, because if the switch to pastralism had occurred first, the bridewealth change might have been merely a result of it."(Cronk 1989:227).

168) "increased intermarriage with non-Mukogodo and subsequent bridgwealth inflation made it necessary or men to obtain livestock in order to marry."

169) 무코코도를 비롯한 케냐 소수민족들(누비, 로골리, 와아타)의 언어, 문화변동에 관한 사항으로는 권명식(1977a:187-189)을 참조할 것.

4. 언어사멸 사례보고

4.1 보츠와나의 코이산어 화자들의 언어교체와 사멸

최근까지 보츠와나 정부는 단일 언어정책을 고수해 왔다. 그리하여 국어이자 최대 다수어인 세츠와나(Setswana)어가 이 나라에서 쓰이고 있는 26개 소수 코이산어들을 내몰고 있는 실정이다. 예컨대 /Xaise어와 슈아크웨(Shuakwe)어를 쓰는 코이산어 화자들은 자신들의 언어에 대하여 부정적인 시각을 갖고 있으며, 자신들의 아이들이 보츠와나의 국민문화를 대변하는 츠와나(Tswana)어로 적응 통합(be integrated)되기를 바라고 있다. 코이산인들이 반투어인 츠와나어로 언어교체를 하는 이유는 여러 가지가 있다. 그리고 언어교체 및 사멸현상의 뒷전으로 수많은 문화적, 역사적 그리고 정치-사회적 요인들이 복합적으로 도사리고 있다. 몇 가지 요인들을 간략히 지적해 본다면 우선 문화적 요인으로 코이산 화자들은 20에서 30명 정도의 군단(bands)을 이루어 방대한 지역을 이동하는 소위 수렵-채집 문화를 영위하는 집단이다. 농경, 목축을 영위하는 전통 반투민 사회에서 볼 수 있는 중앙집권적 수직 구조가 결여되어 있고 대신 평등한 사회 구조에서 이들은 구심점이 없이 분산되어 있다.

최근 보츠와나 정부는 '야생동물 보호'라는 명목 하에 이들의 이동을 규제함으로서 수 만년동안 영위해 왔던 코이산인들의 수렵을 위한 이동적 삶의 방식을 강제적으로 포기해야 하는 입장에 처하게 되었다. 결국 이들은 반투 농경민과 목축민들에 전적으로 의존하는 삶을 살아가야만 하는 처지가 되었다. 그들의 농장이나 목축 일을 돕는 저임금 노동 혹은 전통적 소작(Serf)인 지위로 전락했다. 인구학적으로도 9,000명 정도의 나로(Naro)를 제외하면 평균 1,800명 정도 소규모여서 더 이상 잔존해 나갈 확률이 희박한 것으로 보인다. 이들은 자신들의 문화나 언어에 대한 자긍심이나 자결의식을 상실했고 열등의식이 제도화되어 그들 언어의 특징인 흡착음을 스스로 포기하고 있다. 아울러 그들의 이름이나 관습도 반투인들의 것을 따르고 있다. 오늘날 코이산인들은 과도한 음주로 자포자기식 삶을 살아가고 있는데 이는 코이산인들의 좌절을 나타내는 하나의 징후에 불과하다 하겠다(Batibo 1998:274ff).

나이지리아에서 40여 년 이상을 연구하고 있는 하코트(Port Harcourt)대학의 윌리

암슨(Kay Williamson)은 델타지역은 언어사멸에 대한 연구에서, 데파카(Defaka)어가 가장 소멸직전에 있다고 그녀는 보고했다. 그들은 자신들의 언어능력을 거의 상실하여 이제는 은코로(Nkoro)어를 쓴다는 것이다.

인디아나 대학 내 나이지리아 언어문화연구소의 뉴먼(Paul Newman)은 이론보다는 현지 언어의 기술과 분석이 연구에 우선해야한다는 의견을 피력했다. 콜로라도(Colorado, USA)대학의 프라이찡기어(Zygmunt Frajzyngier)도 북부 카메룬의 사멸직전의 언어들에 대한 기술이 필요하다고 역설했다.

4.2 투르카나 호수 인근의 엘몰로 및 기타 잔류족들(와아타, 붓쉬맨)의 경우

1) 엘몰로

엘몰로인들은 투르카나 호수 남단에서 어로문화를 영위하며 살아 온 민족이다. 현재 이들은 그곳에 있는 선교사들이나 여행객들을 접대하며 살아가는 새로운 삶의 방식을 수용하고 있다. 한편 사회적 소통방편으로 인근의 나일어에 속하는 투르카나어를 받아들어 이 언어로 교체하고 있다.

2) 보니(Boni, 아웨에라/Aweera)

이전에는 이들은 '와타(Waata)족'과 같이 산예(Sanye)라 불렸다. 타나(Tana)강 주변, 라무(Lamu)지역에 거주하고 있는데, 사냥문화를 영위한다. 이들과 비슷한 처지에 있는 수렵 채집 부족이 다할로(Dahalo)이다. 이들의 언어는 남아프리카 산(San)어와 같이 흡착음(clicks)이 있다.

4.3 케냐의 언어 및 부족 상황 분류

1) 스와힐리 집단과 같이 개방된 문화권(종교, 문화, 경제, 거주, 인종),
2) 키쿠유, 루오, 소말리와 같은 큰 부족들,
3) 소 부족으로 언어, 문화변동의 와중에 처해있는 부족들;

4.3.1 소수 부족의 언어교체

a) Burji > Oromo

b) Rendille(Ariaal) > Samburu, '산예'로 불리던 수렵 채집민들로 보니(Boni)가 있다.

c) 와아타(Waata): 인근에 기리야마(Giriyama)에 둘러싸여 있으나 동부-쿠쉬어인 오로모(Oromo) 방언을 사용한다. 생선섭취를 금기시하여 반투어로의 동화에 저항하고 있다.

d) Dahalo(흡착음이 있는 언어를 사용)
- 도로보라 불리는 Yaaku > Maasai,
- Nubi(Alur어, 크리올 아랍어): 구시이(Gusii) 반투민들에 둘러싸여 있으나 이를 구사하는 이들은 12%에 불과하다. 대신 93%가 스와힐리어를 구사한다. 인근 부족에 동화되지 않는 사례이다.

e) 남 냔자에 살고 있는 수바(Suba)인들은 인근의 루오(Luo) 언어문화에 동화되어 가고 있다.

5. 피그미의 문화 변동

Patrick Putnam 1928, Dr. Paul Schebesta 1929년에 Epulu(Ituri 삼림지역)에 있는 Ba-Mbuti 지역 방문

피그미들은 다른 구석기 문화 영위 집단들과 함께 많은 사람들의 호기심을 불러일으켰다. 그들은 수렵채집 문화를 지금까지 지켜왔다는 점뿐 만 아니라, 신체적으로도 왜소하고 피부색도 인근의 반투인이나, 나일 사하라어를 쓰는 사람들과 다르다. 이들은 반투인들이 두려워하여 정착하기를 꺼려하는 삼림 지역 내에서 살아가고 있다는 점에서도 관심을 끈다. 이들은 반투인과 니그로들이 이주해오기 훨씬 전부터 광범위한 지역에서 살았던 것으로 보인다. 실제로 피그미 집단은 지금 여러 그룹으로 나뉘어 여기 저기 뿔뿔이 흩어져 있다. 소위 주변화된 잔류족들이 그러하듯 이들은 본래 자기들이 썼던 언어를 포기하고 인근 집단의 언어를 수용한 듯하다. 인종적으로도 이들과 뒤 섞여 있다. 인근의 농경 반투민들과 독특한 물물교환을 수행하기도 했다. 서구인의 도래 이후 이들은 상업주의와 언론 매체들에 의해 세계에 알려지게 되었다. 영화제작이나 과장된 보도로 일반 서구 대중들의 관심을 끌어 모으기 위한 이벤트성 행사가 이루어지기도 했다. 오늘날에는 소위 문화 탐방 명목의 독특한 투어 프로그램이 가동되어 관광객들이 이들 지역에 침투하고 있다. 그로인한 새로운 현대 물질문화와 상업주의가 잠입하여 피그미 사회를 크게 변화시키고 있다. 이 같은 현상은 아프리카 곳곳에서 벌어지고 있다. 칼라하리 산꾸아나 동아프리카 구석기문화를 영위하는 수렵채집집단인 산다웨 핫자의 경우도 마찬가지이다. 삶의 여건이 변화하고 이들의 의식이 혁명적으로 바뀌어 가고 있다. 그것은 서구, 현대화라는 용어로 일부 설명될 수 있으나, 다른 한 면으로 보면 외래 문화유입으로 인한 인식의 피진화, 크리올화라 할 수 있다. 머지않은 장래에 전통적 삶의 형태는 언어와 더불어 자취를 감추고 말 것이다.

참고문헌

Abudlaziz, Mohamed. 1978. "Triglossia and Swahili-English bilingualism in Tanzania" in Fishman 1978: 129-52.

______. 1980. "The Ecology of Tanzanian national language policy" in Polomé & Hill 1980: 139-75.

______. 1982 "Patterns of language acquisition and Use in Kenya; Rural- urban differences" *IJSL.* 34:95-120.

Abdulaziz, M. & K. Osinde. 1997. "Sheng and Englilsh: development of mixed codes among the urban youth in Kenya" *International Journal of the Sociology of Language* 125: 43-63.

Adegbija, Efurosibina, 1994. *Language attitudes in Sub-Saharan Africa, a sociolinguistic overview.* Multilingual matters ltd. Clevedon.

Adekunle, Mobolaji A. 1972. "Multilingualism and language function in Nigeria" in *African Studies Review* 15,2: 185-207.

Aikhenvald, A. & R. Dixon.(eds.) 2001. *Areal diffusion and genetic inheritance, Problems in comparative linguistics.* Oxford University Press.

______. 2006. *Grammars in contact: a cross-linguistic typology.* Oxford: Oxford University Press.

Akinnaso, Niyi 1990. "The politics of Language planning in Education in Nigeria", *WORD* 41,3: 337-367.

Albert, Ethel M. 1972. "Cultural patterning of Speech behavior in Burundi" in Gumperz & Hymes 1972. p.72-105.

Alexander, Neville. 2007. "After Apartheid: the language question" ms.

Alexandre, Pierre. 1967. *Langues et langage en Afrique noire.* Payot, Paris.[transl. by F. Leary. *An introduction to Languages and Language in Africa.* Heinemann.

Andrzejewski 1962 /1974 "The introduction of a national orthogrpahy for Somali" *African Language Studies* 15: 199-203.

Baker, Phillip & Anand Syea(eds.) 1996. *Changing Meanings, Changing Functions: Papers relating to grammaticalization in contact languages.* Westminster Creolistics Series, 2. London: University of Westminster Press.

Bamgbose, Ayo 1971. "The English language in Nigeria" in Spencer, J. (ed.) *The English language in West Africa.* London. 35-48.

Batibo, Herman M. 1992. "The fate of ethnic languages in Tanzania" in Brenzinger(ed.) 1992:85-98.

______. 1998. "The fate of the Khoesan languages of Botswana" in Brenzinger(ed.) 1998: 267-84.

Bell, Roger T. 1976. *Sociolinguistics, Goals, approaches and Problems.* St. Martin's Press, New York.

Bickerton, Derek. 1975. *Dynamics of a Creole systems.* Cambridge: Cambridge University Press.

______. 1981. *Roots of Language.* Ann Arbor: Karoma.

Blommaert, Jan. (ed.) 1991. *Swahili Studies.* Ghent: Academic Press.

______. 1994. "The metaphors of development and modernization in Tanzanian language policy and research" in Richard Fardon & Graham Furniss (eds.) *African languages, development and the state.* Routledge, London. p. 213-226.

Blommaert, J. & M. Gysels 1990 "On the functionality of English Interferences im Campus Kiswahili", in *AAP* 21: 87-104.

Bokamba, E. 1976. "Authenticity and the choice of a national language: the case of Zaire" in *Présence Africaine* 99/100: 104-142.

Bot ba Njock 1966. "Le probleme linguistique au Cameroun" Afrique et l'Asie. 73:3-13.

Brown, Gillian & Geouge Yule. 1983. *Discourse analysis.* Cambridge: Cambridge University Press.

Brenzinger, M. 1992. "Patterns of Language Shift in East Africa" in R. Herbert (ed.) *Language and society in Africa.* Witwatersrand University Press. p.287-304.

______. 1992a. “Lexical retention in language shift: Yaaku/Mukogodo-Maasai and Elmolo/Elmolo-Samburu”.

______(ed.). 1992. *Language Death, factual and theoretical explorations with special reference to East Africa.* Mouton de Gruyter.

______(ed.). 1998. *Endangered Languages in Africa.* Ruediger Koeppe Verlag, Koeln.

______(ed.). 2007. *Language diversity endangered.* Mouton de Gruyter.

Brenzinger, Heine & Sommer 1991 “Language Death in Africa” in Robins & Uhlenbeck (eds.) *Endangered Languages.* Berg Publish.

Brenzinger & Dimmendaal 1992 “Language Death in East Africa; A report on an international symposium” *IJSL* 1992,1.

Brock-Utne, B. 2008. “The adoption of the Western paradigm of bilingual teaching - Why does it prevent the growth of the African learner?” in *African society and Language: the past, present & future,* IAS International Conference, HUFS, Korea.

Brown, G. & G. Yule. 2004. *Discourse analysis.* Cambridge University Press.

Brown, Penelope & Levinson, Stephen. 1978. “Universals in language usage: politeness phenomena.” in Esther N. Goody(ed.) *Questions and Politeness: Strategies in social Interaction,* p. 56-289. Cambridge: Cambridge University Press.

Cerwenka, et al. 1974 *Botswana, Lesotho, Swaziland.* Bonn.

Chambers, J. K. 2009. *Sociolinguistic Theory.* Wiley-Blackwell.

Chamoreau C. & I. Léglise forthc. Cross-linguistic tendencies in *Cantact-induced change: a typological approach based on morphosyntactic studies.* Berlin: Mouton de Gruyter.

Chomsky, N. 1965. *Aspects of the theory of syntax.* Cambridge, Mass.: MIT Press.

______. 1968. *Language and Mind.* New York: Harcourt, Brace & World.

Coulmas, F.(ed.). 1998. The handbook of Sociolinguistics. Oxford: Blackwell.

Cronk, L. 1987. *A preliminary report on research among the Mukogodo.* Discussion paper No. 174. Institute of African Studies, University of Nairobi.

Dalby, David 1962. “Language distribution in Sierra Leone: 1961-1962”, *Sierra*

Leone Language Review 1: 62-67.

de Kadt, Julia. 2005. "Language Development in South Africa - Past and Present" paper for LSSA Conference, July 6-8 2005.

Dimmendaal Gerrit J. 2001. "Areal diffusion versus genetic inheritance: an African perspective" in Aikhenvald & Dixon (eds.) 2001: 358-392.

______. 2007. "Eastern Sudanic and the Wadi Howar and Wadi el Milk diaspora" in *SUGIA* 18:37-68.

______. 2009. "Esoterogeny and localist strategies in a Nuba mountain community" *SUGIA* 20:75-96.

______. 2010. "Language Ecology and Genetic Diversity on the African Continent" ms.

Dixon, R. M. W.1997. *The Rise and Fall of Languages.* Cambridge: Cambridge Univercity Press.

Doke, C. M. 1931. *Report on the unification of the Shone dialects.* London

Dorian, Nancy. C. 1981. *Language Death: the Life cycle of a Scottish Gaelic dialect.* Philadelphia: University of Pennsylvania Press.

______. 2002. "Diglossia and the simplification of linguistic space" in *International Journal of the Sociology of Language.* 9:63-70.

Dumestre, Gerard 1970. "Langues et problemes linguistiques en Cote-d'Ivoire" Bulletin de Liaison Universite d'Abidjan. 1970,1: 37-43.

Edwards, John, 1994. *Multilingualism.* Routledge. London.

Elugbe, Ben. "Language policy and national development in Nigeria."

Fabian, J. 1982. "Scratching the surface; Observations on the Poetics of lexical Borrowing in Shaba Swahili", *AL* 28,3: 367-377.

Fagborun, J. Gbenga. 1991. "Three joint official natinal language for Nigeria, prospect and impediments".

Fardon, Richard & Graham Furniss(eds.). 1994. *African Languages, Development and the State.* London, New York, Routledge.

Fasold, Ralph W. 1984. *The Sociolinguistics of Society.* Basil Blackwell.

______. 1990. *Sociolinguistics of Language.* Cambridge MA.

Fergerson, Charles. A. 1959. "Diglossia" in *Word* 15:320-40. also in Hymes, D. (ed.)

1964. *Language in Culture and society.* New York: Harper International.

Fishman, Joshua. 1964. "Language maintenance and language shift as fields of inquiry" in *Linguistics* 9:32-70.

______. 1968a "Nationality-nationalism and nation-nationalism" in Fishman, Fergugon, Gupta (eds). 1968: 39-52.

______. 1968b. "Sociolinguistics and language problems of the developing countries" Fishman, Ferguson, & Gupta(eds.) 1968: 3-16.

______. 1975[1970] *Sociolinguistics, a brief introduction.* Newbury House Publishers. Rowley.

______(ed.). 1978. *Advances in the study of societal multilingualism.* The Hague: Mouton.

Fishman, F., Ch. Ferguson & J. D. Gupta (eds.) 1968 *Language Problems of Developing Nations.* John Wiley & Sons, Inc. New York, London.

Friedlaender, Marianne. 1975. "Zur Sprachpolitik in Dahomey und Guinea" *Zeitschrift fuer Phonetik, Sprachwissenschaft und Kommunikationsforschung* 28.3'4: 298-310.

Fuglestad, Finn. 1983. *A History of Niger.* Cambridge University Press.

Fyle, Magbaily. 1994. "Official and unofficial attitudes and policy towards Krio as the main lingua franca in Sierra Leone" in Fardon & Furniss 1994:44-54.

Gallagher, Ch. 1968 "North African problems and prospects; language and identity" in Fishman, Ferguson, Gugpta(eds.) 1968: 129-150.

Givón, Talmy. 1979. *On Understanding Grammar.* New York: Academic Press.

______. 1984. *Syntax, a functional-typological introduction.* vol. 1. Benjamins.

Greenberg, J. 1983. "Some areal characteristics of African languages" in Dihoff.1983: 3-21.

Grice, H. P. 1975. "Logic and Conversation" in Cole, P. & J. Morgan(eds.) 1975: 41-58. *Syntax and Semantics, Speech Acts,* New York, Academic Press.

Gumperz, John. 1982. *Discourse strategies.* Cambridge: CUP.

Gumperz, J. & D. Hymes(eds.) 1972. *Directions in Sociolinguistics, the ethnography of communication.* Holt, Rinehart & Winston Inc. New York.

Heine, B. 1968. *Afrikanische Verkehrssprachen.* Köln.

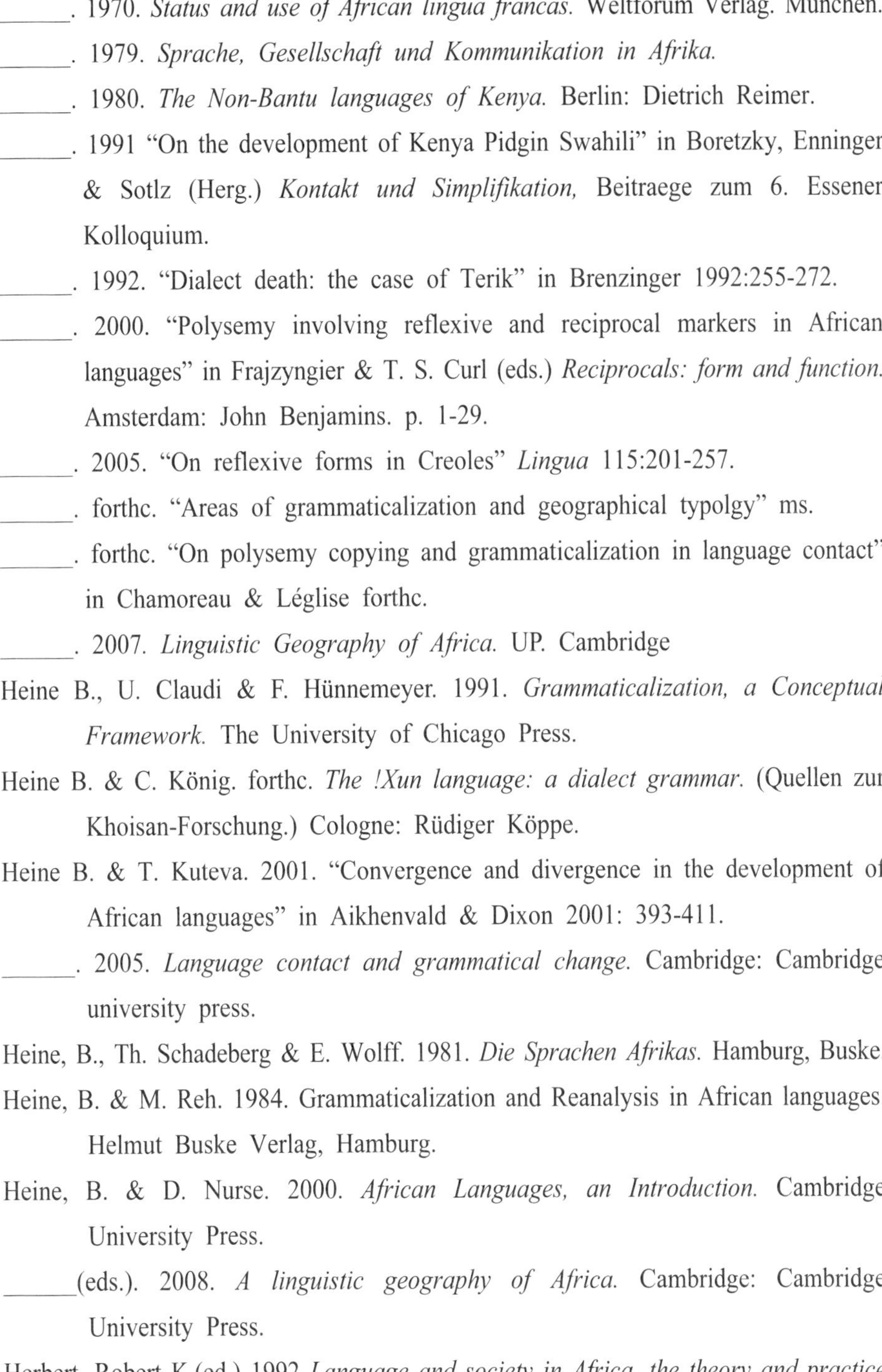

______. 1970. *Status and use of African lingua francas.* Weltforum Verlag. München.

______. 1979. *Sprache, Gesellschaft und Kommunikation in Afrika.*

______. 1980. *The Non-Bantu languages of Kenya.* Berlin: Dietrich Reimer.

______. 1991 "On the development of Kenya Pidgin Swahili" in Boretzky, Enninger & Sotlz (Herg.) *Kontakt und Simplifikation,* Beitraege zum 6. Essener Kolloquium.

______. 1992. "Dialect death: the case of Terik" in Brenzinger 1992:255-272.

______. 2000. "Polysemy involving reflexive and reciprocal markers in African languages" in Frajzyngier & T. S. Curl (eds.) *Reciprocals: form and function.* Amsterdam: John Benjamins. p. 1-29.

______. 2005. "On reflexive forms in Creoles" *Lingua* 115:201-257.

______. forthc. "Areas of grammaticalization and geographical typolgy" ms.

______. forthc. "On polysemy copying and grammaticalization in language contact" in Chamoreau & Léglise forthc.

______. 2007. *Linguistic Geography of Africa.* UP. Cambridge

Heine B., U. Claudi & F. Hünnemeyer. 1991. *Grammaticalization, a Conceptual Framework.* The University of Chicago Press.

Heine B. & C. König. forthc. *The !Xun language: a dialect grammar.* (Quellen zur Khoisan-Forschung.) Cologne: Rüdiger Köppe.

Heine B. & T. Kuteva. 2001. "Convergence and divergence in the development of African languages" in Aikhenvald & Dixon 2001: 393-411.

______. 2005. *Language contact and grammatical change.* Cambridge: Cambridge university press.

Heine, B., Th. Schadeberg & E. Wolff. 1981. *Die Sprachen Afrikas.* Hamburg, Buske.

Heine, B. & M. Reh. 1984. Grammaticalization and Reanalysis in African languages. Helmut Buske Verlag, Hamburg.

Heine, B. & D. Nurse. 2000. *African Languages, an Introduction.* Cambridge University Press.

______(eds.). 2008. *A linguistic geography of Africa.* Cambridge: Cambridge University Press.

Herbert, Robert K.(ed.) 1992 *Language and society in Africa, the theory and practice of sociolinguistics.* Witwatersrand University Press.

Hinds, J. 1979. "Properties of discourse structure" in T. Givón(ed.) *Discourse and Syntax, Syntax and Semantics.* vol.12. New York: Academic Press.

Hino, Shun'ya 1980 "Territorial structure of the Swahili concept and social function of Swahili group" in *Africa 2. Senri Ethnological Studies.* 6: 93-123.

______(ed.). 1990. *African urban studies I.* Institute for the study of language and cultures of Asia and Africa.

______. 1990. "Swahilization, Westernization and Nationalization in Tanzania, a preliminary report on the Swahili research" in Hino(ed.) p.1-26.

Hogben, S.J. &A.H. Kirk-Green. 1992. *The Emirates of Northern Nigeria, a preliminary survey of their historical traditions.* Oxford. OUP.

Holm, John, 1988. *Pidgins and Creoles, vol.1 Theory and structure.* Cambridge Language Surveys.

Holms, Janet. 2008. *An introduction to Sociolinguistics.* Pearson, Longman.

Hudson, R. A. 1980 *Sociolinguistics.* CUP.

______. 2000. "Outline of a theory of Diglossia" *International Journal of the Sociology of Language* 9:1-48.

Hymes, Dell. 1972. "On communicative Competence" in *Sociolinguistics*, John Pride & Janet Holmes(eds.) 269-293. Harmondsworth: Penguin.

______. 1974. *Foundations in Sociolinguistics, an Ethnographic approach.* University of Pennsylvania Press. Philadelphia.

Igue M.A. & R. N'Oueni. 1994. "The politics of language in Benin" in Fardon & Furniss p.55-61.

Johnstone, Barbara. 2005. *Discourse analysis.* Blackwell publishing.

Kashoki Mubanga E. 1982 "Rural and Urban Multilingualism in Zambia; Some trends" *International Journal of Sociology of Language* 34: 121-136.

Kieβling, Roland, Maarten Mous, and Derek Nurse 2000. "The Tanzanian Rift Valley Area" in Heine & Nurse 2008.

Kloss, Heinz. 1952. *Die Entwiclung neuer germanischer Kultursprachen.* Muenchen.

Kuteva, Tania. 2001. *Auxiliation, an enquiry into the nature of Grammaticalization.* Oxford University Press.

Kwon, Myong-Shik, 1984. *Sprachliche Eigenheiten des Swahili von Shaba(Zaire).* Koeln.

Lamb, David. 1987. *The Africans.* Vintage Books. New York.

Legère, Karsten. 1992. "Language shift in Tanzania" in Brenzinger 1992:99-116.

Lehmann, Christian. 1982. *Thoughts on grammaticalization: A programmatic sketch,* vol. 1. AKUP 48. Köln.

Le Page, R. 1977. "Processes of Pidginization and Creolization" in Valdman 1977:222-255).

Levinson, Stephen C. 1983. *Pragmatics.* Cambridge University Press.

Lieberson, S. & E. McCabe 1982 "Domains of Language Usage and Mothertongue Shift in Nairobi" *International Journal of the Sociology of Language.* 18: 69-82.

Longacre, R. 1976. *Anatomy of Speech notions,* Lisse: Peter de Ridder press.

Mann & D. Dalby. 1987. Thesarus of african languages.?

Massamba, David 1992. "Thirty years of Kiswahili development in Tanzania" in Hino (ed.) *Africanurban studies II.* 55-76.

Matras, Yaron. 2009. *Language Contact.* Cambridge: Cambridge University press.

Mhina, G 1977. *The Tanzanian experience in the use of Kiswahili in education.*

Miles, William F. 1994. *Hausaland divided; colonialism and independence in Nigeria and Niger.* New York: Cornell University Press.

Möhlig, Wilhelm. 1992. "Language death and the origin of strata: two case studies of Swahili dialects" in Brenzinger 1992:157-180.

Möhlig, W., F. Seidel & M. Seifert. 2009. "Language contact, language change and history based on language sources in Africa" *SUGIA* 20:11-30.

Mous, Maarten. 2001. "Ma'a as an ethno-register of Mbugu" in *SUGIA* 16/17: 293-320.

Mühlhäusler, P. 1986. *Pidgin and Creole linguistics.* Oxford: Blackwell.

Myers-Scotton, Carol. 1990. "Accounting for structure in Swahili/ English codeswitching" in *Working papers in Kiswahili* 9:1-12.

______. 1992. "Codeswitching in Africa: a model of the social functions of code selection" in Robert K. Herbert(ed.) *Language and society in Africa, the theory and practice of sociolinguistics.* Witwatersrand University Press. p.165-180.

______. 1993. *Duelling Languages, Grammatical structure in Codeswitching.* Clarendon Press, Oxford.

______. 2002. *Contact Linguistics, Bilingual encounters and grammatical Outcomes,* Oxford University Press.

Newman, P. 1995. *On being right: Greenberg's African linguistic classification and the methodological principles which underlie it.* Bloomington, IN: Institute for the study of Nigerian languages and cultures.

Nkulu, Kabuya 1986 "French Loans and Innovative items in the Kinship field of Zairean copperbelt Swahili" *Anthropological Linguistics* 28,2:169-184.

Nurse, D. 1988 "The Borrowing of Inflectional Morphology; Tense an Aspect in Unguja" *AAP* 15: 107-120.

Nurse, D. & M. Walsh. 1992. "Chifundi and Vumba: partical shift, no death" in Brenzinger 1992:181-212.

Nurse, D. & T. Hinnebusch. 1993. *Swahili and Sabaki: a linguistic history.* Berkeley: University of California Press.

O'Barr, W 1976. *Language use and language policy in Tanzania; an overview.*

Okonkwo, C. 1975. "A function-oriented model of initial language planning in sub-Saharan Africa." *Ohio State University working papers in Linguistics* 19:37-52.

Paden, J. 1968 "Language problems of national integration in Nigeria; the special position of Hausa". in Fishman et. al.(1968).

Parkin, David. 1994. "Language, government and the play on purity and impurity: Arabic, Swahili and the vernaculars in Kenya" in Fardon & Furniss(eds.) 1994: 227-245.

Polomé e, Edgar. 1968. "Multilingualism in an African urban centre: the Lubumbashi case." Vortrag gehalten auf dem '9th International African Seminar', 12. 1968. Dar es Salaam.

______. 1979 *Tanzanian Language policy and Swahili.*

______. 1982 "Rural versus Urban Multilingualism in Tanzania; An outline" *IJSL*

34:167-181.

Polomé & Hill (eds.) 1980 *The languages in Tanzania.* Oxford University press for International African Institute.

Reh, M. 1981. "Sprache und Gesellschaft" In Heine, Schadeberg & Wolff(eds.) 1981:513-57.

Reuster-Jahn, U. & R. Kießling. 2006. *Lugha ya Mitaani in Tanzania, the poetics and sociology of a young urban style of speaking.* Mainz University.

Ricento, Thomas(ed.). 2006. *An Introduction to Language Policy, Theory and Method.* Blackwell Publishing.

Roberts, J. 1962. "Sociocultural change and communication problems" in Rice, F.A. (ed.) *Studies of the role of second languages.* Washington, D.C/ 105-124.

Robins. 1971. *General Linguistics; an introductory survey.* Longman.

Romaine, Suzanne. 2000. *Language in Society, an introduction to Sociolinguistics.* Oxford University Press.

Rooddes, J. 1977. *Linguistic diversity and language belief in Kenya; the special position of Swahili.*

Rottland, Franz & Okoth Okombo. 1992. "Language shift among the Suba of Kenya" in Brenzinger 1992: 273-283.

Saah, Kofi K. 1986 "Language Use and Attitudes in Ghana" in *Anthropological Linguistics.* 28,3: 367-377.

Samarin, W. 1984 "The linguistic world of field colonialism" in *Language in Society.* 13:435-453.

______. 1986 "French and Sango in the Central African Republic" in *Anthropological Linguistics.* 28,3: 379-387.

Sasse, Hans-Jürgen. 1992. "Theory of language death" in Brenzinger 1992:7-30.

______. 1992. "Language decay and contact-induced change: Similarities and differences" in Brenzinger(ed.) 1992: 59-80.

Scotton, Carol, M. 1979. "The context is the message: morphological, syntactic and semantic reduction and deletion in Nairobi and Kampala varieties of Swahili".

______. 1982 "Language Use in Kenya; An urban-rural comparison of Luyia"

International Journal of Sociology of Language. 34: 435-453.

______. 1983 "The Negotiation of Identities in Conversation; A Theory of Markedness and Code choice" in *IJSL* 44:115-136.

______. 1988. "Codeswitching as indexial of social negociations" in Monica Heller (ed.) *Codeswitching, anthropological and sociolinguistic perspectives.* mouton de gruyter.

Schiffrin, H. 1998. "Diglossia as a sociolinguistic situation" in Coulmas 1998:205-216.

Sommer, Gabriele. 1992. "A survey of language death in Africa", in Brenzinger 1992:301-418.

Sperber, Dan & Deirdre Wilson, 1986. *Relevance: Communication and Cognition.* Cambridge, Mass.: Harvard University Press.

Spolsky, Bernard. 2004. *Language Policy.* Cambridge University Press.

Svorou, Soteria. 1993. *The Grammar of Space.* John Benjamins publishing company, Amsterdam/Philadelphia

Ten Raa, E. 1986. The acquisition of cattle by hunter-gatherer: A traumatic experience in cultural change. SUGIA 7.2: 361-74.

Thomason, Sarah G. 1999. "Linguistic area and language history" ms. Pp.14

Thomason, S. & Kaufman, T. 1988. *Language Contact, Creolization and genetic linguistics.* Berkley & Los Angeles University of California Press.

Tollefson, James W. 2006. "Critical theory in language policy" in Ricento 2006: 42-59.

Tosco, Mauro. 1992. "Dahalo: an endangered language" in Brenzinger 1992: 137-155.

______. 2000. "Is there an 'Ethiopean language area?' in *Anthropological Linguistics* 42,3: 329-65.

Tserdanelis, G. & W. Wong(eds.) 2004. *Language Files, materials for an introduction to language & linguistics.* The Ohio State University Press. Columbus.

Valdman, A. (ed.) 1977. *Pidgin and Creole Linguistics.* Bloomington: Indiana UP.

Van den Berghe. 1968. "Language and 'nationalism' in South Africa" in Fishman et al. (eds.) 1968:215-224.

Verschueren, Jef. 2003. *Understanding Pragmatics.* Arnold, London.

Wardhaugh, R. 1992. *An introduction to Sociolinguistics.* Blackwell. UK.

Webb, Vic N. 2002. "Language policy Development in South Africa" ms.

______. 2005. "Language Management in SA: a cultural perspective" ms.

______. 2009. "Multiligualism in South Africa: the Challenge to below" ms.

______. 2009. "Mediating Development: the role of LOTE in higher Education in South Africa" Handout.

Webb & Kembo-Sure(ed.) 2000. *African voices, an introduction to the languages and linguistics of Africa.* Oxford University Press.

Weinreich, Uriel. 1953. *Language in contact.* New York.

Welmers, W. E. 1973. *African Language Structures,* Berkeley. Los Angeles.

Whiteley, W. 1969. *Swahili, the rise of a national languge.*

______(ed.) 1971 *Language Use and Social Change; Problems of Multilingualism with special reference to Eastern Africa.*

Wolff, H. Ekkehard, 2000. "Language and Society" in Heine & Nurse, 2000:298-347.

Zawawi, Sharifa 1979. *Loan Words and their effect on the classification of Swahili Nominals.* Leiden. E.J. Brill.

Zima, P. 1968 "Hausa in West Africa: remarks on contemporary role and function". in Fishman et. al. (1968).

권명식. 1983. "샤바 스와힐리어, 형성, 발전, 언어상황 그리고 변천의 언어학적 특징" 『아프리카 연구』 3:103-121.

______. 1986. "케냐의 언어상황" 『*한국아프리카 학회지*』 1: 223-237.

______. 1988. "스와힐리어에 대한 사회언어학적 고찰" 『*외대 서학인*』 1:116-127.

______. 1988. 『아프리카학 입문, 역사비교언어학적 접근』. 명지출판사.

______. 1990. "탄자니아의 언어상황과 언어정책" 『*한국아프리카 학회지*』 5,1: 147-183.

______. 1995. "스와힐리어의 담화행태, 텍스트에 나타난 품사의 은유적 전이" 『한국외대 논문집』 28:1-20.

______. 1996a. 내륙-스와힐리어의 언어학적 특징과 담화-화용론적 의의" 『*한국아프리카학회지*』8: 179-201.

______. 1996b. "스와힐리어 na의 담화행태, 문법화이론을 바탕으로 한 텍스트 분석" 한국

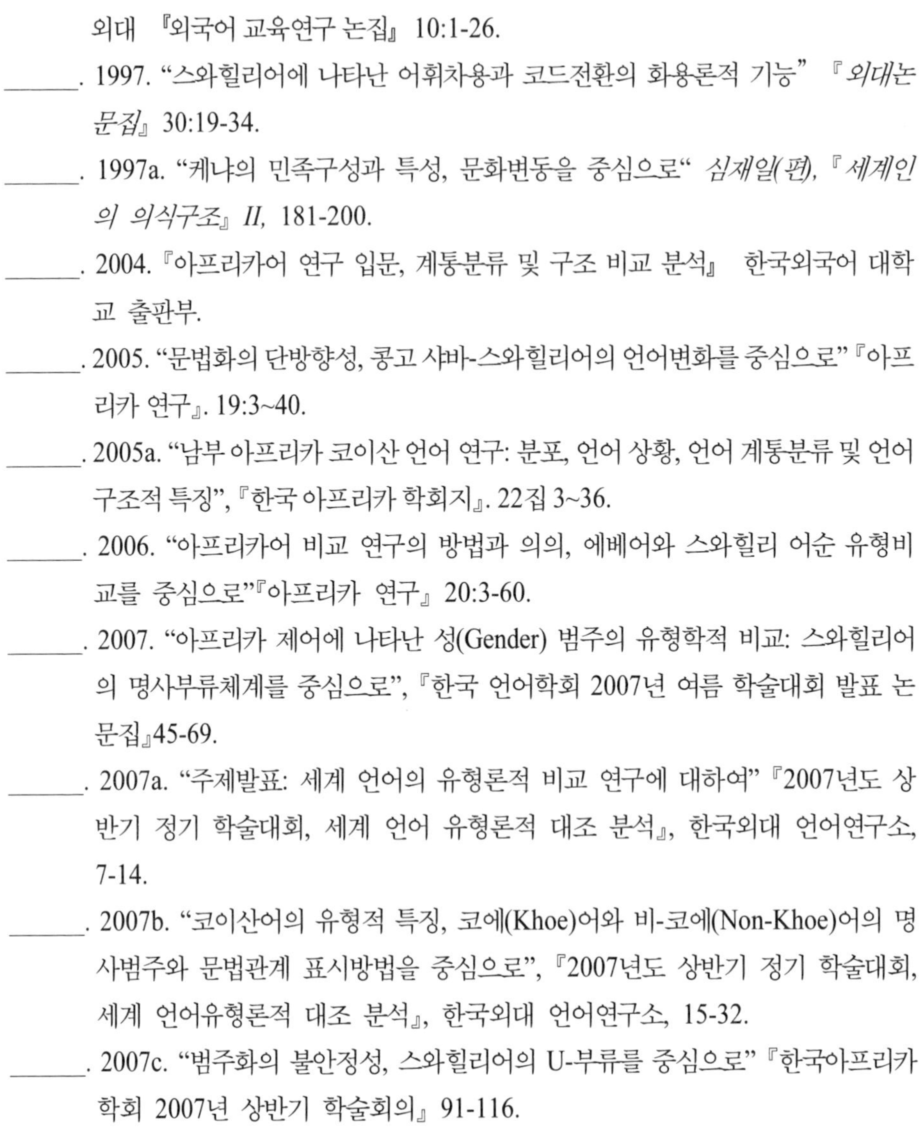

외대 『외국어 교육연구 논집』 10:1-26.

______. 1997. "스와힐리어에 나타난 어휘차용과 코드전환의 화용론적 기능" 『*외대논문집*』 30:19-34.

______. 1997a. "케냐의 민족구성과 특성, 문화변동을 중심으로" *심재일(편),* 『*세계인의 의식구조*』 *II,* 181-200.

______. 2004. 『아프리카어 연구 입문, 계통분류 및 구조 비교 분석』 한국외국어 대학교 출판부.

______. 2005. "문법화의 단방향성, 콩고 샤바-스와힐리어의 언어변화를 중심으로" 『아프리카 연구』. 19:3~40.

______. 2005a. "남부 아프리카 코이산 언어 연구: 분포, 언어 상황, 언어 계통분류 및 언어 구조적 특징", 『한국 아프리카 학회지』. 22집 3~36.

______. 2006. "아프리카어 비교 연구의 방법과 의의, 에베어와 스와힐리 어순 유형비교를 중심으로"『아프리카 연구』 20:3-60.

______. 2007. "아프리카 제어에 나타난 성(Gender) 범주의 유형학적 비교: 스와힐리어의 명사부류체계를 중심으로", 『한국 언어학회 2007년 여름 학술대회 발표 논문집』45-69.

______. 2007a. "주제발표: 세계 언어의 유형론적 비교 연구에 대하여" 『2007년도 상반기 정기 학술대회, 세계 언어 유형론적 대조 분석』, 한국외대 언어연구소, 7-14.

______. 2007b. "코이산어의 유형적 특징, 코에(Khoe)어와 비-코에(Non-Khoe)어의 명사범주와 문법관계 표시방법을 중심으로", 『2007년도 상반기 정기 학술대회, 세계 언어유형론적 대조 분석』, 한국외대 언어연구소, 15-32.

______. 2007c. "범주화의 불안정성, 스와힐리어의 U-부류를 중심으로" 『한국아프리카학회 2007년 상반기 학술회의』 91-116.

찾아보기

아프리카 사회언어학
Sociolinguistics in Africa

초판 인쇄 2011년 12월 5일
초판 발행 2011년 12월 15일

지 은 이 ▪ 권명식
펴 낸 이 ▪ 박 철
기 획 ▪ 권원순 Director, University Press
편 집 ▪ 탁경구 Executive Knowledge Contents Creator
편집진행 ▪ 신선호 Chief e-Contents Creator
펴 낸 곳 ▪ 한국외국어대학교 출판부
130-791 서울시 동대문구 이문동 270
전화 (02)2173-2495~7
팩스 (02)2173-3363
홈페이지 http://press.hufs.ac.kr
전자우편 press@hufs.ac.kr
출판등록 ▪ 제6-6호(1969. 4. 30)
디자인 · 편집 ▪ (주)이환디앤비 (02)2254-4301
인쇄 · 제본 ▪ (주)SM C&P (02)468-6100

ISBN 978-89-7464-697-4 93790 정가 13,000원

* 잘못된 책은 교환하여 드립니다.